# 大数据下的管理会计变革

秦选龙 著

中国纺织出版社有限公司

**图书在版编目（CIP）数据**

大数据下的管理会计变革 / 秦选龙著 . -- 北京：
中国纺织出版社有限公司 , 2022.4

ISBN 978-7-5180-6682-7

Ⅰ . ①大…  Ⅱ . ①秦…  Ⅲ . ①企业管理－管理会计－
研究 Ⅳ . ① F275.2

中国版本图书馆 CIP 数据核字（2019）第 206767 号

责任编辑：郭　婷　　责任校对：高　涵　　责任印制：储志伟

中国纺织出版社有限公司出版发行

地址：北京市朝阳区百子湾东里 A407 号楼　邮政编码：100124

销售电话：010—67004422　传真：010—87155801

http://www.c-textilep.com

官方微博 http://weibo.com/2119887771

三河市宏盛印务有限公司印刷　　各地新华书店经销

2022 年 4 月第 1 版第 1 次印刷

开本：710×1000　1/16　印张：14.75

字数：260 千字　定价：78.00 元

凡购本书，如有缺页、倒页、脱页，由本社图书营销中心调换

# 前　言

　　大数据时代的到来，使企业经营管理环境发生了翻天覆地的变化。这一颠覆性的技术变革体现在一种规模海量、流转迅速且类型丰富的数据集合，其在获取、存储、管理、分析方面远远超出传统信息技术的能力范围。因此，掌握大数据分析的前沿技术，有助于提升数据获取、存储、处理以及应用方面的效率和效益。大数据为企业带来的不仅仅是掌握庞大的数据信息，更重要的在于深挖数据背后的价值，通过进一步加工，实现数据的增值。而在现代企业会计中，管理会计的职能就是帮助企业进行预测、决策、规划、控制和考核评价，通过科学的方法对企业经营过程中的会计信息进行收集和整理，进而对其进行多维度的量化分析并应用于管理决策中。由于缺乏对数据信息的高效挖掘，传统的管理会计职能并未充分发挥，进而无法最大限度的提升企业价值。通过对大数据的深加工，可以有效将企业经营过程中纷繁复杂的数据进行过滤、清洗，使之可视化、信息化，便于企业管理者掌握财务信息发展的主动权，提高对会计信息的使用效率，同时可以帮助企业洞察整个产业链的现状，制定更行之有效的预算策略和经营方针。大数据时代下，会计信息成为企业竞争的重点所在。而对于参与企业管理的管理会计来说，正是通过对企业财务数据进行挖掘和梳理，实现对企业生产经营活动进行控制管理，进而将企业内部管理发挥出更大的效用。可以说，研究大数据下管理会计的变革对企业发展至关重要，有助于企业实现价值最大化的最终目标。

　　本书对大数据背景下企业在管理会计运用过程中带来的变化展开分析，首先介绍大数据背景下企业会计信息发生的变化和特点，进而分析企业在管理会计运用过程中存在的不足，具体分析管理会计各项职能在大数据环境下的变化，最终深入探讨在大数据应用背景下企业管理会计的体系建设方面所起到的优化作用。

　　本书由西安培华学院秦选龙在吸收学术界理论成果的基础上所形成的理性思考成果，体现了个人对大数据时代下管理会计发展的独到见解，全书共十一章。

其中第一章介绍大数据的特征，第二章介绍大数据下管理会计的发展现状，第三章至第十章介绍管理会计的各项职能在大数据背景下发生的改变，最后在第十一章，结合个人的认识展望管理会计未来的方向。由于科学水平的不断进步，大数据技术在管理会计中的应用也在不断发生变化，书中不足之处难以避免，后续还将展开持续的深度探索和创新性研究，力图推进管理会计在企业经营管理过程中的作用和地位，也为社会经济发展贡献积极力量。

秦选龙

2022 年 1 月

# 目　录

# 第一章 大数据时代的来临

## 第一节 大数据的由来

### 一、大数据的发展历程

大数据的历史最早可追溯至 1980 年，著名学者阿尔文·托夫勒在《第三次浪潮》一书中，将大数据热情地赞颂为"第三次浪潮的华彩乐章"。这里"大"的含义更多的是指数据的价值性。进入 21 世纪，随着互联网飞速发展和信息技术的普及应用，数据的增量将成几何倍数的增长，此时的"大"还代表了容量大的含义。

2005 年雅虎公司开展 Hadoop 了项目，其最初只是雅虎公司用来解决网页搜索问题的一个项目，后来因其技术的高效性，被 Apache Software Foundation 公司引入并成为开源应用。Hadoop 本身不是一个产品，而是由多个软件产品组成的一个生态系统，这些软件产品共同实现全面功能和灵活的大数据分析。从技术上看，Hadoop 由两项关键服务构成：采用 Hadoop 分布式档系统（HDFS）的可靠数据存储服务，以及利用一种叫作 MapReduce 技术的高性能并行数据处理服务。这两项服务的共同目标是，提供一个使对结构化和复杂数据的快速、可靠分析变为现实的基础。

2008 年，美国《自然》（Nature）杂志发表了一期关于大数据处理技术和所面临挑战的专刊，并提出"大数据"这一概念，引起大众的广泛关注。关于大数据的定义，维克托·迈尔－舍恩伯格指出大数据不是使用随机分析法，而是采用所有数据进行分析处理。全球著名咨询公司麦肯锡给出的定义是："一种规模大到在获取、存储、管理、分析方面大大超出了传统数据库软件工具能力范围的数据集合，具有海量的数据规模、快速的数据流转、多样的数据类型和价值密度低四大特征。"虽然对大数据的内涵至今并未有一个统一和权威的解释，但从现存的各种定义中可以发现，大数据都涵盖了数量基数大、处理速度快、数据种类多、蕴含丰富社会价值和商业价值的特点。

2009 年印度政府建立了用于身份识别管理的生物识别数据库，联合国全球脉冲项目已研究了对如何利用手机和社交网站的数据源来分析预测从螺旋价格到疾病暴发之类的问题。

同年，美国政府通过启动 Data gov 网站的方式进一步开放了数据的大门，这个网站向公众提供各种各样的政府数据。该网站超过 4.45 万海量数据集被用于保证一些网站和智能手机应用程序，可跟踪从航班到产品召回再到特定区域内失业率的信息，这一行动激发了从肯尼亚到英国范围内的政府相继推出类似举措。

同年，欧洲一些领先的研究型图书馆和科技信息研究机构也建立了伙伴关系共同致力于改善在互联网上获取科学数据的简易性。

2010 年 2 月，肯尼斯·库克尔在《经济学人》上发表了长达 14 页的大数据专题报告《数据，无所不在的数据》。库克尔在报告中提到："世界上有着无法想象的巨量数字信息，并以极快的速度增长。从经济界到科学界，从政府部门到艺术领域，很多方面都已经感受到了这种巨量信息的影响。"科学家和计算机工程师已经为这个现象创造了一个新词汇："大数据。"库克尔也因此成为最早洞察大数据时代趋势的数据科学家之一。

2011 年 2 月，IBM 的沃森超级计算机每秒可扫描并分析 4TB（约 2 亿页文字量）的数据量，并在美国著名智力竞赛电视节目《危险边缘》"Jeopardy"上击败两名人类选手而夺冠。后来纽约时报认为这一刻为一个"大数据计算的胜利"。

2011 年 5 月，全球知名咨询公司麦肯锡（McKinsey & Company）发布了一份研究报告——《大数据：创新、竞争和生产力的下一个新领域》，大数据开始备受关注，这也是专业机构第一次全方面地介绍和展望大数据。报告指出，大数据已经渗透到当今每一个行业和业务职能领域，成为重要的生产因素。人们对于海量数据的挖掘和运用，预示着新一波生产率增长和消费者盈余浪潮的到来。报告还提到，"大数据"源于数据生产的速度和收集能力的大幅提升——由于越来越多的人、设备和传感器通过数字网络连接起来，产生、传送、分享和访问数据的能力也得到彻底变革。

2011 年 12 月，工信部发布的物联网"十二五"规划上，把信息处理技术作为 4 项关键技术创新工程之一被提出来，其中包括了海量数据存储、数据挖掘、图像视频智能分析，这都是大数据的重要组成部分。

2012年1月，瑞士达沃斯召开的世界经济论坛上，大数据是主题之一。会上发布的报告《大数据，大影响》（Big Data，Big Impact）宣称，数据已经成为一种新的经济资产类别，就像货币或黄金一样。

2012年3月，美国奥巴马政府在白宫网站发布了《大数据研究和发展倡议》，这一倡议标志着大数据已经成为重要的时代特征。2012年3月22日，奥巴马政府宣布2亿美元投资大数据领域，是大数据技术从商业行为上升到国家科技战略的分水岭，在次日的电话会议中，政府对数据的定义为"未来的新石油"，大数据技术领域的竞争，事关国家安全和未来。并表示，国家层面的竞争力将部分体现为一国拥有数据的规模、活性以及解释、运用的能力；国家数字主权体现在对数据的占有和控制。数字主权将是继边防、海防、空防之后，另一个大国博弈的空间。

2012年4月，美国软件公司Splunk于19日在纳斯达克成功上市，成为第一家上市的大数据处理公司。鉴于当时美国经济持续低迷、股市持续震荡的大背景，Splunk首日暴涨了一倍多的突出交易表现尤其令人们印象深刻，Splunk是一家领先的提供大数据监测和分析服务的软件提供商，成立于2003年。Splunk成功上市促进了资本市场对大数据的关注，同时也促使IT厂商加快大数据布局。

2012年7月，联合国在纽约发布了一份关于大数据政务的白皮书，总结了各国政府如何利用大数据更好地服务和保护人民。这份白皮书举例说明在一个数据生态系统中，个人、公共部门和私人部门各自的角色、动机和需求：例如通过对价格关注和对更好服务的渴望，个人提供的数据和众包信息，对隐私保护提出需求；公共部门出于改善服务、提升效益的目的，提供了诸如统计数据、设备信息、健康指标及税务和消费信息等，并对信息安全做出保护措施；私人部门出于提升客户认知和预测趋势目的，提供汇总数据、消费和使用信息，并对敏感数据所有权和商业模式更加关注。白皮书还指出，人们如今可以使用极为丰富的数据资源，包括旧数据和新数据，来对社会人口进行前所未有的实时分析。联合国还以爱尔兰和美国的社交网络活跃度增长作为失业率上升的早期征兆为例，表明政府如果能合理分析所掌握的数据资源，将能"与数俱进"，快速应变。

2012年7月，为挖掘大数据的价值，阿里巴巴集团在管理层设立"首席数据官"一职，负责全面推进"数据分享平台"战略，并推出大型的数据分享平台——"聚石塔",为天猫、淘宝平台上的电商及电商服务商等提供数据云服务。随后,阿里巴巴董事局主席马云在 2012 年网商大会上发表演讲,称从 2013 年 1 月 1 日起将转型重塑平台、金融和数据三大业务。马云强调:"假如我们有一个数据预报台,就像为企业装上了一个 GPS 和雷达,你们出海将会更有把握。"因此,阿里巴巴集团希望通过分享和挖掘海量数据,为国家和中小企业提供价值。此举是国内企业最早把大数据提升到企业管理层高度的一次重大里程碑。阿里巴巴也是最早提出通过数据进行企业数据化运营的企业。

2014 年 4 月,世界经济论坛以"大数据的回报与风险"主题发布了《全球信息技术报告(第 13 版)》。报告认为,在未来几年中针对各种信息通信技术的政策甚至会显得更加重要。在接下来几年各国将对数据保密和网络管制等议题展开积极讨论。全球大数据产业的日趋活跃,技术演进和应用创新的加速发展,使各国政府逐渐认识到大数据在推动经济发展、改善公共服务,增进人民福祉,乃至保障国家安全方面的重大意义。

2014 年 5 月,美国政府发布了 2014 年全球"大数据"白皮书的研究报告《大数据:抓住机遇、守护价值》。报告鼓励使用数据以推动社会进步,特别是在市场与现有的机构并未以其他方式来支持这种进步的领域;同时,也需要相应的框架、结构与研究主题来帮助保护美国人对于保护个人隐私、确保公平或是防止歧视的坚定信仰。

2014 年后大数据的概念体系逐渐成形,人们对大数据的认知趋于理性。与大数据相关的技术、产品、应用和标准不断发展,逐渐形成了包括数据资源与 API、开源平台与工具、数据基础设施、数据分析、数据应用等板块构成的大数据生态系统,并持续发展和不断完善,其发展热点呈现了从技术向应用、再向治理的方向逐渐迁移。人们的日常生活越来越信息化、智能化。任何一个行为、信息都被作为数据保存了下来,越来越多的行业领域都发现大数据的重要性,开始利用大数据。大数据(Big Data)也吸引了越来越多的关注,通过大数据分析,可以发现事物的内在规律,发现事物的变化趋势,进而运用分析结果可以更好地处理现实问题。云计算、3D 技术、人工智能等新兴技术不断地涌入人们的生活,大数据的分析运用彻底改变了行业业态,深深地冲击着传统产业。与此同时,人们的生活方式也在发生变化,如滴滴打车、哈喽单车、货拉拉都可以记录人们的行程和位置信息;淘宝、京东等互联网电商能够根据个人偏好数据推送相关产品;

美团、饿了么等生活服务电子商务平台利用团购、外卖让生活变得更简单；扫码支付、人脸支付等手段更是对现金时代和卡片时代的终结……这一切的一切告诉我们：大数据时代来了。

"大数据"持续升温，使人们对大数据渐渐形成了一个基本的共识：大数据现象源于互联网及其延伸所带来的无处不在的信息技术应用。大数据泛指在没有时空界限的环境中用不同于传统信息技术的软硬件工具进行获取、管理和处理的巨量数据集合，具有海量性、多样性、时效性及可变性等特征。舍恩伯格的代表作《大数据时代：生活、工作与思维的大变革》也提出了"大数据"已走进了人们的生活和工作，开创了大数据时代的先河。紧接着从行业的角度出发以"数据统治世界"的商业模式被提出来，大卫·芬雷布发表了《大数据云图》让"大数据"从理念的阶段进入商业应用的时代，从此"大数据"正式进入了历史的舞台，拉开了百花齐放的序幕。

大数据之"大"，其侧重点并不在于其表象的"大容量"，而在于其潜在的"大价值"。数据时代的到来，大数据平台的搭建，使得数据产生了价值，大数据共享价值显得更加突出。在电商消费方面，以阿里巴巴为首的电商已经不再是一个买卖交易的平台，更是新零售时代下的产业的转型、升级，以及成为一种新零售经济。在金融消费方面，由于发展模式的分化，使得用户年轻化、普惠化，对大数据、人工智能、人脸识别、智能设备等新技术的应用也将越来越普遍。成功的例子是支付宝和微信支付的异军突起，凭借几亿的用户量，改变了人们的支付习惯，给予传统银行业以重拳一击。在内容消费方面，知识付费彻底爆发，知识的移动化和支付的多样化相结合，打造了新的内容消费平台，比如樊登读书会、喜马拉雅等，从读者的思维、兴趣出发，提供定制化的产品，是纸质读物时代的升级与衰落。在教育消费、物流消费等方面，无一不在发生着巨大的变化，所有变化的背后显示着"大数据"的魔力。

随着数据库系统的广泛应用和网络技术的高速发展，数据库技术也进入一个全新的阶段，即从过去仅管理一些简单数据发展到管理由各种计算机所产生的图形、图像、音频、视频、电子档案、Web页面等多种类型的复杂数据，并且数据量也越来越大。数据库在给我们提供丰富信息的同时，也体现出明显的海量信息特征。信息爆炸时代，海量信息给人们带来许多负面影响，最主要的就是有效信息难以提炼，过多无用的信息必然会产生信息距离（信息状态转移距离是对一个事物信息状态转移所遇到障碍的测度，简称 DIST 或 DIT）和有用知识的丢失。这也就是约翰·内斯伯特（John Nalsbert）称为的"信息丰富而知识贫乏"窘境。因此，人们迫切希望能对海量数据进行深入分析，发现并提取隐藏在其中的信息，以更好地利用这些数据。但仅以资料库系统的录入、查询、统计等功能，无法发现数据中存在的关系和规则，无法根据现有的数据预测未来的发展趋势，更缺乏挖掘数据背后隐藏知识的手段。

据国际数据公司（IDC）的研究报告称，2011 年全球有 1.8ZB 的数据被创建和复制，该报告预测 2020 年全球将拥有 35ZB（1ZB=10 亿 TB）的数据量，这标志着大数据时代已经到来。正如 Grobelink M 在《纽约时报》的一篇专栏中提到："在商业、经济及其他领域中，管理者决策越来越依靠数据分析，而不是依靠经验和直觉，大数据时代已经来临。"以大数据为对象的新一代信息技术也将不断发展，大数据将主导应用新场景和新服务的发展，大数据平台、大数据存储、大数据分析等产业链关键领域也将迎来爆发式的增长混合计算、基于 AI 的边缘计算、大规模数据处理等领域也将实现突破。

## 二、大数据的概述

大数据是什么？随着互联网、计算机技术的不断发展，人类活动的行为轨迹都被记录下来，浏览网页、电子商务、观看电影……所有的行为都会以数据的形式记录下来，海量的数据信息就形成了所谓的大数据。人们开始重视这些数据，开始到处都提及大数据。大数据其实很简单，就是各个信息单元形成的海量资料，这些海量资料可能来自世界各地，也可能随时产生，堆积在每个人的周围。也许人们没有注意，但是这些无处不在的数据给人们的生活带来巨大的改变。在大数据时代，任何微小的数据都可能产生不可思议的价值。曾经有一个家喻户晓的简单例子，一个人肚子有些饿，想吃点东西。于是他通过电话或者网络联系商家，告之商家他想要什么、价格是多少钱、送到哪里、送给谁等问题，计算机或者网络就可以收集到这个人的个人喜好、姓名、联系电话、常用地址、消费记录等数据资料；而对于商家来说，可以收集到商品的销售信息，如客户喜好、销售数量、销售利润等，这些数据汇总在一起，就形成了一个庞大的数据库。企业可以通过这些数据找出顾客的喜好、顾客的消费习惯、顾客的信用程度等，企业就可以根据大数据提供的内容为顾客提供相应的服务。同时企业可以根据商品的销售情况、售后情况等对现有的销售政策、产品定位、目标客户等方面进行改进。当然，顾客也可以通过大数据发现店铺的信誉、销售情况、售后服务等，从而选择自己是否在这家企业下单，服务的质量是否得到保证……大量的数据开始被人们重视，大数据带来的规律开始改变人们的生活，因此当今的时代被称为大数据时代，人们开始注重数据信息带来的改变。但大数据时代的数据不是简单的数字的堆积。数字是信息的符号，是数据表达的主要形式，但数字背后的因果关系才能称为数据。也就是说，只是用数字表示出来的信息是不能称为数据的；只有通过信息处理、数字编码、数据挖掘后呈现出的数据才能称为大数据，才是人类所需要的大数据。

（一）数字与数据

大数据是大量的数据信息的集合，是一种数据资产，能够带来价值。首先要区分与数字之间的关系。数字的"数"的基本单元，是一种抽象的符号，以进制为基本点的一种特定符号，表示特征的程度与状态。这里的数字只有 10 个：0、1、2、3、4、5、6、7、8、9。

数据，是应用到特定场合，表示某一种量的数（data），是对客观事物的符号表示，是描述客观事物的数字、字符以及所有能输入计算机中并能为计算机所接受的符号集，数据包含的信息更多，内涵更丰富。数字只是数据的一个组成部分。

所谓大数据，并非仅仅是数据的量大，而是数据的价值大。大数据分析的核心，是从数据中获取价值，即从大数据中获取更准确、更深层次的知识，而非对数据的简单统计。随着云计算、移动互联网和物联网等网络新技术的应用、发展与普及，人类社会进入了数据爆发式增长的时代，海量数据的产生与流转成为常态，数据流决定了人类社会的发展走向。预计到 2025 年，全球数据使用量将达到约 800 亿 TB，将涵盖经济社会发展各个领域，成为新的重要驱动力。

要让大数据的应用真正推动经济发展，关键是要不断挖掘大数据的价值，提高对数据的"加工能力"。也就是说，通过"加工"实现数据的"增值"，发现数据之间的关联性或因果结构，从而揭示过去的规律、预测未来的趋势，使得人们的决策基础从少量的"样本数据"，转变为海量的"集合数据"。在海量数据汇集带来价值提升的同时，通过云计算，让这种价值得到迅速而充分的利用。

可以说，经济的发展是由数据驱动的，也是由数据表现出来的。当我们觉得对经济规律的把握和认识有所发现、有所感悟时，实际上就是找到了一些数据之间的关联。经济的发展就是数据的运动，经济改革就是数据的重新定义。只有运用大数据，才能对市场做出精准、快速、实时的反应和判断。其实，经济领域任何重大事件的发生，都与数据的运动相关联，比如税率和汇率的变化，经济发展趋势、经济政策、经济环境的变化等，都会有数据的"量化"，而微观经济体数据流的运动，也能够反映宏观经济的变化。

作为经济发展中的每一个个体，无论是企业还是个人，都只有把握数据的相关性，才能描述经济发展的变化和趋势，利用大数据进行分析并得出结论，进而及时调整策略，避免滞后性，确保把握经济稳定发展的规律，这样才能在新时代实现数据驱动、创新发展。

（二）数据与信息时代

信息时代是指新科技革命以电子信息业的突破与迅猛发展为标志的时代，主要包括信息技术、生物工程技术、新材料技术、海洋技术、空间技术五大领域。晶体管和大规模集成电路，极大地降低了信息传播的费用，其结果是：人类社会从工业时代进入了信息时代。

而随着计算机的出现和逐步普及，信息对整个社会的影响逐步提高到一种绝对重要的地位。信息量、信息传播的速度、信息处理的速度以及应用信息的程度都以几何级数的方式在增长。信息技术的发展对人们学习知识、掌握知识、运用知识提出了新的挑战，人们的学习速度在不断加快。

人们从简单的数字处理时代到计算机时代，再到网络化时代，再到人工智能时代，时代随着时间的推移而不断进步，以数据为单元的信息越来越被重视，数据的分类与运用成为一种手段和需求，这要求我们必须适应时代新的特点和新的模式。

（三）大数据与数字经济

2017年3月5日，国务院总理李克强在政府工作报告中指出："2017年工作的重点任务之一是加快培育新兴产业，促进数字经济加快成长，让企业广泛受益、群众普遍受惠。"这是"数字经济"首次被写入政府工作报告。当前，我国数字经济发展迅速，生态体系正加速形成，而大数据已成为数字经济这种全新经济形态的关键生产要素。通过数据资源的有效利用以及开放的数据生态体系使得数字价值充分释放，驱动传统产业的数字化转型升级和新业态的培育发展，提高传统产业劳动生产率，培育新市场和产业新增长点，促进数字经济持续发展创新。

1.大数据是数字经济的关键生产要素

随着信息通信技术的广泛运用，以及新模式、新业态的不断涌现，人类的社会生产生活方式正在发生深刻的变革，数字经济作为一种全新的社会经济形态，正逐渐成为全球经济增长重要的驱动力。历史证明，每一次人类社会重大的经济形态变革，必然产生新生产要素，形成先进生产力，如同农业时代以土地和劳动力、工业时代以资本为新的生产要素一样，数字经济作为继农业经济、工业经济之后的一种新兴经济社会发展形态，也将产生新的生产要素，形成新的生产力。

数字经济与农业经济、工业经济不同，它是以新一代信息技术为基础，以海量数据的互联和应用为核心，将数据资源融入产业创新和升级各个环节的新经济形态。一方面信息技术与经济社会的交汇融合，特别是物联网产业的发展引发数据迅猛增长，大数据已成为社会基础性战略资源，蕴藏着巨大潜力和能量。另一方面数据资源与产业的交汇融合促使社会生产力发生新的飞跃，大数据成为驱动整个社会运行和经济发展的新兴生产要素，在生产过程中与劳动力、土地、资本等其他生产要素共同创造社会价值。相比其他生产要素，数据资源具有的可复制、可共享、无限增长和供给的禀赋，打破了自然资源有限供给对增长的制约，为持续增长和永续发展提供了基础与可能，成为数字经济发展的关键生产要素和重要资源。

2. 大数据是发挥数据价值的关键因素

市场经济要求生产要素商品化，以商品形式在市场上通过交易实现流动和配置，从而形成各种生产要素市场。大数据作为数字经济的关键生产要素，构建数据要素市场是发挥市场在资源配置中的决定性作用的必要条件，是发展数字经济的必然要求。2015年《促进大数据发展行动纲要》明确提出"要引导培育大数据交易市场，开展面向应用的数据交易市场试点，探索开展大数据衍生产品交易，鼓励产业链各环节的市场主体进行数据交换和交易"，大数据发展将重点推进数据流通标准和数据交易体系建设，促进数据交易、共享、转移等环节的规范有序，为构建数据要素市场，实现数据要素的市场化和自由流动提供了可能，成为优化数据要素配置、发挥数据要素价值的关键影响因素。

大数据资源更深层次的处理和应用仍然需要使用大数据，通过大数据分析将数据转化为可用信息，是数据作为关键生产要素实现价值创造的路径演进和必然结果。从构建要素市场、实现生产要素市场化流动到数据的清洗分析，数据要素的市场价值提升和自生价值创造无不需要大数据作为支撑，大数据成为发挥数据价值的关键因素。

### 3.大数据是驱动数字经济创新发展的核心动能

推动大数据在社会经济各领域的广泛应用，加快传统产业数字化、智能化，催生数据驱动的新兴业态，能够为我国经济转型发展提供新动力。大数据是驱动数字经济创新发展的重要抓手和核心动能。

大数据驱动传统产业向数字化和智能化方向转型升级，是数字经济推动效率提升和经济结构优化的重要抓手。大数据加速渗透和应用到社会经济的各个领域，通过与传统产业进行深度融合，提升传统产业生产效率和自主创新能力，深刻变革传统产业的生产方式和管理、营销模式，驱动传统产业实现数字化转型。电信、金融、交通等服务行业利用大数据探索客户细分、风险防控、信用评价等应用，加快业务创新和产业升级步伐。工业大数据贯穿于工业的设计、工艺、生产、管理、服务等各个环节，使工业系统具备描述、诊断、预测、决策、控制等智能化功能，推动工业走向智能化。利用大数据为农作物栽培、气候分析等农业生产决策提供有力依据，提高农业生产效率，推动农业向数据驱动的智慧生产方式转型。大数据为传统产业的创新转型、优化升级提供重要支撑，引领和驱动传统产业实现数字化转型，推动传统经济模式向形态更高级、分工更优化、结构更合理的数字经济模式演进。

大数据推动不同产业之间的融合创新，催生新业态与新模式不断涌现，是数字经济创新驱动能力的重要体现。首先，大数据产业自身催生出如数据交易、数据租赁服务、分析预测服务、决策外包服务等新兴产业业态，同时推动可穿戴设备等智能终端产品的升级，促进电子信息产业提速发展。其次，大数据与行业应用领域深度融合和创新，使得传统产业在经营模式、盈利模式和服务模式等方面发生变革，涌现出如互联网金融、共享单车等新平台、新模式和新业态。最后，基于大数据的创新创业日趋活跃，大数据技术、产业与服务成为社会资本投入的热点。大数据的共享开放成为促进"大众创业、万众创新"的新动力。由技术创新和技术驱动的经济创新是数字经济实现经济包容性增长和发展的关键驱动力。随着大数据技术被广泛接受和应用，诞生出新产业、新消费、新组织形态，以及随之而来的创业创新浪潮、产业转型升级、就业结构改善、经济提质增效，都是数字经济的内在要求及创新驱动能力的重要体现。

大数据是数字经济的核心内容和重要驱动力，数字经济是大数据价值的全方位体现。展望未来，要勇于突破、深入探索，应用大数据创造更多新价值，加快产业提质增效，培育壮大经济发展新动能，做大做强数字经济，拓展经济发展新空间，推动经济可持续发展和转型升级。

（四）大数据与数据挖掘

数据挖掘是指从大量的数据中通过算法搜索隐藏于其中信息的过程。数据挖掘通常与计算机科学有关，并通过统计、在线分析处理、情报检索、机器学习、专家系统（依靠过去的经验法则）和模式识别等诸多方法来实现上述目标。发明的源泉来自人类的需要，随着人类文明的进步，人们越来越不满足于简单的信息使用。人们更多地关注数据背后的内容，希望从庞大、复杂的数据里找出一定的规律，进而能够利用规律创造价值。因此，近年来数据挖掘引起了信息产业界的极大关注，其主要原因是存在大量数据可以广泛使用，并且迫切需要将这些数据转换成有用的信息和知识。获取的信息和知识可以广泛用于各种应用，包括商务管理、生产控制、市场分析、工程设计和科学探索等。

数据挖掘是人工智能和数据库领域研究的热点问题，所谓数据挖掘是指从数据库的大量数据中揭示出隐含的、未知的并有潜在价值的信息的非平凡过程。数据挖掘是一种决策支持过程，它主要基于人工智能、机器学习、模式识别、统计学、数据库、可视化技术等，高度自动化地分析企业的数据，做出归纳性的推理，从中挖掘出潜在的模式，帮助决策者调整市场策略，减少风险，做出正确的决策。知识发现过程由以下三个阶段组成：①数据准备；②数据挖掘；③结果表达和解释。数据挖掘可以与用户或知识库交互。

数据挖掘是通过分析每个数据，从大量数据中寻找其规律的技术，主要有数据准备、规律寻找和规律表示三个步骤。数据准备是从相关的数据源中选取所需的数据并整合成用于数据挖掘的数据集；规律寻找是用某种方法将数据集所含的规律找出来；规律表示是尽可能以用户可理解的方式（如可视化）将找出的规律表示出来。数据挖掘的任务有关联分析、聚类分析、分类分析、异常分析、特异群组分析和演变分析等。

近年来，数据挖掘引起了信息产业界的极大关注，其主要原因是存在大量数据，可以广泛使用，并且迫切需要将这些数据转换成有用的信息和知识。获取的信息和知识可以广泛用于各种应用，包括商务管理、生产控制、市场分析、工程设计和科学探索等。数据挖掘利用了来自如下一些领域的思想：①来自统计学的抽样、估计和假设检验；②人工智能、模式识别和机器学习的搜索算法、建模技术和学习理论。数据挖掘也迅速地接纳了来自其他领域的思想，这些领域包括最优化、进化计算、信息论、信号处理、可视化和信息检索。一些其他领域也起到重要的支撑作用。特别地，需要数据库系统提供有效的存储、索引和查询处理支持。源于高性能（并行）计算的技术在处理海量数据集方面常常是重要的。分布式技术也能帮助处理海量数据，并且当数据不能集中到一起处理时更是至关重要。

（五）人工智能

1956年夏季，以麦卡赛、明斯基、罗切斯特和申农等为首的一批有远见卓识的年轻科学家在一起聚会，共同研究和探讨用机器模拟智能的一系列有关问题，并首次提出了"人工智能"这一术语，它标志着"人工智能"这门新兴学科的正式诞生。IBM公司"深蓝"计算机击败了人类的世界国际象棋冠军更是人工智能技术的一个完美表现。

从1956年正式提出人工智能学科算起，这门学科已取得长足的发展，成为一门广泛的交叉和前沿科学。总的来说，人工智能的目的就是让计算机这台机器能够像人一样思考。如果希望做出一台能够思考的机器，那就必须知道什么是思考，更进一步讲就是什么是智慧。什么样的机器才是智慧的呢？科学家已经制造出了汽车、火车、飞机、收音机等，它们模仿我们身体器官的功能，但是能不能模仿人类大脑的功能呢？到目前为止，我们也仅仅知道这个装在我们大脑里面的东西是由数十亿个神经细胞组成的器官，我们对这个东西知之甚少，模仿它或许是天下最困难的事情了。

当人工智能计算机出现后，人类开始真正有了一个可以模拟人类思维的工具，无数科学家为这个目标不懈努力着。如今人工智能机器人、无人驾驶、财务机器人等各式各样的先进技术不断打破人们的认知。越来越多的AI研究者们开发和使用复杂的数字工具，运用海量的数据算法来模仿人类活动，将人类从最基本的简单劳动中解放出来。各个领域数据的不断向外扩展，数据的关联性开始显现，各种维度的数据从点和线渐渐形成多维度的数据网，数据的量变推动质变，图像识别、自然语言理解、逻辑推导、文学创作……很多工作都可以由计算机替代完成，人工智能已成为一门更严格的科学分支，并始终是计算机科学的前沿学科。

# 第二节　大数据的特点

## 一、大数据的价值

未来的大数据将更多地用于解决社会、商业、科学各类问题。目前人类所收集的数据大部分都与人类活动有关，通过对大数据进行分析来解决实际生活中遇到的问题。比如，建立个人的数据中心，将每个人的日常生活习惯、身体状态、社交范围、知识能力、爱好性情、情绪波动等内容记录下来，就形成了一个庞大的数据库，进而这些数据可以被运用到多个领域。医疗机构利用用户的身体健康状况、情绪波动等内容对用户的健康进行实时监测；教育机构针对用户的知识能力、爱好性情制定专属的培训计划；服务行业根据用户的喜好、日常习惯提供私人定制服务；社交网络为志同道合的人群实现相识相知；政府能够在用户心理健康出现问题时有防范自杀、刑事案件出现；金融机构能为用户的资金提供更有效的使用建议和规划；道路交通可以为用户提供合适的出行线路……大数据将逐渐成为政府、行业、企业制定政策、实时管理、策略评价的判断依据。未来，大数据将成为社会发展中的重要部分，各行各业都将依赖大数据的有效支撑，大数据的价值将无处不在。

大数据的价值体现在以下三个方面：

1. 利用大数据对用户进行精准定位

通过收集用户的行为数据分析用户的购买习惯、购买目标等数据，进而对大量消费者推送用户可能需要的产品或服务，实现精准营销。如淘宝、今日头条等热门软件，通过收集用户浏览过什么商品，关注过哪方面的信息等行为数据，有效推送给一个用户有可能感兴趣的推广，精准有效地将供需双方联系在一起。

2. 利用大数据降低运营成本，提高服务质量和效率

通过获得企业运营所需的大数据，就可以节省生产运营中的一些不必要的支出。例如企业筹划市场方案，就可以以大数据作为分析基础，再配合抽样调查，可以节省大量的人力物力，尤其是对中小企业显得更为突出。

3. 利用大数据可以获得更加全面、翔实的数据

随着互联网、移动 5G 网络的不断发展，大数据的获取方式和样式更加多样，实物、行为、信息、位置等数据不断被收集和利用，时间、空间等多维度多视角的研究得以进行，大数据的应用范围变得更为宽广。

例如，通过收集大数据并进行高质量的分析，传统企业的经营管理发生了巨大变化。因大数据带来的改变，使企业受益匪浅。

（1）世界五百强企业在经营管理时采用SAP软件实施全域管理，利用企业运营过程中的各类数据及时解析运营动态，实时进行绩效评价，找出当前在企业经营过程中存在的问题和问题的根源，进而动态调整，实现全过程管理，这样可以每年为企业节省大量的经营成本，有效地提高企业整体价值。

（2）交通运输领域，利用大数据将交通实时数据进行收集处理，分析道路实施路口和公共交通工具的出现情况，成千上万的车辆规划实时交通路线，调配交通基础设施的运行状态，从而减少道路拥堵，提高通行效率。

（3）商业企业利用库存大数据分析库存量SKU（Stock Keeping Unit），建立动态库存管理系统，实现供应链管理，以利润最大化为目标来定价和清理库存。

（4）电商企业收集客户浏览商品的喜好、消费记录等信息，利用大数据得出消费者的购买习惯，从而为其推送可能感兴趣的优惠信息和商品，发现和培育潜在的客户市场。

（5）经营企业从大量客户中快速识别出重点客户，有针对性地制定客户专属营销方案，更好地达到交易目的与成果。

## 二、大数据的特征

大数据是由海量数据形成的，具有以下五大特征，即：

（1）数据量大（Volume）。第一个特征是数据量大，包括采集、存储和计算的量都非常大。在计算机领域，一个二进制位称为一个比特，一般用小写b表示；而8个二进制位称一个字节，用大写B表示。简言之：1B=8b。计算数据量或数据所需存储空间大小时，习惯用字节为单位（用B表示）。1KB=1024B，1MB=1024KB，1GB=1024MB，1TB=1024GB，1PB=1024TB，1EB=1024PB，1ZB=1024EB。1PB约等于100万个GB，1EB约等于10亿个GB，而1ZB约等于1万亿GB。大数据的起始计量单位至少是PB、EB或ZB。

（2）类型繁多（Variety）。第二个特征是种类和来源多样化。包括结构化、半结构化和非结构化数据，具体表现为网络日志、音频、视频、图片、地理位置信息等，多类型的数据对数据的处理能力提出了更高的要求。

（3）价值密度低（Value）。第三个特征是数据价值密度相对较低，或者说是浪里淘沙却又弥足珍贵。随着互联网以及物联网的广泛应用，信息感知无处不在且信息海量，但价值密度较低。这也是大数据被人忽视的一个原因，因此如何结合特定的业务逻辑并通过强大的机器算法来挖掘数据价值，就成为大数据时代最需要解决的问题。

（4）速度快、时效高（Velocity）。第四个特征是数据增长速度快，处理速度也快，时效性要求高。信息具有很强的时效性，可谓是时间就是金钱。比如搜索引擎要求几分钟前的新闻能够被用户查询到，个性化推荐算法尽可能要求实时完成推荐。这是大数据区别于传统数据挖掘的显著特征。

（5）数据是在线的（Online）。数据是永远在线的，形成的数据库能够随时调用和计算，这是大数据区别于传统数据最大的特征。当前所说的大数据不仅仅是大，更重要的是数据变得实时在线了，这是互联网高速发展背景下大数据的特点。某用户在使用某互联网应用时，其行为及时地传给数据使用方，数据使用方通过某种有效加工后（通过数据分析或者数据挖掘进行加工，进行该应用的推送内容的优化），把用户最想看到的内容推送给用户，也提升了用户的使用体验。如果是放在离线磁盘中，这些数据远远不如在线的商业价值大。数据只有在线，即数据在与产品用户或者客户产生连接的时候才有意义。

## 三、大数据的处理

### （一）数据挖掘对象

数据的类型可以是结构化的、半结构化的，甚至是异构型的。发现知识的方法可以是数学的、非数学的，也可以是归纳的。最终被发现了的知识可以用于信息管理、查询优化、决策支持及数据自身的维护等。

数据挖掘的对象可以是任何类型的数据源，可以是关系数据库，此类包含结构化数据的数据源；也可以是数据仓库、文本、多媒体数据、空间数据、时序数据、Web 数据，此类包含半结构化数据甚至异构性数据的数据源。发现知识的方法可以是数字的、非数字的，也可以是归纳的。最终被发现的知识可以用于信息管理、查询优化、决策支持及数据自身的维护等。

### （二）数据挖掘模型步骤

在实施数据挖掘之前，先制定采取什么样的步骤，每一步都做什么，达到什么样的目标是必要的，有了好的计划才能保证数据挖掘有条不紊地实施并取得成功。很多软件供应商和数据挖掘顾问公司提供了一些数据挖掘过程模型，来指导他们的用户一步步地进行数据挖掘工作。比如，SPSS 公司的 5A 和 SAS 公司的

SEMMA。

数据挖掘过程模型步骤主要包括定义问题、建立数据挖掘库、分析数据、准备数据、建立模型、评价模型和实施。下面让我们来具体看一下每个步骤的具体内容：

（1）定义问题。在开始知识发现之前最先的也是最重要的要求就是了解数据和业务问题。必须要对目标有一个清晰明确的定义，即决定到底想干什么。比如，想提高电子信箱的利用率时，想做的可能是"提高用户使用率"，也可能是"提高一次用户使用的价值"，要解决这两个问题而建立的模型几乎是完全不同的，必须做出决定。

（2）建立数据挖掘库。建立数据挖掘库包括以下几个步骤：数据收集，数据描述，选择，数据质量评估和数据清理、合并与整合，构建元数据，加载数据挖掘库，维护数据挖掘库。

（3）分析数据。分析的目的是找到对预测输出影响最大的数据字段，和决定是否需要定义导出字段。如果数据集包含成百上千的字段，那么浏览分析这些数据将是一件非常耗时和累人的事情，这时需要选择一个具有好的界面和功能强大的工具软件来协助你完成这些事情。

（4）准备数据。这是建立模型之前的最后一步数据准备工作。可以把此步骤分为四个部分：选择变量、选择记录、创建新变量、转换变量。

（5）建立模型。建立模型是一个反复的过程。需要仔细考察不同的模型以判断哪个模型对面对的商业问题最有用。先用一部分数据建立模型，然后再用剩下的数据来测试和验证这个得到的模型。有时还有第三个数据集，称为验证集，因为测试集可能受模型的特性的影响，这时需要一个独立的数据集来验证模型的准确性。训练和测试数据挖掘模型需要把数据至少分成两个部分，一个用于模型训练，另一个用于模型测试。

（6）评价模型。模型建立好之后，必须评价得到的结果、解释模型的价值。从测试集中得到的准确率只对用于建立模型的数据有意义。在实际应用中，需要进一步了解错误的类型和由此带来的相关费用的多少。经验证明，有效的模型并不一定是正确的模型。造成这一点的直接原因就是模型建立中隐含的各种假定，因此，直接在现实世界中测试模型很重要。先在小范围内应用，取得测试数据，觉得满意之后再向大范围推广。

（7）实施。模型建立并经验证之后，可以有两种主要的使用方法。一种是提供给分析人员做参考；另一种是把此模型应用到不同的数据集上。

（三）数据挖掘分为有指导的数据挖掘和无指导的数据挖掘

有指导的数据挖掘是利用可用的数据建立一个模型，这个模型是对一个特定属性的描述。无指导的数据挖掘是在所有的属性中寻找某种关系。具体而言，分类、估值和预测属于有指导的数据挖掘；关联规则和聚类属于无指导的数据挖掘。

（1）分类。它首先从数据中选出已经分好类的训练集，在该训练集上运用数据挖掘技术，建立一个分类模型，再将该模型用于对没有分类的数据进行分类。

（2）估值。估值与分类类似，但估值最终的输出结果是连续型的数值，估值的量并非预先确定。估值可以作为分类的准备工作。

（3）预测。它是通过分类或估值来进行，通过分类或估值的训练得出一个模型，如果对于检验样本组而言该模型具有较高的准确率，可将该模型用于对新样本的未知变量进行预测。

（4）相关性分组或关联规则。其目的是发现哪些事情总是一起发生。

（5）聚类。它是自动寻找并建立分组规则的方法，它通过判断样本之间的相似性，把相似样本划分在一个簇中。

## 四、大数据的安全

信息安全或数据安全有对立的两方面的含义：一是数据本身的安全，主要是指采用现代密码算法对数据进行主动保护，如数据保密、数据完整性、双向强身份认证等；二是数据防护的安全，主要是采用现代信息存储手段对数据进行主动防护，如通过磁盘阵列、数据备份等相关手段保证数据的安全，数据安全是一种主动的包含措施，数据本身的安全必须基于可靠的加密算法与安全体系，主要有对称算法与公开密钥密码体系两种。

当将大数据运用到管理会计实践工作中，数据处理的安全就显得尤为重要了。数据库要有效防止数据在录入、处理、统计或打印中由于硬件故障、断电、死机、人为的误操作、程序缺陷、病毒或黑客等造成的数据库损坏或数据丢失现象，某些敏感或保密的数据可能不具备资格的人员或操作员阅读，而造成数据泄密等后果。

而数据存储的安全是指数据库在系统运行之外的可读性。一旦数据库被盗，即使没有原来的系统程序，照样可以另外编写程序对盗取的数据库进行查看或修改。从这个角度说，不加密的数据库是不安全的，容易造成商业泄密，所以衍生出数据防泄密这一概念，这就涉及了计算机网络通信的保密、安全及软件保护等问题。数据安全有以下特点：

1. 机密性（Confidentiality）

机密性又称保密性，是指个人或团体的信息不为其他不应获得者获得。在计算机中，许多软件包括邮件软件、网络浏览器等，都有保密性相关的设定，用以维护用户信息的保密性，另外间谍档案或黑客有可能会造成保密性的问题。

2. 完整性（Integrity）

数据完整性是信息安全的三个基本要点之一，指在传输、存储信息或数据的过程中，确保信息或数据不被未授权的篡改或在篡改后能够被迅速发现。在信息安全领域使用过程中，常常和保密性边界混淆。以普通 RSA 对数值信息加密为例，黑客或恶意用户在没有获得密钥破解密文的情况下，可以通过对密文进行线性运算，相应改变数值信息的值。例如交易金额为 X 元，通过对密文乘 2，可以使交易金额成为 2X。也称为可延展性（Malleably）。为解决以上问题，通常使用数字签名或散列函数对密文进行保护。

3. 可用性（Availability）

数据可用性是一种以使用者为中心的设计概念，可用性设计的重点在于让产品的设计能够符合使用者的习惯与需求。以互联网网站的设计为例，希望让使用者在浏览的过程中不会产生压力或感到挫折，并能让使用者在使用网站功能时，能用最少的努力发挥最大的效能。基于这个原因，任何有违信息的"可用性"都算是违反信息安全的规定。因此，不论是美国还是中国都有要求保持信息可以不受规限地流通的运动举行。

## 五、大数据的主要表现形式

（一）物联网

物联网（ IOT ，Internet of things ）即"万物相连的互联网"，是互联网基础上延伸和扩展的网络，将各种信息传感设备与网络结合起来而形成的一个巨大网络，实现在任何时间、任何地点，人、机、物的互联互通。物联网将庞大的数据信息进行专业化分析处理，在互联网基础上延伸和扩展到用户端的任何物品与物品之间，进行信息交换和通信，让含有意义的数据成为一种产业，通过提高对数据的加工能力，实现对物品的智能化识别、定位、跟踪、监控和管理，从而实现数据的增值。如在农业方面，通过"3S"技术、物联网技术利用多样、多源遥感设备、智能监控录像设备和智能报警系统监测农产品生产环境和生长状况，利用科学智能的农业生产要素遥控设备实时遥控管理农产品生产状况，水肥药食自动投放管理，提高农产品质量、产量，降低生产成本。也有助于他们把互联网科技融入农业中，实现智慧农业，把品牌意识带到农产品中，实现品牌农业。

（二）区块链

区块链（Block-chain），起源于比特币的一个重要概念，本质上是一个去中心化的数据库，同时作为比特币的底层技术，是一串使用密码学方法相关联产生的数据块，每一个数据块中包含了一批次比特币网络交易的信息，用于验证其信息的有效性（防伪）和生成下一个区块。区块就是一个一个的存储单元，记录了一定时间内各个区块节点全部的交流信息。各个区块之间通过随机散列（也称哈希算法）实现链接，后一个区块包含前一个区块的哈希值，随着信息交流的扩大，一个区块与一个区块相继接续，形成的结果就叫区块链。区块链是分布式数据存储、点对点传输、共识机制、加密算法等计算机技术的新型应用模式。其特点为：①去中心化。区块链技术不依赖额外的第三方管理机构或硬件设施，没有中心管制，除了自成一体的区块链本身，通过分布式核算和存储，各个节点实现了信息自我验证、传递和管理。②开放性。区块链技术基础是开源的，除了交易各方的私有信息被加密外，区块链的数据对所有人开放，任何人都可以通过公开的界面查询区块链数据和开发相关应用，因此整个系统信息高度透明。③独立性。基于协商一致的规范和协议（类似比特币采用的哈希算法等各种数学算法），整个区块链系统不依赖其他第三方，所有节点能够在系统内自动安全地验证、交换数据，不需要任何人为的干预。④安全性。只要不能掌控全部数据节点的51%，就无法肆意操控修改网络数据，这使区块链本身变得相对安全，避免了主观人为的数据变更。⑤匿名性。除非有法律规范要求，单从技术上来讲，各区块节点的身份信息不需要公开或验证，信息传递可以匿名进行。

（三）移动互联

移动互联是互联网与移动通信各自独立发展后互相融合的新兴市场，目前呈现出互联网产品移动化强于移动产品互联网化的趋势。从技术层面的定义，以宽带IP为技术核心，可以同时提供语音、数据和多媒体业务的开放式基础电信网络；从终端的定义，用户使用手机、上网本、笔记本电脑、平板电脑、智能本等移动终端，通过移动网络获取移动通信网络服务和互联网服务。其特点为：①终端移动性。即在移动状态下接入使用互联网服务，移动终端便于用户随身携带和随时使用。②业务使用的私密性。在使用移动互联网业务时，所使用的内容和服务更私密，如手机支付业务等。③终端和网络的局限性。移动互联网业务在便携的同时，也受到了来自网络能力和终端能力的限制：在网络能力方面，受到无线网络传输环境、技术能力等因素限制；在终端能力方面，受到终端大小、处理能力、电池容量等的限制。无线资源的稀缺性决定了移动互联网必须遵循按流量计费的商业模式。④业务与终端、网络的强关联性。由于移动互联网业务受到了网络及终端能力的限制，因此，其业务内容和形式也需要适合特定的网络技术规格和终端类型。

### （四）移动支付

移动支付是指移动客户端利用手机等电子产品来进行电子货币支付，移动支付将互联网、终端设备、金融机构有效地联合起来，形成了一个新型的支付体系，并且移动支付不仅仅能够进行货币支付，还可以缴纳话费、燃气、水电等生活费用。移动支付将银行、商家、用户三方有机联系起来，利用数字认证、智能识别等手段开创了新的支付方式，使电子货币开始普及。其特征为：①时空限制小。互联网时代下的移动支付打破了传统支付对于时空的限制，使用户可以随时随地进行支付活动。传统支付以现金支付为主，需要用户与商户之间面对面支付，因此，对支付时间和地点都有很大的限制；移动支付以手机支付为主，用户可以用手机随时随地进行支付活动，不受时间和空间的限制，如用户可以随时在淘宝等网上商城进行购物和支付活动。②方便管理。用户可以随时随地通过手机进行各种支付活动，并对个人账户进行查询、转账、缴费、充值等功能的管理，用户也可随时了解自己的消费信息。这对用户的生活提供了极大的便利，也更方便用户对个人账户的管理。③隐私度较高。移动支付是用户将银行卡与手机绑定，进行支付活动时，需要输入支付密码或指纹，且支付密码不同于银行卡密码。这使得移动支付较好地保护了用户的隐私，其隐私度较高。④综合度较高。移动支付有较高的综合度，其为用户提供了多种不同类型服务。例如：用户可以通过手机缴纳家里的水、电、气费；用户可以通过手机进行个人账户管理；用户可以通过手机进行网上购物等各类支付活动。这体现了移动支付有较高的综合度。

（五）云会计

云是网络、互联网的一种比喻说法。云计算（Cloud Computing）是当前计算机应用的一种新模式，是继 20 世纪 80 年代大型计算机到客户端—服务器的大转变之后的又一种巨变。在云计算的基础上，会计信息化已步入了规范化、标准化、云化的发展浪潮。特别是云计算和大数据的发展，使得"会计＋云计算＝云会计"日渐成为现实。计算机硬件、软件及互联网络技术的升级换代，更是由于超级计算机的应用，云计算技术日渐成熟，并被广泛运用，使云计算在会计工作中的应用越来越多，有效地推进了会计信息化的发展。学者们也纷纷对云会计进行了研究，但没有一个权威的定义，总结学者们的观点，基本一致的认识是：云会计是指用户通过互联网租借基于云计算的云会计平台，利用计算机终端或手机端在云会计软件上，对经济业务的纸质及电子凭证进行会计核算、会计管理和会计决策处理，并通过相关界面与国家相关系统对接实现自动计税、自动缴税、自动缴费、远程审计等的一种虚拟会计信息系统。

云会计的服务架构为服务（LaaS）、平台即服务（PaaS）和软件即服务（SaaS）三个层面的服务。一些财务软件公司凭借原有财务软件方面的技术，利用云计算技术，纷纷在云会计方面做出一系列的尝试。

（1）基础设施即服务提供虚拟化的基础硬件设施资源，以虚拟机的形式向用户提供动态的计算资源，实现有弹性的存储计算能力，构建云会计存储及数据中心的应用环境。

（2）平台即服务构建会计信息化新应用、新服务的开发平台以及云会计的数据库服务，一旦用户的应用被开发和部署完成，所涉及的运行、管理、监控工作都将由该平台负责，企业的财务数据也通过该平台的数据库服务进行统一管理。

（3）软件即服务构建云会计的会计核算、管理、决策系统，并与其他相关系统融合，以租用的方式通过网络交付给用户。开发者可以每天对软件进行多次升级，而这些对于用户来说都是透明的。用户可以彻底打破空间和时间的限制，在任何时间、任何可以连通互联网的地方以多种方式实现报账、报税、审计、汇款等远程工作，真正实现"移动办公"。

云会计的每一层都由对应的服务构成。云会计的建设涉及数据资源、网络存储基础设施、提供计算能力的服务器、管理平台以及开展各种会计服务的应用软件等。根据云会计提供的服务功能以及企业实施会计信息化的实际情况，故云会计的体系结构构成大体上可以划分为软件应用层、管理平台层、数据计算层、硬件虚拟化层和基础设施层。

（六）财务共享

财务共享一般是财务共享服务的简称，是依托信息技术以财务业务流程处理为基础，以优化组织结构、规范流程、提升流程效率、降低运营成本或创造价值为目的，以市场视角为内外部客户提供专业化生产服务的分布式管理模式。随着互联网和大数据技术的普及，财务共享服务是将公司（或集团）范围内的共享的职能和功能集中起来，高质量、低成本地向各个业务单元或者部门提供标准化的服务。当前多数财务软件公司正致力于研究跨国企业财物共享服务管理难点。

共享服务中心所集中的通常是诸如财务、信息系统、人力资源、法律、采购、研发等职能，通过这种方式，既可以发挥规模效应、节约成本，同时也有助于保证这些职能的质量和一致性。通常企业运用财务共享的作用主要有以下5种：

1. 支持企业集团的发展战略

财务共享服务模式将分散在不同分（子）公司的共同业务提取出来，放在财务共享服务中心完成，使几百人在不同的分（子）公司完成的工作（登记总账等），只需由一个共享服务完成，从而提高了财务核算的效率。

2. 强化财务管控

在财务共享服务模式下，服务中心通过制定统一的财务核算标准和核算流程，实时生成各分公司的财务信息，并通过网络为各分公司和集团总部的管理者监控提供支持。

3. 降低财务管理成本

财务共享服务模式通过提高财务运作效率和客户满意度，优化实时监控、细化财务流程、财务分析和报告，为制定财务政策、编制预算提供更多的依据。

4. 借助信息技术实现财务共享服务中心整体能力和效率的提升。

总部设立 Web 服务器、应用服务器和数据服务器，通过交换机与外网连接；若干个区域中心或分公司通过网络登录到总服务器，企业员工直接通过网络提交费用报销申请等。

5. 完善财务体系

在财务共享服务得到成功实施后，企业还需要构建一套包括营销财务、产品财务、研发财务、海外财务、子公司财务在内的完整的财务体系。借助这套财务体系，集团的各项战略和财务管理需求就可直接传递至业务单位的核心决策层。

（七）VR 管理会计技术

VR( Virtual Reality ) 技术即虚拟现实技术，是一种可以创建和体验虚拟世界的计算机仿真系统。它利用计算机生成一种模拟环境，是一种多源信息融合、交互式的三维动态视景和实体行为的系统仿真，使用户沉浸到该环境中。现在的VR 技术已不仅仅被关注于计算机图像领域，已涉及更广的领域，如电视会议、网络技术和分布计算技术，并向分布式虚拟现实发展。可以说虚拟现实技术已成为新产品设计开发的重要手段。

在管理会计场景下，"VR 情境"下的管理会计教学体系情境认知理论将学习看作"一种嵌入情境中得以发生的思维"，把知识视为情境活动中认知的产物。认为心智的主要任务是产生下一个行动，强调情境与知识、学习与应用的统一。这种理念和管理会计自身特点和教学目标是高度契合的。"VR 情境"下期望学生能在一种情境中得以发生管理会计的思维，而不是机械的记忆。只有当知识成为一种认知的产物，这种知识才能内化成学生的心智，从而用于产生下一个行动。既外化为工作中的管理会计职能。"VR 情境"理念旨在尽可能全方位、多角度地模拟企业复杂的实际经营管理环境，从而使学生沉浸在情境当中，首先能够理解企业所面临的经营管理问题，进而主动寻求解决问题的方法，从而使学习管理会计理论的过程变成一个自然而然发生思维的过程。在虚拟情境中获得的认知也能更顺利地被应用到下一个情境即企业的真实工作当中。因为学生在情境中已经锻炼了分析问题解决问题的能力，获得了知识的内化以及外化能力。

"VR 情境"下管理会计体系，不是以往实践教学中的独立案例的堆砌，而是对整体管理体系的一种颠覆性重构。重构的管理会计课程体系以全面预算管理为主线。在企业管理会计实务工作中，年初进行预测制定预算，年中根据预算进行控制和决策，年末根据预算进行评价。可以说一般企业的管理会计工作是围绕预算展开的。以预算为主线设置"VR 情境"能最真实地还原管理会计的日常工作状态并且贯穿管理会计的五大职能。重构的管理会计体系有个特点，既还原管理会计的"初心"——解决企业管理问题，又能够身临其境地还原管理场景，通过情景在线实现对企业的管理。

总之，生活中各类信息都能够形成大数据，数据的形态各异，但通过海量数据的分析处理，就能得出现象的规律的特点，进而结合大数据分析就可以为社会经济发展带来新的发展。

# 第三节　大数据带来的风险

## 一、风险的种类

### （一）技术风险

数据作为现代商业战略资源的地位日益凸显，个人数据信息被严重过度采集。人们在使用人工智能、物联网、云计算、大数据等领域时个人数据被不断读取、采集，存在着严重的数据安全隐患；很多企业都想着如何收集到更多的用户信息，然后通过大数据分析从这些用户身上获取到最大的利益，而对大数据信息安全根本就没有任何投入和技术支持。数据在采集、储存、分析、计算、调用的过程中缺乏安全加密系统的保护，一旦服务器遭到黑客攻击导致数据泄露，对用户的隐私、财产甚至是人身安全都有可能危及。甚至一些非法网站或灰色产业链中，将用户数据进行非法交易，据不完全统计，在所有的网络黑色产业链中占相当大的份额。不法分子通过攻击企业服务器盗取数据信息，然后通过非法贩卖数据牟利，也有可能利用这些隐私数据对用户进行敲诈勒索等犯罪活动。

### （二）法律风险

新兴的互联网推动了大数据的形成和使用，也带了不同种类的法律风险。任何一项法律的制定都是漫长而严谨的过程，但政策的制定必须适时顺应时代的发展要求。目前，我国数据安全的相关法律法规正在不断完善，但步伐略显落后，许多新事物只有出现了才能在应用中发现问题，并加以立法规范。因信息泄露所带来的法律纠纷屡见不鲜。由于大数据对社会发展带来的影响是全方位的，与之相关的产业链非常长，涉及行业众多，而每个行业相关的标准规范侧重点各不相同，对数据的使用和安全规范上的不容易统一。因此，如何从法律层面制定获取、使用、防范大数据风险的管控措施势在必行。

### （三）应用风险

在大数据使用过程中，注意设置应用权限，尤其是有关移动支付工具的应用过程中，信息泄露所带来的交易风险直接会影响个人或公司的财产安全。不同应用在收集大数据时如何定义个人隐私数据，如何防止信息泄露都是大数据应用过程中需要注意的问题。同时，随着互联网金融、移动 5G 等技术的不断发展，个人信息的安全问题成为大数据应用过程中不可忽视的问题。

## 二、引起风险的主要因素

（一）内部因素

（1）人为因素。人的因素在保障会计信息安全过程中起主导作用，会计信息系统操作人员出于主观故意篡改数据或不按操作程序操作，均会直接影响会计信息的真实性和可靠性、可用性。

（2）硬件故障。硬件故障包括 I/O 控制器、存储器、硬盘以及其他计算机部件，但引起会计数据丢失的主要问题是存储会计数据载体的磁盘物理性损毁所产生的。

（3）电源故障。包括计算机内部供电与外部供电，当系统突然失去供电，易失性存储器中的数据将会丢失，从而威胁会计信息的安全。

（4）网络故障。由于网络的原因，使得会计数据不能正确保存，造成会计信息的丢失。

（5）软件系统。会计信息系统的运行软件由于程序本身设计存在的问题，或者对数据校验考虑不周，都将影响到会计数据的完整性。

（6）操作系统漏洞。操作系统作为会计信息系统的运行平台，本身也存在一定的漏洞，极易受到攻击，从而导致会计信息的毁损。

（7）身份认证和管理。身份认证是构建企业会计信息安全体系的基础，目的是为了保证会计信息系统中的数据只能被授权的人合理访问，常用的身份认证方式主要有用户名/密码方式、IC 卡认证、动态口令、USBKey 认证、生物识别技术。我国会计信息系统应用商业软件在身份认证管理上主要采用用户名/密码方式，这种方式过于简单，在密码验证过程很容易被木马程序或网络中的监听设备截获，安全性极差。会计信息操作员在设置密码时，为了方便记忆，往往用"123""111111""666666""888888"或是生日号码、电话号码作为操作员密码，甚至将密码设置为空值，极易破译。一些企业对身份认证疏于管理，会计信息系统管理员在员工已调离本企业后，依然在很长的一段时间内保留着该员工的账号，留下了安全隐患。

（二）外部因素

（1）病毒。计算机感染病毒而对系统造成破坏，通过复制、传播无用信息其至造成计算机系统崩溃从而带来重大经济损失，特别是在网络环境下病毒的传播性更快。2020年国家计算机病毒应急处理中心通过对互联网的监测，发现"Lemon Duck"（柠檬鸭）挖矿病毒的最新变种文件，该变种采用Python语言打包可执行文件的方式，重新将令人胆寒的病毒"永恒之蓝"释放并进行漏洞攻击，致使大量计算机操作系统崩溃。

（2）意外事故。虽然出现的概率相对其他因素较小，但是一旦发生，就会对会计信息系统造成灾难性损失，例如火灾、水灾、工业事故、蓄意破坏等给人类生存带来危害，造成计算机系统瘫痪或损坏。

（3）黑客。入侵者借助系统漏洞、监管不力等方面通过网络远程入侵计算机系统，窃取和篡改计算机信息。

总之，不管是内部因素还是外部因素，都会给计算机领域带来数据安全隐患。除此之外，如设备的运行损耗、存储介质失效、运行环境以及人为的破坏等，都会造成硬盘驱动器设备造成影响。硬盘的损坏会使数据无法读取，也就有可能造成数据丢失和损坏。因此，数据安全问题是当下要率先防范的。

## 三、大数据引发企业管理变革

从理论角度来讲，之所以说大数据掀起企业管理变革，背后有四个密切关联的因素。

（1）大数据的本质与管理的核心因素高度契合。一般认为，管理最核心的因素之一是信息搜集与传递，而大数据的内涵和实质在于大数据内部信息的关联、挖掘，由此发现新知识、创造新价值。两者在这一特征上具有高度契合性，甚至可以说大数据就是企业管理的又一种工具。因为对于任何企业，信息即财富，从企业战略着眼，利用大数据，充分发挥其辅助决策的潜力，可以更好地服务企业发展战略。大数据发展对不同行业、发展阶段及规模的企业有着不同影响。首先体现在信息化建设投入上。大型央企有实力对企业的信息技术进行投资，应用较先进的技术，保障企业数据有效管理和利用。此外，国有企业管理延续性较强，总体较稳定。其次体现在顶层设计上。大型央企在大数据管理的顶层设计上具有优势，可以对企业数据化管理进行系统规划。最后体现在政策优势及人才队伍上。

（2）大数据由资源到资产的转变。大数据时代，数据在各行业渗透，渐渐成为企业战略资产。企业拥有数据的规模、质量直接决定了企业的核心竞争力以及市场洞察力，也影响着企业的战略调整，数据意味着巨大的投资回报。此外，从组织结构来说，大数据对信息技术部门与业务部门之间的密切配合提出了更高要求。因此，企业要有一条符合自身发展特点的大数据管理路径，要进行顶层设计、系统规划。要充分发挥系统优势，对数据化进行统一科学设计，避免重复建设、各行其是、互不兼容。充分发挥信息技术对数据分析的作用，打造"数据化企业"。

（3）强化数据管理，重视数据安全。在企业信息化建设中，将企业数据管理推向纵深，在大数据技术不断发展的时代，企业运营管理中数据管理事关企业核心竞争力和战略目标，必须有战略高度。数据收集和管理要"广撒网"，发挥各部门的协同效应。不仅要关注综合性数据和关键数据，而且要关注基础数据，要深度利用、挖掘数据，从而才能更好地配合管理会计的职能进行深入分析，提高企业运营的效率和产出。同时，要特别重视数据安全，从技术和制度层面保障数据安全。任何数据的泄露都会造成企业经营决策的失败。

（4）优化内部运营模式，加强外部合作。企业应确立面向客户的价值服务导向，针对客观需求，重新制定和优化企业的制度、流程，增加数据收集、管理和分析环节，设计适应市场竞争的商业模式和内部运营模式。要加强与外部的合作。与外部企业、科研院所、行业协会等机构进行交流合作，实现数据技术、资源和平台互补。同时，加强上下游产业链相关企业的数据管理合作，在数据收集、分析、共享方面开展互助。

随着信息技术的产生和不断发展，与之相关的组织和经济实体都发生了巨大变化。大数据和信息技术的开发和应用将对大多数组织的结构和业务处理带来具有深远意义的影响。原有的企业组织结构和管理模式已经不能适应新的环境，企业迫切需要通过大数据分析来参与管理并进行组织变革，以便在激烈的竞争中处于不败之地。然而大数据技术的应用不但需要企业变革原有的模式，并且还推动了企业管理会计的变革。企业在信息化这股浪潮中应及时转变观念，摒弃旧习，大胆进行管理会计创新，勇于改革，借此契机建立现代企业制度，提高企业竞争力。

## 四、大数据带来企业管理的风险

（一）大数据遭受异常流量攻击

大数据所存储的数据非常巨大，往往采用分布式的方式进行存储，而正是由于这种存储方式，存储的路径视图相对清晰，而数据量过大，导致数据保护相对简单，黑客能较为轻易地利用相关漏洞，实施不法操作，造成安全问题。由于大数据环境下终端用户非常多，且受众类型较多，对客户身份的认证环节需要耗费大量处理能力。由于 APT 攻击具有很强的针对性，且攻击时间长，一旦攻击成功，大数据分析平台输出的最终数据均会被获取，容易造成较大的信息安全隐患。

## （二）大数据信息泄露风险

在对大数据进行数据采集和信息挖掘的时候，要注重用户隐私数据的安全问题，在不泄露用户隐私数据的前提下进行数据挖掘。需要考虑的是在分布计算的信息传输和数据交换时保证各个存储点内的用户隐私数据不被非法泄露和使用是当前大数据背景下信息安全的主要问题。同时，当前的大数据数据量并不是固定的，而是在应用过程中动态增加的，但是，传统的数据隐私保护技术大多是针对静态数据的，所以，如何有效地应对大数据动态数据属性和表现形式的数据隐私保护也是要注重的安全问题。最后，大数据的数据远比传统数据复杂，现有的敏感数据的隐私保护是否能够满足大数据复杂的数据信息也是应该考虑的安全问题。

## （三）大数据传输过程中的安全隐患

### 1.数据生命周期安全问题

伴随大数据传输技术和应用的快速发展，在大数据传输生命周期的各个阶段、各个环节，越来越多的安全隐患逐渐暴露出来。比如，大数据传输环节，除了存在泄漏、篡改等风险外，还可能被数据流攻击者利用，数据在传播中可能出现逐步失真等。又如，大数据传输处理环节，除数据非授权使用和被破坏的风险外，由于大数据传输的异构、多源、关联等特点，即使多个数据集各自脱敏处理，数据集仍然存在因关联分析而造成个人信息泄漏的风险。

### 2.基础设施安全问题

作为大数据传输汇集的主要载体和基础设施，云计算为大数据传输提供了存储场所、访问通道、虚拟化的数据处理空间。因此，云平台中存储数据的安全问题也成为阻碍大数据传输发展的主要因素。

### 3.个人隐私安全问题

在现有隐私保护法规不健全、隐私保护技术不完善的条件下，互联网上的个人隐私泄露失去管控，微信、微博、QQ 等社交软件掌握着用户的社会关系，监控系统记录着人们的聊天、上网、出行记录，网上支付、购物网站记录着人们的消费行为。但在大数据传输时代，人们面临的威胁不仅限于个人隐私泄露，还在于基于大数据传输对人的状态和行为的预测。近年来，国内多省社保系统个人信息泄露、12306 账号信息泄露等大数据传输安全事件表明，大数据传输未被妥善处理会对用户隐私造成极大的侵害。因此，在大数据传输环境下，如何管理好数据，在保证数据使用效益的同时保护个人隐私，是大数据传输时代面临的巨大挑战之一。

### （四）大数据的存储管理风险

大数据的数据类型和数据结构是传统数据不能比拟的，在大数据的存储平台上，数据量是非线性甚至是指数级的速度增长的，各种类型和各种结构的数据进行数据存储，势必会引发多种应用进程的并发且频繁无序的运行，极易造成数据存储错位和数据管理混乱，为大数据存储和后期的处理带来安全隐患。当前的数据存储管理系统，能否满足大数据背景下的海量数据的数据存储需求，还有待考验。同时，如果数据管理系统没有相应的安全监管机制，一旦出现了问题，将会带来非常大的损失。

#### 1. 行业主管部门

大数据垂直化应用行业的主管部门为工业和信息化部，其他监管部门根据大数据的最终应用行业的不同而有所区别。具体来说，移动应用开发者服务等互联网相关服务主要受工业和信息化部的监管，而大数据的营销服务除工业和信息化部外，还受国家工商总局和各地方的工商行政管理部门等主管部门的约束。其他行业的大数据服务则受所在行业的主管部门直接管理。

（1）工业和信息化部。工业和信息化部以及各省、自治区、直辖市设立的通信管理局是互联网信息服务行业的行政主管部门。其中：工业和信息化部主要负责制订互联网信息服务行业的产业政策、产业标准、产业规划，对行业的发展进行宏观调控，总体把握互联网信息服务内容；各地通信管理局对互联网信息服务业务实施政府监督管理职能。

（2）国家工商总局。国家工商总局和各地方的工商行政管理部门是大数据服务行业的主要管理部门。国家工商总局是国务院管理服务行业的直属机构，其责任是引导服务行业发展，进行大数据营销活动的监管工作。

（3）行业相关部门。大数据在不同行业的应用还受到行业主管部门的监管，针对行业自身特点，对大数据所涉及的内容进行约束，引导大数据技术在行业发展中规范使用。如财政部针对会计领域的会计信息数据的应用和发展制定的《会计电算化工作规范》指出："开展会计电算化的单位应根据工作需要，建立健全包括会计电算化岗位责任制、会计电算化操作管理制度、计算机硬件和数据管理制度、电算化会计档案管理制度的会计电算化内部管理制度。"会计电算化工作就是会计信息顺利进行的重要保障，实行会计电算化的单位必须指定和严格执行会计电算化的内部控制制度。

2. 主要法律法规

随着经济社会的不断发展，政府相关部门对会计工作变革的重视程度越来越大，在会计信息化发展过程中，出台了一系列的法律法规（见表1-1）。

表1-1　有关管理会计变革的法律法规

| 法规名称 | 发布单位 |
| --- | --- |
| 《中华人民共和国广告法（2015年修订）》 | 全国人民代表大会 |
| 《中华人民共和国网络安全法（2016年）》 | 全国人民代表大会常务委员会 |
| 《全国人民代表大会常务委员会关于加强网络信息保护的决定（2012年）》 | 全国人民代表大会常务委员会 |
| 《中华人民共和国电信条例（2016年修订）》 | 国务院 |
| 《互联网信息服务管理办法（2000年）》 | 国务院 |
| 《电信业务分类目录（2015年）》 | 工业和信息化部 |
| 《规范互联网信息服务市场秩序若干规定（2011年）》 | 工业和信息化部 |
| 《电信和互联网用户个人信息保护规定（2013年）》 | 工业和信息化部 |
| 《互联网广告管理暂行办法（2016年）》 | 国家工商总局 |
| 《移动互联网应用程序信息服务管理办法（2016年）》 | 国家互联网信息办公室 |
| 《信息安全技术 个人信息安全规范（2018年）》 | 全国信息安全标准化委员会 |
| 《关于办理侵犯公民个人信息刑事案件适用法律若干问题的解释》 | 最高人民法院、最高人民检察院 |

（1）全国人民代表大会常务委员会关于加强网络信息保护的决定。2012年12月，针对数据应用过程中的个人信息保护问题，第十一届全国人民代表大会常务委员会通过了《全国人民代表大会常务委员会关于加强网络信息保护的决定》，决定提出：国家保护能够识别公民个人身份和涉及公民个人隐私的电子信息。网络服务提供者和其他企业事业单位应当采取技术措施和其他必要措施，确保信息安全，防止在业务活动中将收集的公民个人电子信息泄露、毁损、丢失。在发生或者可能发生信息泄露、毁损、丢失的情况时，应当立即采取补救措施。

（2）电信和互联网用户个人信息保护规定。2013 年 7 月 16 日中华人民共和国工业和信息化部令第 24 号公布了《电信和互联网用户个人信息保护规定》自2013 年 9 月 1 日起施行。《规定》的出台，可以进一步完善电信和互联网行业个人信息保护制度。目前，部分电信业务经营者、互联网信息服务提供者对用户个人信息安全重视不够，安全防护措施不完善，管理制度不健全，信息安全责任落实不到位，需要进一步完善用户个人信息保护法律制度，规范电信服务、互联网信息服务过程中收集、使用用户个人信息的活动。

《规定》的出台，也是贯彻落实全国人大常委会《关于加强网络信息保护的决定》（以下简称《决定》）的需要。贯彻执行好《决定》有关收集、使用个人信息的制度，需要出台相关配套规定。制定《规定》，进一步明确电信业务经营者、互联网信息服务提供者收集、使用用户个人信息的规则和信息安全保障措施等，是落实全国人大常委会《决定》规定的制度和措施，切实保护用户合法权益的要求。

（3）促进大数据发展行动纲要。2015 年 8 月 31 日，国务院以国发〔2015〕50 号印发《促进大数据发展行动纲要》。该《纲要》分发展形势和重要意义、指导思想和总体目标、主要任务、政策机制 4 部分。主要任务是：加快政府数据开放共享，推动资源整合，提升治理能力；推动产业创新发展，培育新兴业态，助力经济转型；强化安全保障，提高管理水平，促进健康发展。政策机制是：完善组织实施机制；加快法规制度建设；健全市场发展机制；建立标准规范体系；加大财政金融支持；加强专业人才培养；促进国际交流合作。

（4）中华人民共和国网络安全法。《中华人民共和国网络安全法》由全国人民代表大会常务委员会于 2016 年 11 月 7 日发布，自 2017 年 6 月 1 日起施行。定义网络数据为通过网络收集、存储、传输、处理和产生的各种电子数据。并鼓励开发网络数据安全保护和利用技术，促进公共数据资源开放，推动技术创新和经济社会发展。关于网络数据安全保障方面，网络安全法规定，要求网络运营者采取数据分类、重要数据备份和加密等措施，防止网络数据被窃取或者篡改，加强对公民个人信息的保护，防止公民个人信息被非法获取、泄露或者非法使用，要求关键信息基础设施的运营者在境内存储公民个人信息等重要数据，网络数据确实需要跨境传输时，需要经过安全评估和审批。

（5）国家网络空间安全战略。2016 年 12 月，国家互联网信息办公室发布《国家网络空间安全战略》，提出要实施国家大数据战略，建立大数据安全管理制度，支持大数据、云计算等新一代信息技术创新和应用，为保障国家网络安全夯实产业基础。除了以上国家层面的大数据安全政策管理外，《贵阳市大数据安全管理条例》作为全国首部大数据地方法规于 2018 年 10 月 1 日正式施行，也对大数据安全定义、防风险安全保障措施、监测预警与应急处置、投诉举报等方面做出规定，明确措施防范数据泄露。

总之，国家通过法律法规确立数据分级分类管理以及风险评估，检测预警和应急处置等数据安全管理各项基本制度；明确了开展数据活动的组织、个人的数据安全保护义务，落实数据安全保护责任；同时坚持安全与发展并重，锁定支持促进数据安全与发展的措施，建立保障数据安全和推动数据开放的制度措施。

## 五、风险的防范

### （一）严格执行相关技术规范

在大数据时代，移动互联、支付风险防控等方面应注重系统安全、交易安全、数据保护、内控管理等方面的风险防控，在技术层面上除了按业务流程完成输入和使用外，更要在交易的过程中遵守国家及人民银行发布的相关技术标准与规范，以保证大数据相关业务的交易安全和信息安全。

一是大数据相关信息的收集和处理。应将客户信息进行身份识别，将个人资料中的银行账户或支付账户、身份证件号码、手机号码进行关联管理，组合选用仅客户本人知悉的要素（如静态密码），或仅客户本人持有的不可复制的要素（如数字证书、电子签名），以及通过安全管道生成和传输的一次性密码，或客户本人的生物特征（如指纹）等多种验证要素，每一次数据使用都应有严格的验证措施。

二是在大数据的产业链中，对于数据量庞杂、巨大的发展，要求对数据处理的技术运用和升级应永不停步。一方面，数据的存储方式是不断发展的，存储设备要不断地扩容增幅，对数据的识别和获取技术要不断提高，从而满足企业的不同需求。另一方面，数据的缺失和泄露是不可避免的，如何最大程度地保护用户的利益不受损失或减少损失也是需要思考的问题。同时，其他技术方面也应严格执行国家及行业相关的法律及规范。

### （二）建立健全数据安全防范体系

以前数据是企业的资产，是在企业内部、局部的环境里使用，流动性不强，而现在已经是互联网＋的时代了，各种数据积累起来后形成了多元数据关联，不光是企业、个人、政府等所有的人或事都在互联网中出现，全球性活动会有多个国家参与其中，数据的流动成为大数据的一个特殊属性。大数据海量、多源、异构、动态的特征导致大数据系统存储结构复杂、开放性、分布式计算和高效精准的服务。面对海量的数据，不法分子和别有用心的人对信息系统进行恶意入侵，窃取隐私数据并通过多元数据关联分析，从而造成信息泄露。所以，建立大数据安全标准体系框架时要对传统数据的采集、组织、存储、处理等生命周期各方面安全标准进行适用性分析，适合的接着采用，不适合的要修订，缺项的必须增加。

（三）普及、提高安全防范意识

1. 提高用户计算机信息安全防范意识

大数据时代，最有效和积极主动的推动计算机信息安全的方法就是提高用户的安全防范意识。用户在平时的上网过程中，要浏览安全网页，不涉及自己的隐私信息的披露。在进行注册相关信息的时候，仔细阅读同意条款，不可忽视注册细节。用户的计算机要安装相应的杀毒软件，定期对计算机进行系统维护和杀毒软件的升级。对自身的密码设置尽量设置复杂密级较高的密码，对于关键性信息做好必要的防护，公共场合尽量少登录自己的账号，减少利用免费无线上网的次数，杜绝危险的信息来源。

2. 搭建安全防护体系

要加大资金和人才的投入力度，在计算机信息安全方面，建立整体的防火墙和稳固的安全防护体系，定期对整个网络系统的信息漏洞进行修复和完善。引进专业人才，对计算机网络信息进行合理的筛选，研制信息安全系统和程序，设置信息出入口路径，从源头解决信息安全的问题。细化安全防护系统的功能，对于信息的链接，信息的来源，信息涉及的敏感检索词语等，都要进行严格的筛查和拦截。加强安全系统的建立，推广应用安全高效的杀毒系统，确保用户的计算机信息进入安全防护系统。

3. 完善大数据时代信息安全管理体系

国家要不断完善大数据时代的信息管理体系，相关部门提高安全管理意识，设计适用于企业和个人的安全上网条例，保障数据的安全性和稳定性。加强法制建设，增强信息安全法律意识，对于危害信息安全的用户给予严厉处罚。加大信息保密机制的建立，针对不同的局域网设置相应的保密级别和保密的信息储量。

加强与企业之间的协作，了解民意对于计算机信息安全的需求，运用适用的规范。

（四）提高网络信息技术水平

在网络安全要素的技术、管理、环境三者之中，技术是核心。随着计算机系统由封闭系统走向开放系统，技术的地位也随之上升。由于信息安全技术总是落后于信息技术的发展，因此安全技术不可能一成不变。就目前的会计信息化程度而言，主要必须注重以下关键防范技术：

1. 防火墙防范技术

防火墙（Fire Wall）是一组介于互联网和企业内部网之间的访问控制系统，它充当屏障作用，保护企业信息系统（内联网）免受来自互联网上的攻击。防火墙的主要技术有数据包过滤（Packet Filter）技术、应用网关（Application Gateway）技术和代理服务器（Proxy Service）技术。所有互联网与企业内联网之间的信息流都必须经过防火墙，通过条件审查确定哪些内容允许外部访问，哪些外部服务可由内部人员访问。因此，合理地使用防火墙技术是保障会计信息安全的有效途径，但遗憾的是以限制网上信息的自由流动为代价来实现安全性。

2. 信息加密防范技术

数据加密技术对网络服务及开发性影响较小，是保护信息通过公众网络传输和防止电子窃听的首选方法。信息加密的核心是密钥，密钥是用来对数据进行编码的一种算法。根据密钥的不同，可将加密技术分为对称加密体制、非对称加密体制和不可逆转加密体制三种。对称加密体制是指加密档和解密档使用相同的密钥。不可逆转加密体制在数据加密过程中不使用密钥。只有同样的输入数据经过同样的不可逆加密算法才能得到相同的加密数据。非对称加密体制也称公用密钥标准。密钥被分解为一对，即一把公用密钥（加密密钥）和一把私有密钥（解密密钥）。只有两者一起使用才能加密和解密。笔者认为非对称加密体制更适用于结合信息安全防范。

3. 漏洞扫描防范技术

任何一个计算机平台，如 Unix 系统以及我们所熟悉的 Windows 各版本，都存在安全脆弱点，并且一个版本使用时间越长，被人们熟知的安全弱点就越多，受到黑客攻击的危险就越大。漏洞扫描就是通过对系统安全脆弱点的自动检测，找到安全漏洞，并给予修复。

4. 入侵检测防范技术

不管采取多么完善的安全技术和预防措施，任何系统仍然避免不了黑客的入侵。入侵检测是指通过对计算机网络系统的恶意使用行为进行实时识别和回应的一种安全技术。它可以在系统被破坏前自主地中断并回应安全漏洞和误操作。由此可见，入侵检测技术是一种"积极"的安全防范技术，主动性较强。

5. 数字签名防范技术

数字签名其实质是公开密钥密码技术的另一类应用。主要方式：会计信息的披露方从信息文本中通过一种信息摘要产生的一固定长度（如 128 位）的摘要值，用自己的私钥对摘要值进行加密，来形成披露方的数字签名，连同原文一起发出；关联方首先用同样的摘要算法对报文计算摘要值，接着再用披露方一同发来的公钥对数字签名解密；如果两个摘要值相同，证明信息在发送途中未被篡改，而且报文确实来自所称的披露方。迄今会计信息化的安全问题并未得到彻底完美的解决，世界各国都在加紧进行这方面的研究。要从本国的国情出发，研制具有中国特色、具有自主知识产权、"积极"的安全防范体系。

# 第二章　大数据下管理会计的发展

## 第一节　管理会计内涵的变化

### 一、管理会计地位的提升

管理会计的五大职能，简单地说是预测、决策、规划（预算）、控制、评价，随着大数据技术的不断发展，管理会计的职能作用变得更加突出。具体内容如下：

（一）建立严谨的核算议价体系，加大奖惩力度

现代企业管理十分注重充分调动人的积极性，通过大数据对经济问题进行具体分析，通过量化可以清晰找出内在影响因素，从而更好地贯彻落实企业经济目标。通过建立责任会计制度，按照各自的经济责任，做到人人肩上有指标，责权利相结合，以经济手段奖惩、控制各级企业组织行为，不断完善工作，发挥人的主观能动性。

（二）参与企业经济决策

决策是企业经营管理的中心，也是各部门的主要工作职责，怎样为企业决策者提供准确的决策信息，是各职能管理部门的中心工作之一。管理会计人员作为企业的财务战略军师，要从经济数据分析出发，利用成本形态分析、量本利分析等动态、静态指标方法，对长短期投资、生产、定价等做好经济决策的前期预测。

（三）做好企业当前经营和长期规划的经济前景预测

一个企业只有对当前和长远目标做出客观的预测，才能为企业决策者提供第一手信息。管理会计要对企业经济规模、投入产出、现金流量、市场调研等经济指标做出较为实际的预测，供企业决策者参考。

（四）做好资金筹集工作，加强现金流量管理

资金是企业的血液。管理会计应选择低风险、低成本的最优融资方案，为企

业注入新鲜血液。相反，一个企业盈利水平再高，但缺乏资金筹划，缺乏资金管理，该回笼的资金不能及时收回，造成企业缺血，也会给企业带来致命的打击。因而在做好资金筹集的同时，必须切实加强现金流量管理，抓住生产经营各个环节，降低库存，加大销售力度，以确保企业资金周转流畅。

（五）建立经济指标体系、落实经济责任制控制经营全过程

根据企业经营目标，分别落实到各部门。采用比价采购、倒推目标成本等方法，具体下达经济责任指标。建立一整套系统的指标体系，使企业内部各个利润中心职责明晰，并对完成情况，事前、事中、事后适时进行分析、反馈，及时优化各个环节的工作，确保目标的完成。

现代管理会计的职能作用，从财务会计单纯的核算扩展到解析过去、控制现在、筹划未来有机地结合起来。通过数据分析形成一种综合性的职能。可以说，管理会计是一种深度参与管理决策、制订计划与绩效管理系统、提供财务报告与控制方面的专业知识以及帮助管理者制定并实施组织战略的岗位。在大数据技术不断发展的情况下，管理会计的作用将会越来越大，管理会计的职能已将越来越多。

## 二、管理会计在企业管理中的作用

对于当下企业而言，随着大数据技术发展的程度不断深入，都必须保持对技术的尊重以及对数据的重视，逐步实现数据获取的时效性以及多类型采集，在管理会计管理体系建设过程中保证各项职能的灵活性、兼容性，让管理会计的职能具有拓展性的可能，能够利用数据可视化、智能分析与挖掘、机器学习与建模等方面来实现对企业经营决策的支持。

（一）帮助企业提高预测能力，抓住商机

依据所掌握的信息及时调整企业经营决策，是企业获得成功的关键因素之一。大型投融资项目涉及金额大，成本高，一旦决策失误，将给企业带来沉重打击。商机却稍纵即逝，想要在瞬息万变的市场经济大潮中分享改革红利，就要求管理会计在经营者决策之前，利用尽可能多的数据进行财务分析，通过向研发、生产、采购、销售、人力资源等多个领域延伸，高度融合企业财务数据与业务数据，深入分析各活动因素之间的关系，由此对项目进行精准预测，以此提升企业核心竞争力。

（二）能够利用现有资源，促进企业资产的合理配置

企业的终极目标是实现利润最大化。在大数据时代，海量信息与精准的数据可以通过大数据仓库被收集、整理、提取和挖掘。管理会计通过分析和提取其中有价值的数据，对企业产品、服务等数据的提纯、分析与挖掘形成可靠依据，并利用现有资源可以制订严密的物资采购、产品生产、销售等精细化规划与预算策略。通过企业财务共享服务，可以发挥企业的规模效应，节约财务管理成本，同时有助于保证财务管理职能的质量和一致性。

（三）推动企业提高员工绩效考核的科学性和合理性

企业的发展壮大离不开员工的辛勤付出。管理会计有必要通过对大数据的收集、整理和分析，制定先进且公平的考核和奖惩制度，当员工的积极性受到极大鼓舞，这种激情将快速地反馈至企业，促使企业发展。

（四）准确评价客户信用，预测企业风险

客户是企业的生存之本，一个客户能否按期支付所欠货款，决定了企业需要承担坏账风险的大小。利用大数据平台，如拥有强大自动分析能力的云服务等构建成熟多维数据库，从不同管道获得客户不同方面的数据，可以将事后分析转为事先引导。企业预测坏账的准确度越高，避免坏账出现的可能性就越高。有效的风险管控必将为企业的飞速发展保驾护航。

## 三、大数据对管理会计产生的影响

大数据是以数据为本质的新一代革命性信息技术，在数据挖掘过程中能带动理念、模式、技术及应用实践的创新。大数据是具有强大决策力、细致洞察力和流程优化能力的信息资产，具有高效性、数字化，以及可对市场各要素有效整合的特点，对企业运用管理会计产生了深远影响，其影响主要体现在以下三个方面。

（一）数据管理方式发生变化

大数据时代的来临，改变了传统的数据管理类型和管道单一化、工作效率不高的特点，互联网使数据管理趋于多元化。互联网的无界可以实现将大数据存储在网络平台，各部门数据共享，实现了财务管理的大变革。

（二）数据处理方式产生变化

数据处理必须先将数据进行调取，经收集整理再加工后，才能被分析、利用，

这个过程中将浪费大量时间，一旦某个环节出现错误，将影响数据处理的结果，最终导致决策失误。但在大数据时代，可以借助分析工具合理地选择分析方式，如运用用友云财务分析软件来挖掘企业财务数据的价值，跳出财务看财务，为管理者进行科学决策提供依据。

### （三）数据存储方式产生变化

管理会计数据具有多样性的特点，数据存储量大。传统的数据存储方式较为复杂，且极易丢失。而在大数据时代，只要提供有效的存储管道，仅需通过分布式数据库、分布式存储集群等不同的存储模块就可以实现。想要实现用电子信息化手段代替传统的会计流程，只需为企业财务共享中心配备影像管理技术，通过扫描将纸质单据生成电子影像，以影像信息作为流转要素就可以轻松实现。

## 四、大数据下管理会计面临的挑战

大数据为企业运用管理会计提供了一定的发展机会，但想要使管理会计实现职能发挥、信息管理、人才培养等方面的问题尚待解决。

### （一）大数据下管理会计的应用被严重忽视

大数据与云计算、物联网一样，是一项突破性的技术飞跃。全球数据处理量的飞速发展使得管理会计需要从庞大的数据中挖掘有价值的信息，并应用于企业决策系统和控制系统中。目前，大部分企业遵循的仍是各业务单位仅负责业务活动，财务管理部门仅负责财务管理。财务部门基础业务比较烦琐，其主要工作精力无法运用到企业更高层次的应用管理活动中去。传统模式下，管理会计的思维已经不能满足当前企业发展的需要。

（1）完善企业经营战略。管理会计在企业的经营决策中发挥着重要作用。通过财务共享中心的运营，涉及企业的财务分析、成本管控、全面预算、投融资等方面，借此可助力完善企业经营发展战略，可提高企业的核心竞争力。例如，万科对北京市房山地区的投资决策，就是通过联合电信、中国移动、联通三大运营商，分析北京网络使用人数的数据，得出房山地区处于"价值洼地"，可能拥有巨大的潜在购房群体的结论，据此果断决策，最终取得了不菲的收益。

（2）规划企业运营数据。通过对企业实际运营情况的了解，有效避免生产和销售计划的不合理现象。在国家不断提升电信技术，人们交流需求与日俱增的形势下，华为作为一家民营科技企业，在研发方面投入巨大，并借助价格、产品质量、服务等方面的优势，立足本土化业务，逐渐在电信领域脱颖而出。此外，被人津津乐道的全球零售业巨头沃尔玛的"啤酒＋尿布"销售策略，也称大数据技术应用的经典案例。

（3）优化绩效考评方式。大数据时代，各项数据的收集变得准确而便捷，通过对公司员工日常表现的数据整理，可以公正地评判每位员工为公司带来的贡献，确保员工奖励和合理的工作晋升，充分发挥管理会计的应用效果。例如，企业文化一向以创新和自由著称的谷歌，其内部考核十分严格，在互联网思维的推动下，OKR（目标和管理结果）作为一种目标管理和绩效管理工具，有效地激发了员工为达成企业目标而努力的积极性。

（4）成立财务共享中心。这是实现财务优化的必然选择。通过 IT 硬件、软件的投入，把基础的会计核算职能从财务管理中抽离出来。不断提升企业内部的研发力量，实现企业的技术创新，注重管理会计在财务职能中的作用。例如，宝钢集团共享服务中心推行专业化分工，由总部财务制订战略，业务、财务人员达成合作伙伴。共享中心的定义是专业化并加强质量控制，成为效率提升的执行者，促使宝钢业务规模的快速增长和扩张。

（5）及时发现市场变化，有效调整内部控制制度。大数据使企业具有更强的数据分析能力，管理会计通过对企业日常经营数据进行分析，找出变化差异并分析形成差异的原因，从而及时调整企业内部控制制度。例如，海尔集团在日常工作中始终贯彻流程管理，通过标准化的管理实现企业的经营目标。

（二）新型管理会计人才严重缺失

为了提高生产效益，传统管理会计关注的重点是日常生产方面，局限于执行性管理会计阶段，并不是完全的管理会计。新的时代赋予了管理会计新的使命和内涵，其定义已经提升到战略管理会计阶段，因此需要与其他领域融合，如与信息经济学、行为科学等学科进行融合与延伸。但传统的管理会计仅掌握基础的财务知识，从事的只是简单的算账、计账等工作，缺乏信息化的相关专业知识，仅充当简单的计数者和监督者，使管理会计信息化的进程受到限制。

（1）大数据与管理复合人才。大数据时代下的新型管理会计，迫切需要具备丰富的管理会计知识和熟练应用数据分析工具的能力。尤其是大数据与管理复合人才的严重缺失，直接影响企业的发展速度。由于信息技术的不断变化使会计环境改变进而引发经济事项的不确定性增加，业务难度也随之增加，而高水平的管理人才应具备精准的分析能力、判断力和抉择力。企业管理层应深度挖掘并聘请管理会计专业领域的人员，注重对企业内部管理会计的培养和扶持，使现有员工的业务能力和专业素养得到快速提升。例如，邀请管理会计领域的专家和学者走进企业开展讲座，为管理会计人员创造更多学习和交流的机会，在管理会计队伍中营造"百舸争流"的学习和工作氛围；充分运用奖惩机制，建立复合型人才能力框架，有的放矢地在企业内部培养和提拔具有大数据分析潜质的人员，并积极完善评价系统。

（2）具有管理会计意识的高级经理人。企业是一个池溏，管理会计则是这池中的一尾鱼，鱼离不开池，而池中水质的好坏将直接决定鱼跳跃的高度。企业高管也需转变观念，充分意识到管理会计与大数据的结合，能够及时督促和引导企业员工自觉加强这方面的意识。通过引进具有管理会计意识的高级经理人进入企业管理层，能够有效地从战略高度提升企业在大数据的应用、管理会计的应用等方面的决策水平。比如，对于一项好的投融资计划，专业水平高的职业经理人能够运用管理会计和大数据专业知识给予决策层精准的意见和建议，为该项计划的实施和预期效果锦上添花。

（三）信息安全无保障

大数据技术是把"双刃剑"，给企业经营带来巨大便利的同时，也会使企业的一系列信息遭受泄漏的风险。在开放的环境中，网络病毒、木马、黑客等不安全因素的存在会使得企业持有的客户资源、数据信息及商业秘密等很容易被竞争对手攫取。这些信息一旦泄露，很可能给企业带来经济上的巨大损失。如果企业管理会计层面尚未形成完善的理论体系和相关制度规范，企业的信息安全性将缺乏保障。因此，企业利用大数据实现对财务数据的深度挖掘和分析，需要充分考虑安全性。

（1）严禁无关人员接触信息系统，防止非法访问和随意篡改。尤其要重视企业的内部控制制度，充分运用程序加密技术，实行分级控制法，财务内部分工和岗位牵制相结合，对操作日志和运用规范合理定位，避免企业因信息泄漏而遭受损失。

（2）在选择云服务商时，要慎重考虑服务商的资质和运营情况，稳妥的服务商才是适合长期合作的伙伴。应严格制订信息管理系统的维护期限，定时查找系统中的漏洞，做到及时修复和弥补，通过提升数据的加密储存性能，保证信息系统的安全性。

（3）要不断完善应急机制，一旦发生信息泄露，应果断采取挽救措施，妥善解决因信息泄露给企业造成的损失。

# 第二节　大数据与管理会计使用环境

## 一、应用环境的变化

管理会计工作的顺利进行离不开一个良好的应用环境，因此企业要为其提供一个良好的应用环境。随着大数据的兴起，管理会计的应用环境发生了翻天覆地的变化。首先，在法律法规方面，国家围绕信息技术与会计行业的结合颁布和完善了多部法律法规，规范了企业管理会计的日常工作，为管理会计工作的开展提供了一个公正、公平的法律环境；其次，在管理会计工作中，企业的管理者也要认识到现代企业竞争是数字化、科技化的竞争，因此管理会计也需要一个比较先进的互联网环境，通过计算机软件提高管理会计工作的准确性，提高公司财务管理水平和经济效益，实现企业会计工作的现代化。最后，公司的经营者应该尽可能地减少会影响到管理会计决策的行政因素，让其以市场经济为导向，自主完成决策。

### （一）法律环境

管理会计区别于财务会计的根本之处是为企业内部决策提供信息支持，所以管理会计又被称为"内部报告会计"，是以企业现在和未来的资金运动为对象，以提高经济效益为目的，为企业内部管理者提供经营管理决策的科学依据为目标而进行的经济管理活动，包括成本会计和管理控制系统两大组成部分。2014年《中国财经报》发表《打造会计工作"升级版"重在发展管理会计》一文，对我国发展管理会计打下了基调。同年，财政部出台《关于全面推进管理会计体系建设的指导意见》（财会〔2014〕27号），有效地推动了管理会计的发展。2016年，为促进单位（包括企业和行政事业单位）加强管理会计工作，提升内部管理水平，促进经济转型升级，根据《中华人民共和国会计法》《财政部关于全面推进管理会计体系建设的指导意见》等，财政部制定了《管理会计基本指引》（财会〔2016〕10号），对企业应用管理会计应遵循的原则、应用主体、应用环境等做出了明确的约束。在2018年末，当取消会计从业资格证的声音刚刚落地之时，进一步强化会计人员继续教育与能力建设的重大政策《会计人员管理办法》正式出台。对会计人员管理提出了更加科学合理的规范要求。而学者们不断在推动将管理会计写入新会计法，明确管理会计的法律地位，顺应会计科学发展，推动中国会计工作转型升级。在2014年2月20日召开的中国总会计师协会第五次全国会员代表大会上，财政部部长楼继伟在其发表的书面讲话中明确提出，我国会计工作改革必须按照市场经济要求，全力推进管理会计体系建设，构建中国特色管理会计理论体系，加强管理会计人才培养和管理会计信息化建设。争取在3至5年内，在全国培养出一批管理会计师，为全面提升企业和行政事业单位经济效益和资金使用效益服务。力争通过5至10年的努力，使我国管理会计跻身于世界先进水平行列。

（二）运行环境

随着信息传播技术的高度发展，电子发票、电子会计档案的应用，无纸化报销技术的发展、业财一体化软件系统的集成发展、财务共享中心的快速发展，管理会计已经应用于各行各业中。信息化技术与管理会计工作的结合，极大地提升了管理的效率和质量，化简了不必要的工作程序，提升了数据信息的准确性和全面性，避免了重复性的机械劳动占用大量的工作时间，为公司员工提升专业能力、深造学习提供时间和机会。随着大数据、互联网、云计算的发展，企业组织信息资源进一步开放和共享，企业组织与外部环境之间、企业组织内部各部门之间的信息传递更加广泛和快捷，企业的业务活动网络化和信息化比例越来越大，业务信息与会计信息之间融合进一步加快，为企业组织运用管理会计提供了环境。企业组织逐步实现资金流、物流和信息流的完全融合，进而实现管理活动和财务活动相统一。管理会计活动的有效开展离不开信息化环境的支撑，当前的大数据、互联网以及云计算对管理会计既是挑战，也是机遇。企业组织应当从自身实际情况出发，加强面向管理会计的信息系统建设和应用，要充分运用现代信息技术，推动管理会计发展，有效提升企业组织管理效率和价值创造能力。

（三）实施软件

随着大数据技术的不断发展，各种收集数据和数据算法的不断进步，为管理会计的发展起到了十分重要的作用。起初只是把简单的财务分析、账龄分析、存货管理、工资管理等模块通过计算机语言转变成的会计软件，称之"管理型"会计软件，如管家婆、浪潮、新道等。而随着对管理会计的不断研究和深入，把含量本利分析、简单预测功能加入形成"决策支持系统"。但不同行业、不同企业的应用方法和水平呈现出极大的差异。比如说同样是全面预算管理，在不同企业的说法、做法都不尽相同。如何帮助管理部门摸清所属企业的预算管理"家底"，科学地制定预算管理实施政策和决策，帮助企业管理者查找企业预算系统缺陷，确立企业预算管理改进方向和目标提供依据和指导等诸多问题还在不断地完善之中。

## 二、管理会计对象的改变

### （一）管理会计的对象是以使用价值为基础的价值管理

随着大数据的不断发展，在企业的生产经营中，企业投入生产活动的资金，经过一定时间的运转，其数额会随着时间不断增长。企业将筹集的资金用于构建劳动资料和劳动对象，劳动者借以进行生产经营活动，从而实现价值转移和价值创造，带来货币的增值。我们分析时间价值时，一般以社会平均的资金利润为基础，而不考虑通货膨胀和风险因素。资金的时间价值有两种表现形式，即相对数和绝对数。相对数即时间价值率，是指没有风险和通货膨胀的平均资金利润或平均报酬率。绝对数即时间价值额，是指资金在运用过程中所增加的价值数额，即一定数额的资金与时间价值率的乘积。国库券利率，银行存、贷款利率，各种债券利率，都可以看作投资报酬率，然而它们并非时间价值率，只有在没有风险和通货膨胀情况下，这些报酬才与时间价值率相同。由于国债的信誉度最高、风险最小，所以如果通货膨胀率很低就可以将国债利率视同时间价值率。为了便于说明问题，在研究、分析时间价值时，一般以没有风险和通货膨胀的利息率作为资金的时间价值，货币的时间价值是公司资金利润率的最低限度。

### （二）从实质上讲，管理会计的对象是企业的生产经营活动

近年来，我国经济得到了快速发展，与之相适应，企业的规模也在不断扩大，企业间的竞争愈加激烈，在这样的发展背景下，强化企业管理会计体系的构建和完善显得更加必要。随着计算机信息技术等科学技术的快速发展，大数据处理技术等新兴技术不断完善，传统的财务管理体系已经不能适应现代企业的发展需求，智能化、信息化、细节化是现代企业管理会计的必然发展方向，在促进现代企业的经济发展和管理模式变革上发挥着重要作用。而坚持创新与发展，完善管理会计工作流程，基于计算机信息技术改进管理会计手段，深入分析管理会计体系中存在的各种问题，从根本上解决一些不合理现象，才能使企业管理会计价值最大化，从而为企业经营管理活动创造更重要的价值，为企业发展乃至我国经

济发展注入新的活力。

（三）从管理体现经济效益角度看，管理会计的对象是企业生产经营活动中的价值运动

企业管理会计水平与企业发展息息相关，强化企业管理会计体系的构建具有十分必要的战略意义。

（1）强化企业管理会计建设是提高企业综合管理水平、提升企业综合实力的现实需求。财务管理是企业管理的重要组成部分。通过构建完善的管理会计体系，一方面，可以充分发挥系统化、信息化财务管理的优势，为企业的一系列经营管理活动提供必要的财务信息，确保企业战略发展目标的合理性，提升企业综合实力。另一方面，可以高效组织和控制企业各项经济活动，降低企业的运行风险，提高企业的综合管理水平。

（2）强化企业管理会计建设是提高企业经济效益的客观需要。近些年来，目标成本法的理论研究逐步深入，应用于现代企业发展过程中取得了可观的经济效益。基于目标成本法不断改进企业管理会计体系，构建系统化、信息化的预算管理体系，有利于促进企业预算的合理性，从源头上降低企业运行成本，有效达成企业成本控制战略目标，从而提升利润空间，全面提高企业的经济效益。

（3）强化管理会计建设是充分发掘企业财务相关价值的有效策略。近些年来，计算机信息技术和大数据处理技术快速发展，基于各种新兴技术创新企业管理会计体系，整合分析各项财务信息，可以使企业财务管理为企业发展创造更加必要的经济价值，从而充分发挥管理会计为企业创造经济价值方面的优势。在经济发展新常态的社会背景下，完善的管理会计体系不仅可以为企业创造管理价值，还可以为企业创造经济价值，使企业内部资源的利用率最大化，从而降低企业的运行成本和运行风险，使企业在激烈的竞争环境中始终保持旺盛的发展活动和发展动力。

（四）从实践角度看，管理会计的对象是作业管理和价值管理的复合

在大数据技术快速发展的过程中，企业管理会计的大数据技术带来的数据信息都需要进行有效的分析，才能更好地帮助企业管理会计进行自己的工作发挥自身职能。但如今企业管理会计面对的问题是无法有效地利用大数据技术带来的数据信息进行分析，对数据信息的利用率较低，无法合理有效地利用现有的数据信息来进行分析和应用。在企业管理会计对大数据带来的信息进行分析时也存在很

大可能丢失了部分重要信息，给信息分析带来了困难，影响到了信息分析的准确性。但是通过大数据技术在企业管理会计的应用也提高了企业的发展效率，帮助企业进行内部管理控制，提高了企业的运营效率，使企业在持续发展的过程中有效地加强自身在市场中的竞争力，使企业可以更好地利用数据信息来规划自身的发展方向。大数据时代带来的是企业管理会计工作效率的提升，对企业发展有良好的促进，提高了企业管理会计的能力水平，使其可以更加有效地在企业运营活动中做出决策。

### 三、管理会计目标的改变

（一）为管理和决策提供更加翔实的信息

利用大数据更好地收集信息，分析数据，进而为管理和决策提供有用的信息。在掌握会计核算能力的基础上，提升扩展能力，掌握管理会计学的基本理论、方法和技术，具备利用经济信息进行预测、决策，对经营业务进行控制、分析评价的能力。长期、持续地提高整体经济效益是战略管理会计的基本目标。战略管理会计目标是在战略管理会计网络体系中起主导作用的目标，它是引导战略管理会计行为的航标，是战略管理会计系统运行的动力和行为标准。提供内外部综合信息是战略管理会计的具体目标。

（二）更好地参与企业的经营管理

利用大数据多方位多维度分析企业的经营现状，利用各种数量模型预测企业经营状况，实现对企业的经营管理。强化企业内部经营管理，提高经济效益服务，运用一系列专门的方式方法，收集汇总、分析和报告各种经济信息，借以进行预测和决策，制订计划，对经营业务进行控制，并对业绩进行评价，以保证企业改善经营管理，提高经济效益。通过统计的、会计的方法，搜集、整理、分析涉及企业经营的内外部环境数据、资料；提供尽可能多的有效的内外部信息帮助企业做好战略决策工作。

# 第三节  管理会计职能的改变

现代管理会计的职能作用，从财务会计单纯的核算扩展到解析过去、控制现在、筹划未来有机地结合起来形成一种综合性的职能。管理会计的五大职能包括：预测、决策、规划、控制、考核评价。随着大数据技术的不断发展，大数据为管理会计活动搭建了更为广阔的数据分析平台，拓展了管理会计的职能，使管理会计成为一种深度参与管理决策、制订计划与绩效管理系统、提供财务报告与控制方面的专业知识以及帮助管理者制定并实施组织战略的管理工具。

## 一、预测更加精准

预测是所有决策流程的起点，也是难度最大的一个环节。传统管理会计职能较少涉及预测职能，预算工具常常容易被错误地理解成为预测，而预测的真实目的是实现企业资源的优化配置与企业职能的管控。随着大数据技术的不断发展，大数据在管理会计应用领域中的预测领域就显得卓有成效了。通过大数据分析，不仅拓展了管理会计的职能范围，而且能够通过预测深刻改变管理会计其他职能的有效发挥。

目前，企业通过交易行为数据、社区数据、搜索数据、位置数据等信息，区分客户类别，构建数学模型，进而对客户购买行为、客户偏好、客户流失可能、违约风险等进行预测，数据量越大越精确，模型预测越精准，进而可以实施有针对性的促销、管理、风险控制等决策措施。几乎所有的数据密集型企业都在预测领域加大投入，从而提升企业管理效率与运营绩效。譬如，零售业可以通过客户购买行为记录预测未来客户购买偏好可能，从而进行针对性促销和产品推荐；金融业可以利用客户信息甄别客户风险偏好从而推荐不同收益与风险特征的理财产品、识别客户贷款风险并进行精准贷款定价；制造业利用产品使用数据信息预测产品寿命周期和使用状态。

通过预测可提升销量、控制风险、增强客户体验、提高规划控制能力，甚至改变企业决策方式。预测会影响企业营销、生产运营、研究开发等多项具体业务活动，进而影响企业财务活动，包括财务资源配置、投资规划、财务风险管控等多个环节。

## 二、决策更加准确

大数据的发展对企业决策方式产生重大影响。通过大数据可以收集更多的数据，有效解决传统企业管理中由于数据的缺乏而造成的无法准确决策的问题。管理人员只能依靠日积月累的经验进行判断决策，这导致企业决策方式更加依赖个人，且由于信息传递成本和代理成本的影响，进而对企业决策权的集中程度、决策流程和组织架构产生影响。

在大数据时代，通过历史数据的积累和数学建模、数据挖掘技术等，能够让依赖于经验个人的决策让位于理性的数据决策。譬如贷款不是靠信贷员的判断而是通过模型预测结果来决定是否给予贷款、利率应该是多少；零售店不是靠管理人员判断采购哪些产品、采购多少数量，而是依赖于模型数据分析的结果给出判断依据；定价决策可能不单纯依赖成本，而是结合客户信息特征、偏好与以往购买行为，甚至能够针对每一个客户给出不同的定价。

决策方式的转变使企业更加智能化的同时，由于不同企业掌握的数据类型特征的差异不同，从而使得各个企业能够构建独特的基于自身的核心竞争力，无法被其他企业简单模仿，也不用担心具有丰富经验的员工跳槽给企业带来的损失。当然，这将会给企业管理方式、管理人员在企业中扮演的角色等带来很大转变。

## 三、规划更加科学

规划是企业选择和制定正确战略的基础，是对未来整体性、长期性、基本性问题的思考和考量。非财务信息是企业进行战略规划的基础，宏观环境、行业竞争度、价值链等非财务信息有助于企业选择正确的战略行动，而大数据技术的应用将有力提升企业在规划方面的能力。利用大数据技术，如网络搜寻、关键字获取等，全面掌握行业环境、价值链等各类关键信息，辅助战略决策；此外，大量运营的非财务数据有助于提升公司投资规划能力，如利用水质监测积累的大数据来提高污水处理企业投资收益分析能力。

根据国际数据公司（IDC）的研究报告，预计2025年之前我国将有500亿台设备接入互联网。数据传输量的迅猛增加将为会计师和财会专业人士带来"根本性的模式转变"。如何利用大数据是企业执行自身战略、获取竞争优势的一个关键因素，只有充分利用大数据的预测功能，为企业制定科学有效的发展规划，才能有效的帮助企业提高效益，实现价值最大化。

## 四、控制更加到位

控制是根据企业的计划和事先规定的标准，监督检查各项活动及其结果，并根据偏差或调整行动或调整计划，使计划和实际相吻合，保证目标实现。管理会计中的流程管理和内部控制等，将极大地加强企业对于运营的控制，从而保证运营效率。控制的关键在于事先确定的标准，而明确标准的基础在于对企业研发、采购、生产、营销等各环节关键信息的掌握，尤其是非财务信息数据的积累、分析与应用，是最大限度地改进控制能力、提高企业整体运营效率的关键。

大数据时代强调对企业日常全面经营管理活动进行记录与分析，将对控制效率的提升具有决定性作用。在利用非财务信息进行控制方面，如全面质量管理的基础就是利用统计数据强化对残次品率的控制；成本控制的关键则取决于各项成本信息的细化与分析，从而形成控制的基本标准。没有对日常大量关键非财务信息的存储与分析，要想实现精确控制异常艰难。非财务信息为基础的控制将更具有及时性，能够让企业更快速地采取纠正错误行动的措施。

### 五、考核评价更加合理

财务会计信息的重要功能之一就是通过财务业绩指标反映受托责任，从而实现外部利益相关者对企业治理的管理目标。作为管理会计，其评价对象不是企业，而是组织内部的个人、分支机构或业务条线；其评价标准不一定是财务信息，而是有赖于大量非财务信息或经调整后的财务信息，以此来规避财务信息评价的缺陷。

目前，大量企业管理控制与评价的标准都来自数据管理，如滴滴对私家车司机的管理控制；上海铁路局12306中心完全利用了数据监测系统来全面实施对300位员工的日常评价与管理，并据此数据评价确定薪酬体系。大数据时代对评价职能的彻底改变还在于，以往的评价角度更强调内部评价，基于效率与效益角度；大数据时代拥有大量客户评价反馈信息作为评价基准，是从客户价值角度出发给出的直接评价，将进一步完善与拓展现有管理会计业绩评价工具，提升管理会计工具应用水平。

# 第四节　管理会计主要方法的改变

## 一、成本性态分析法

该方法是将成本表述为产量的函数，分析它们之间的依存关系，然后按照成本对产量的依存性，最终把全部成本区分为固定成本与变动成本两大类。它联系成本与产量的增减动态进行差量。

（一）特点

成本性态分析就是要用数据处理的办法，对产品成本和业务量之间的关系进行分析，利用数学上的高低点法、散布分布图法和线性回归法等技术，将所有成本划分为固定成本与变动成本二大类，但由于相关范围的存在，成本性态分析通常具有相对性、暂时性和可转化性等特点：

（1）相对性。是指在同一时期内同一成本项目在不同企业之间可能具有不同的性态。这种相对性决定了不同企业都有着区别于其他企业的不同的成本特性。

（2）暂时性。是指就同一企业而言，同一成本项目在不同时期可能有不同的性态。将产品成本划分为固定成本和变动成本的基本条件是"相关范围假定"，然而，从长远看，任何一种成本不可能永久地保持不变，也不可能与业务量永久地保持线性关系，传统成本性态划分是传统管理会计目标及行为短期性的体现。此外，传统成本性态将固定成本简单地作短期的期间化处理，淹没了大量的长期性和战略性的重要信息，使企业多项活动的绩效难以真正体现。

（二）成本的分类

按照成本性态，通常可以把成本区分为固定成本、变动成本和混合成本。

1. 固定成本

固定成本是指其总额在一定时期及一定产量范围内，不直接受业务量变动的影响而保持固定不变的成本。固定成本总额不因业务量的变动而变动，但单位固定成本（单位业务量负担的固定成本）会与业务量的增减呈反向变动。固定成本按其支出额是否可以在一定期间内改变而分为约束性固定成本和酌量性固定成本。

2. 变动成本

变动成本是指在特定的业务量范围内，其总额会随业务量的变动而成正比例变动的成本。变动成本总额因业务量的变动而成正比例变动，但单位变动成本（单位业务量负担的变动成本）不变。变动成本也可以区分为两大类：技术变动成本和酌量性变动成本。

3. 混合成本

混合成本就是"混合"了固定成本和变动成本两种不同性质的成本。一方面，它们要随业务量的变化而变化；另一方面，它们的变化又不能与业务量的变化保持着纯粹的正比例关系。混合成本兼有固定与变动两种性质，可进一步将其细分为半变动成本、半固定成本、延期变动成本和曲线变动成本。

通常将在将混合成本按照一定的方法区分为固定成本和变动成本之后，根据成本性态，企业的总成本公式就可以表示为：

总成本 = 固定成本总额 + 变动成本总额 = 固定成本总额 +( 单位变动成本 × 业务量 )

这个公式在变动成本计算、本量利分析、正确制定经营决策和评价各部门工作业绩等方面具有不可或缺的重要作用。其中，变动成本着重于单位成本水平的管理和控制，固定成本着重于总额水平的管理和控制。

（三）在生产成本管理中的应用

在市场经济条件下，成本是一个客观存在的经济范畴，在以提高经济效益为根本目的的经济管理中发挥着重要的作用。成本是综合反映企业各项工作质量的重要指标，成本直接决定着一个企业经济效益的好坏。随着经济运行过程中各类数据的不断被收集，成本的具体内涵也就被不断地深入。通过大数据来进行数据收集，原本被忽略的一些隐性成本不断被发现。如企业管理中经常提到的员工的定期培训、学历提升等活动，实际都是企业的成本，都应该平摊到生产成本之中。因此，在企业计算总成本时，利用大数据技术分析不同成本的不同特点，可以发现有的成本会随着业务量的增多而增大，而有些成本随着业务量的增多而降低，又有些成本与管理者直接相关，而有的成本与管理者没有直接的关系。因此，要想提高经济效益，就必须区分不同成本的不同性态，分别对待，最大地降低成本。通过成本性态分析，将成本分为变动成本和固定成本两类，对于成本的预测、决策和分析，特别是对于控制成本和寻求降低成本的途径具有重要作用。也正因为如此，成本性态分析在企业生产成本管理中得到极大地应用。

1. 在生产成本控制中的应用

所有成本都可区分为变动成本与固定成本两类，变动成本一般是受消耗定额执行情况的影响，因而控制和降低单位产品的变动成本主要应从控制和降低单位产品消耗量入手。其主要途径通常有：

（1）提高劳动生产率。提高劳动生产率不仅会使生产过程中的活劳动消耗得到节约，促使单位成本中的工资降低；同时，也会使产量增加，从而促进单位产品中的固定费用下降。要提高劳动生产率就必须采用新技术、新设备，提高生产的科学技术水平；合理安排生产，改善劳动组织，建立岗位责任制，提高职工的素质。

（2）编制先进合理的劳动定额和编制定员，制定出勤率指标，利用对行为、态度等数据进行分析从而控制非生产性损失，实行合理的工资制度和奖励制度，努力降低产品成本中的工资费用。

（3）降低材料的消耗，不断降低材料的消耗是降低成本的重要途径。因为在成本中，材料的消耗量较大，因此，降低材料消耗的潜力很大。通过大数据技术可以采用事前、事中、事后对生产过程可能发生的成本进行模拟、分析，从而在技术上应通过不断改进产品设计，采用新工艺和代用廉价材料，大搞材料综合利用，减轻产品重量和缩小产品体积，从而使材料消耗减少；在管理上，应采用有效的措施，如制定各种消耗定额，实行限额发料制度、材料数量差异分批核算法等，使材料成本不断降低。

（4）努力降低材料采购成本。材料买价控制、材料采购费用控制、确定最优定购批量等。通过历史数据分析，可以有效找出合理的买入时机、库存数量等，有效提高材料的采购成本。

（5）加强现有设备的技术改造，提高生产设备的利用程度。单位产品的固定成本往往同时受产量和费用发生额的影响，所以控制和降低固定成本应从控制并降低其支出绝对额和提高业务量入手。即固定成本要降低，主要靠增大产量。

2.成本定额制订在目标考核中的应用

企业要提高经济效益，降低成本，除了在生产过程中加以控制外，还必须事前制订出合理的成本责任制，使各责任中心明确任务，采取各种有效途径来实现成本降低的目标，并且在期末进行考核。通过数据分析，就可以使制定出的成本目标既有远瞻性，又有可实现性；既综合考虑单位整体目标，又考虑各部门实际。虽然各种成本中既有固定成本，又有变动成本，而在这些成本中，很多固定成本是已成定局的，是各个使用部门所不能改变的，属于不可控成本。不可控成本是指不能由一个责任单位或个人的行为控制，不受其工作好坏影响的成本。成本是否可控并不是固定指什么项目成本而言，而必须同一个具体责任单位或产品联系起来。某项成本对某一责任单位来说是不可控的成本，但对另一个责任单位或产品来说是可控成本。另外，是否可控还必须同成本发生的时间相联系进行考察。利用大数据实现动态的实时数据分析，就可以将成本更加细化。此外，成本可控与否还要视不同层次的权限而定，某些成本从基层领导看是不可控的，而对于高层领导则是可控的。在制订不同责任部门成本目标时就必须考虑有哪些变动成本是该部门可以控制的，又有哪些变动成本与固定成本是既定的，该部门所不能控制的，针对不同情况区别对待，有了数据处理技术就可以使目标对公司与部门双方都有现实性，即都可接受。

（四）大数据技术下成本性态分析应注意的问题

成本性态分析将所有成本通过一定方法划分为固定成本与变动成本两大类，在企业成本管理中具有重大的意义，得到了广泛的应用，但由于与我国传统的财务会计的全部成本法有着较大的区别，在实际应用中也会不可避免地存在着一些问题：

（1）会计人员素质水平与管理者意识不强。数据使用者的能力和意识直接影响到成本划分的正确与否，最终影响到成本的控制管理。

（2）原始资料不足。有些成本资料难以全面获得，因此成本的正确划分与分析也就存在隐患。通过大数据去收集行为数据、态度数据、效率数据……才能更为有效地确定企业的生产成本。

（3）会计信息化数据不够。成本性态分析工作量大，数据分析复杂，很多数据都是根据会计信息化的模块来处理完成的，但不同的会计软件在考虑具体成本时，会因为对成本的理解不同致使成本性态分析的应用范围受到限制。

（4）假设的局限性。一方面，"成本与业务量之间的完全线性关系"的假定不可能完全切合实际。另一方面，如前所述，固定成本与变动成本的成本性态，只要在一段有限的期间和一个有限的产量范围内，才是正确的，如果超过了一定时期或者一定的业务量范围，成本性态的特点就有可能发生变化，使得成本性态分析及其结果的应用必须保持在一定的相关服务内。也正是因为相关范围的多变性，使得成本性态分析只能用于短期分析，而不能用于企业的长期分析。

总之，成本性态的分析在企业管理中的应用是相当普遍的，应用得好是相当有效的，但也应该注意一些问题，使成本性态的分析在企业生产成本管理中发挥更大的应有的作用。

## 二、本量利分析法

本量利分析是成本—产量（或销售量）—利润依存关系分析的简称，也称为CVP分析(Cost-Volume-Profit Analysis)，是指在变动成本计算模式的基础上，以数学化的会计模型与图文来揭示固定成本、变动成本、销售量、单价、销售额、利润等变量之间的内在规律性的联系，为会计预测决策和规划提供必要的财务信息的一种定量分析方法。本量利分析法是将成本、产量、利润这几个方面的变动所形成的差量相互联系起来进行具体分析，着重研究销售数量、价格、成本和利润之间的数量关系。其核心部分是确定"盈亏临界点"，从动态上掌握有关因素变动对企业盈亏消长的规律性的联系，这对帮助企业在经营决策中根据主、客观条件有预见地采用相应措施实现扭亏增盈，是企业进行决策、计划和控制的重要工具。

（一）本量利分析法的主要内容

本量利分析法包括两个方面内容，一是测算保本点和保利点；二是测算销售数量、销售价格、成本以及与它们相联系的变化对利润的影响（利润敏感性分析）。其前提是成本按成本习性分类，以及采用变动成本法。其基础是本量利各因素间的相互关系：

利润=销售单价×销售数量－单位变动成本×销售数量－固定成本

其基本假设是：①所有成本均能可靠地划分为变动成本和固定成本；②成本水平不变；③产销平衡；④产品销售组合结构不变；⑤影响本、量、利的因素之间无相关关系。

（二）本量利分析对企业有着重要的作用

1. 本量利分析法是应用范围很广

本量利分析法认为利润、成本、量（产量销量）是有直接关系的，通过对企业生产成本、销量等内容进行预测分析，就可以更加准确的的企业的生产、销售做出判断。

2. 对企业经营效果进行预测

企业经营效果的好坏，主要表现在利润的多少。企业利润的多少又由销售收入的多少和成本的高低这两个主要因素决定。在企业实践中，本量利分析能够帮助企业明确目标体系，能够促使企业管理人员尽力实现，有利于管理水平的提高。如保本量、保利量的确定可以大大调动员工的积极性。

3. 帮助企业找出盈亏平衡点

将成本、产量、利润这几个方面的变动所形成的差量相互联系起来进行分析，其核心部分是确定"盈亏临界点"，并围绕"盈亏临界点"从动态上掌握有关因素变动对企业盈亏消长的规律性的联系，这对帮助企业在经营决策中根据主、客观条件有预见地采用相应措施实现扭亏增盈，进而加强企业内部治理、提高企业经济效益。

（三）本量利分析的主要变化

本量利分析主要用于业务量预测、生产决策、定价决策以及全面预算的编制等方面，但在现实经济生活中，成本、销售数量、价格和利润之间的关系非常复杂。例如，成本与业务量之间可能呈线性关系也可能呈非线性关系；销售收入与销售量之间也不一定是线性关系，因为售价可能发生变动。通过数据分析，可以对上述复杂的关系做一些基本假设，由此来提高本量利分析的范围。

1. 精确本量利分析的相关范围和线性关系假设

由于本量利分析是在成本性态分析基础上发展起来的，所以成本性态分析的基本假设也就成为本量利分析的基本假设，也就是说企业在一定范围内，固定成本总额保持不变，用数学模型来表示就是 $y=a$。变动成本总额随业务量变化成正比例变化，用数学模型来表示就是 $y=bx$，所以，在本量利分析时我们认为总成本与业务量呈线性关系，即 $y=a+bx$。相应的假设售价也在相关范围内保持不变，这样，销售收入与销售量之间也呈线性关系，用数学模型来表示就是以售价为斜率的直线 $y=px$（$p$ 为销售单价）。这样在相关范围内，成本与销售收入均分别表现为直线。

由于有了相关范围和线性关系这种假设，就把在相关范围之外，成本和销售收入分别与业务量呈非线性关系的实际情况排除在外了。但在实际经济活动中，成本、销售收入和业务量之间却存在非线性关系这种现象。随着大数据技术的不断发展，非线性条件下的情况也是会出现的，利用海量数据模拟出非线性方程，在利用大数据的算法就可以利用非线性方程来进行测算，这样就延伸了本量利分析法的适用范围。

2. 品种结构更加细化和精准

在一个生产和销售多种产品的企业里，每种产品的销售收入占总销售收入的比重不会发生变化。但在现实经济生活中，企业很难始终按照一个固定的品种结构来销售产品，如果销售产品的品种结构发生较大变动，必然导致利润与原来品种结构不变假设下预计的利润有很大差别。有了大数据的处理技术，就可以使企业管理人员针对不同的产品进行具体分析，通过关注价格、成本和业务量对营业利润的影响，来调整产品定价、产量等策略。

3. 真正实现产销平衡

所谓产销平衡就是企业生产出来的产品总是可以销售出去，能够实现生产量等于销售量。在这一假设下，本量利分析中的量就是指销售量而不是生产量，进一步讲，在销售价格不变时，这个量就是指销售收入。但在实际经济生活中，生产量可能会不等于销售量，这时产量因素就会对本期利润产生影响。通过数据的实时监控，将仓储端、流通端、销售端的数据连接成一张信息网，就可以真正实现产销的动态平衡。从动态的角度去分析企业生产经营条件、销售价格、品种结构和产销平衡等因素的实际变动情况，调整分析结论，实现应用动态分析和敏感性分析等技术来克服本量利分析的局限性。

## 三、边际分析法

边际分析法是经济学的基本研究方法之一，不仅在理论上，而且在实际工作中也起着相当大的作用。具体内容是把追加的支出和追加的收入相比较，二者相等时为临界点，也就是投入的资金所得到的利益与输出损失相等时的点。如果组织的目标是取得最大利润，那么当追加的收入和追加的支出相等时，就实现了最大利润。

由自变量的微量变化所形成的函数的精确变化率，就是边际的概念，在数学上用导数来表现。边际分析的最大特点，是可用来作为确定生产经营最优化目标的重要工具。所以边际的含义本身就是因变量关于自变量的变化率，或者说是自变量变化一个单位时因变量的改变量。在经济管理研究中，经常考虑的边际量有边际收入 $MR$、边际成本 $MC$、边际产量 $MP$、边际利润 $MB$ 等。在管理会计中，运用边际分析的方法的目的是确定企业最优的边际点，使企业管理部门具体掌握生产经营中有关变量联系和变化的基本规律性，从而有预见地采取有效措施，最经济有效地运用企业的人力、物力和财力，实现各有关因素的最优组合。所以大数据技术带了更为精准的算法和数据。

（一）无约束条件下最优投入量（业务量）的确定

利润最大化是企业决策考虑的根本目标。由微积分基本原理知道：利润最大化的点在边际利润等于 0 的点获得。利润（或称净收益）为收入与成本之差，边际利润亦即边际收入与边际成本之差，即：$MB=MR-MC$。由此可以获得结论：只要边际收入大于边际成本，这种经济活动就是可取的；在无约束条件下，边际利润值为 0( 即：边际收入 = 边际成本 ) 时，资源的投入量最优 ( 利润最大 )。

通过大数据分析，准确找出 $MR$、$MC$、$MP$ 等，实现量化分析。

## （二）有约束条件下最优业务量分配的确定

对于有约束情形可以获得如下最优化法则：在有约束条件下，各方向上每增加单位资源所带来的边际效益都相等，且同时满足约束条件，资源分配的总效益最优。这一法则也称为等边际法则。当所考虑的资源是资金时，有约束的最优化法则即为：在满足约束条件的同时，各方向上每增加一元钱所带来的边际效益都相等；如果资金是用来购买资源，而各方向的资源价格分别都是常数，有约束的最优化法则即为：在满足约束条件的同时，各方向上的边际效益与价格的比值都等于一个常数。

## （三）最优化原则的离散结果

当边际收益大于边际成本时，应该增加行动；当边际收益小于边际成本时，应该减少行动；最优化水平在当边际成本大于边际收益的前一单位水平达到。

## （四）强化增量分析

增量分析是边际分析的变形。增量分析是分析某种决策对收入、成本或利润的影响。这里"某种决策"可以是变量的大量变化，包括离散的、跳跃性的变化，也可以是非数量的变化，通过大数据技术对信息的搜集和处理，就可以实现不同技术条件、不同环境下的比较。比较不同决策引起的变量变化值进行分析。

但随着经济水平的不断进步，在应用边际分析法时还需要注意如下复杂因素：第一，现实经济管理问题总是千丝万缕，存在多个变量，必须依靠数据甄别和处理来争取抓住主要变量，并在各个方向上满足边际法则；第二，决策变量与相关结果之间关系复杂，所选取的变量是否得当，必须定量分析与定性分析引结合，并进行方程回归、曲线拟合、显著性检验等检验处理；第三，注意所考虑问题存在各种各样的约束条件和数学工具的应用条件；第四，注意决策问题存在的不确定性和风险。明天永远是未知的，要不断修正决策分析中出现的各种可能。

# 第三章　企业预测分析

管理会计职能中的预测是管理分析决策的重要依据。在大数据时代，预测分析是按照一定原则和程序，根据企业运营的历史资料和现有信息，运用数据处理、统计分析等方法对未来经济活动中可产生的经济效益和发展趋势做出科学的预测和推测的过程。具体包括销售预测、成本预测、利润预测和资金预测。通过海量的数据和先进的算法，能够有效对销售、成本、利润、资金等经营要素进行准确预测，还能有效提升预测的水平和质量，助推了管理会计更好地运用和发展。

## 第一节　销售预测

销售量预测又被称为产品需求量预测，是企业根据市场调查所取得的有关资料，通过对有关因素进行分析研究，预计和测算特定产品在一定时期内的市场销售量水平及变化趋势，进而预测本企业产品未来销售量的过程。运用大数据技术能够有效地收集与销售有关的数据，如潜在客户的质量、广告影响力、目标客户开发精确性等因素，从而推断数据的内在关系，进而可以使销售量的预测更为精确。当然，对于预测来说，没有 100% 的精度，但随着数据处理和分析技术的不断进步，企业销售量预测的精度也将越来越准确。

通过数据的搜集和推断可以提供销售转换率策略，销售前景预测，增长收入和客户生命周期等方面的帮助，还有可以为企业判断销售周期内各阶段哪些内容是最有效的，以及如何改进客户关系管理等内容。大数据联盟（Data Meer）最近的研究发现，客户分析统领大数据在销售和市场营销部门的应用。而支持这个趋势的有下面四个关键策略：增加潜在客户、减少客户流失、增加每个客户的投入以及改进现有产品。

### 一、差别定价策略

大数据根据每个客户和每个产品的关系进行等级差别定价策略，最大限度的优化产品定价，麦肯锡的分析发现，一家典型的公司 75% 的收入来源于其标准产品，在每年这成百上千种定价标准产品的决策中 30% 的时候公司无法定出最好的价格。假定销售量没有减少，1% 的价格提高却可以带来高达经营利润 8.7% 的增加。那么定价就能带来显著的盈利能力。因此，海量数据对销售预测的推动作用是巨大的。只有通过数据处理和分析才能找出产品价格和利润之间的关系，进而实行差异定价，这样就会明显带来利润的上升。这也是为什么当下很多电商平台被诟病的"宰熟现象"。

## 二、扩大顾客群体

大数据可以带来更多的顾客回应率以及更深层次的客户信息。Forrester 的研究发现 44% 的 B2C 的市场营销人员正在利用大数据技术提高客户的回应率，36% 的营销人员运用数据分析和数据挖掘，获取更多的深层客户信息。从而策划出更多的市场营销策略。消费者的浏览记录、购买习惯、产品偏好等数据就可以勾勒出消费者的习惯、偏好，使企业可以能够更加针对性地做出改进。通过数据收集和处理，将大量以前认为与消费活动无关的数据串联起来，就可以清晰地对商品销售市场的特征进行描述，进而准确找出潜在客户群体，配合物联网、供应链的发展，实现生产—终端的完美融合。

大多数企业都面临同样的痛点——如何从茫茫企业中获取新客户？花大价钱获取销售线索后，如何转化成潜在客户，最终转化为付费客户？

在销售前端阶段，获取销售线索有很多传统渠道，比如打广告、地推、购买企业名单等，但是现在都面临改革的需要，因为不够精准。举例来说，企业如果购买企业名单，在销售确认之前是没有办法验证名单数据的真实性的，而这种广泛撒网的方式，触及的客户很多都没有购买需求，意味着大部分的成本都要浪费在非目标客户身上。

用大数据来解决商业问题，不仅仅是数据的搜集和优化，分析和预测才是重头戏。大数据技术的成熟，给企业了解自己的客户提供了更多可能性，我们可以通过客户所属行业、购买的产品、发布的广告、招聘信息等，来预测企业的潜在客户群体，更容易找到具有真实需求的、高价值的客户。

比如某企业的主营业务是玻璃制造，客户都是以玻璃为原料的下游厂商，那么我们可以利用大数据和机器学习技术，来预测该企业有哪些潜在客户，给他们搭建合作的渠道。

首先要采集客户的基本信息和行为数据，对种子客户进行画像分析，梳理出关键维度，然后搭建预测模型，以便进行个性化的潜在客户筛选，接着通过客户关系管理（CRM）对接，将符合匹配条件的潜在客户直接推送到企业的 CRM 系统中。

销售人员跟进这些销售线索之后，会将实际转化率和成单率等数据反馈给预测服务方，不断优化预测模型，提高预测精准度。

这样一个销售预测的项目，就是管理会计预测职能的体现，可能会涉及大数据分析、企业画像、个性化建模、系统对接等技术，其本质就是通过大数据来进行专业的销售预测，搭建企业自身的销售预测系统。

## 三、产品全过程预测

大数据下的产品全过程预测可以帮助企业更好地进行销售。Forrester 研究还发现：目标客户开发精确性、客户分析（48%），操作分析（20%），欺诈和合规（12%），新产品与服务创新（10%）和企业数据仓库优化（10%）是当今最常见的大数据销售和营销案例。

销售管理要先从销售计划的制定与管理开始，销售目标是龙头，如果计划中的销售目标与实际差异巨大，将直接影响到企业的生产和库存。如果我们生产出来的产品不是市场需要的，将导致大量的库存积压；市场需要的产品缺货，将导致产能的浪费和市场机会的丧失。因此必须尽量准确地确定每个月的销售目标。

每个企业，都必须有自己清晰的全年销售目标。企业制订销售计划时，往往是根据企业的目标和自己的销售情况安排下一阶段的销售计划。但是这是不全面的，我们的产品从公司发货后是不是真的卖出去了？在销售渠道中我们的库存是多少？我们的经销商的平均销量是多少？我们的终端动态销售量情况如何？通过大数据综合分析考虑，企业自身的库存加上整个销售渠道的库存才是企业真正的库存，整个渠道的销售才是企业真正的销售。如果不考虑渠道，企业制订的销售计划就是闭门造车，其结果或者是导致渠道压货，或者是出现缺货情况。同时，顾客在购买过程中出现退换货等问题，也会直接影响企业的销售业绩。因此，只有不断地了解产品产销的全过程，利用大数据技术进行分析和监督，才能实现企业的精准管理。

## 四、增加企业利润增长点

大数据让企业对自己的每一个商业增长点都有了更准确的理解。通过增加收益，减少成本和减少运营成本。如今，大数据在这三个关键领域里发挥它的效用，转化成实际的商业价值。当有效利用先进的大数据分析时，一个企业的价值驱动点将会被更有效地计量。

大数据时代的到来，使得营销数据的取得由片面的拓展成全面的，由统计级的变成现象级的。计划制定只是管理的开始，市场往往会以企业意想不到的变化来考验企业的管理能力。如何跟踪计划和调整计划的速度会成为企业成功的核心竞争能力。要把这种能力转化成企业的知识管理，把营销人员的经验积累下来，降低企业运营的成本和风险。

在国外，以 EverString、Mintigo、Infer 为代表的提供潜在客户预测服务的公司已形成成熟市场，为包括 IBM、微软、VMWare 等大型 ToB 企业提供销售预测分析服务。大数据预测服务提供商通过不断地收集全网企业信息，结合公司内部客户关系管理（CRM）的客户数据，利用机器学习自动建立量化的客户模型，帮助企业找到精准的潜在客户，减少销售成本。

而国内的销售预测市场则稍显空白，一方面是由于企业服务领域发展缓慢，企业对付费服务的意愿比较低；另一方面，未成熟的技术手段尚不足以支撑智能化的销售预测。传统的销售方式还是以人海战术为主，加上广告、SEO（Search Engine Optimization）搜索引擎优化等外部管道的优化带来销售线索，但随着市场竞争越来越激烈，用传统手段获取客源的销售成本也越来越高。

大数据和人工智能技术的发展，给企业销售领域带来了新的机遇。精准定位目标客户是很多企业的难题，而如何利用机器学习技术，帮助企业进行销售预测，定位精准客户群体，正是当下企业要解决的问题。企业必须通过大数据技术，挖掘全网在线企业信息，建立企业知识图谱，帮企业从知识图谱中匹配优质潜在客户。进而对潜在客户评分，通过丰富线索难度，计算与模型的契合度，帮助客户把现有的销售线索进行打分和排序，从而聚焦更高价值的潜在客户，为企业提供一站式销售预测解决方案，从而获得更多的利润增长点。

总而言之，企业通过各种大数据多方面搭建智能销售预测平台，能够方便快捷地获取精准的潜在客户线索，而无须做客户调研、信息搜集等烦琐的前端销售工作，销售人员能节省大量的时间精力放在精准客户上，有效地提升销售收入，实现企业利润的增长。

# 第二节　成本预测

成本预测是根据企业未来发展目标和有关资料，运用大数据技术对企业未来成本水平及发展趋势进行预测的过程；常用的方法有高低点法、回归直线法和加权平均法等。随着大数据技术的发展，预测方法的准确度也有了极大的提高。

## 一、高低点法

高低点法指在若干连续时期中，选择最高业务量和最低业务量两个时点的半变动成本进行对比，求得变动成本和固定成本的一种分解半变动成本的方法。

利用高低点法进行分析能够更精确地对成本进行预测，其具体方法如下。

对数增长在实际生产中，总成本以对数形式增长是规模经济的一种很好的体现方式。假设，总变动成本（TVC）=log$a$($x$)且$a>1$，$x>0$，将其求导，得出成本变化率为$\dfrac{\mathrm{d}y}{\mathrm{d}x}=\dfrac{1}{x\ln a}$，当$a$为常数时，随着$x$的增加，边际成本下降，符合规模经济下总变动成本的变化方式。$b$为总固定成本（TVC），在短期生产中所必需的固定投入不随产量变化而改变。因此，总成本（TC）=TVC+TFC，函数形式表示为：

$$y=\log a(x)+b$$

当$x>0$，函数$y=\log a(x)+b$将与直线$y=b$相交却并不会通过（0，$b$）点，但是在产量很大的情况下，此误差值占总产量比例很小，可以忽略不计。所以，近似认为此函数将通过（0，$b$）点。

在$y$上任取两点$X_{\min}$和$X_{\max}$（$X_{\max}>X_{\min}$），利用大数据技术很容易模拟出在一定历史数据中的最高点和最低点。构造函数：$y=cx+d$，表示由高低点法所拟合的方程。将$X_{\max}$点固定，可以发现，随着点$X_{\min}$数值的减小，斜率$c$随之而增大，所预测的固定成本$d$减小且接近实际固定成本$b$。特别地，当$X_{\min}=$（0，$b$）时，预测固定成本与实际固定成本相等。

## 二、回归直线法

回归直线法，是根据一系列历史成本资料，运用数学上的最小平方法的原理，计算能代表平均成本水平的直线截距和斜率，以其作为固定成本和单位变动成本的一种成本分解方法。

回归直线法在理论上比较健全，计算结果较为精确，但是，计算过程比较烦琐。如果使用计算机的回归分析程序来计算回归系数，这个缺点则可以较好地克服。而大数据技术的不断发展，有效解决了预测精度的问题。利用数据抓取技术，可以有效收集历史数据，并通过数据运算找出精准的预测模型。

假设在散点图中有一条 $y=a+bx$ 的直线，这条直线与各实际成本点的误差值之和比其他直线都要小，则这条直线就最能代表各期成本的平均水平，被称为离散各点的回归直线；这一直线方程也被称为回归方程。

确定回归方程的计算公式：

$$b=(n \sum x_i y_i - \sum x_i \cdot \sum y_i) \div [n \sum x_i^2 - (\sum x_i)^2]$$

$$a=[(\sum x_i^2) \sum y_i - \sum x_i \cdot \sum x_i y_i] \div [n \sum x_i^2 - (\sum x_i)^2]$$

其中 $x_i$、$y_i$ 代表已知的观测点。

另有一种求 $a$ 和 $b$ 的"简捷"公式：

$$b=(n \sum xy - \sum x \cdot \sum y) \div [n \sum x^2 - (\sum x)^2]$$

$$a=(\sum x^2 \sum y - \sum x \cdot \sum xy) \div [n \sum x^2 - (\sum x)^2]$$

借助于回归直线法，使半变动成本的分解建立在科学分析和精确计算的基础之上，可以得到较为精确的结果，但是计算量较大。随着大数据技术和算法的进步，计算量的问题就迎刃而解了。同时，复杂的、多元的模型都可以进行验算，回归直线法可以衍生至曲线，预测的精准度都将有大幅度的提高。

## 三、加权平均法

加权平均法，利用过去若干个按照时间顺序排列起来的同一变量的观测值并以时间顺序数为权数，计算出观测值的加权算术平均数，以这一数字作为预测未来期间该变量预测值的一种趋势预测法。也可根据本期期初结存存货的数量和金额与本期存入存货的数量和金额，在期末以此计算本期存货的加权平均单价，作为本期发出存货和期末结存存货的价格，一次性计算本期发出存货的实际成本。

加权平均法是指标综合的基本方法，具有两种形式，分别为加法规则与乘法规则。

加权平均法又称"综合加权平均法""全月一次加权平均法"。存货成本是计算出存货的加权平均单位成本，以此为基础计算一个月发出存货的成本和期末存货的成本的一种方法。

存货的加权平均单位成本 =（结存存货成本 + 购入存货成本）/（结存存货数量 +

购入存货数量）

　　库存存货成本 = 库存存货数量 × 存货加权平均单位成本

　　本期发出存货的成本 = 本期发出存货的数量 × 存货加权平均单位成本

　　本期发出存货的成本 = 期初存货成本 + 本期收入存货成本 – 期末存货成本

　　加权平均法，在市场预测里，就是在求平均数时，根据观察期各资料重要性的不同，分别给以不同的权数加以平均的方法。其特点是：所求得的平均数已包含了长期趋势变动。

　　由于销售预测会受到外界（如需求动向、经济变动、同业竞争动向、政府及消费者团体的动向）等因素的影响，而理论上的预测分析未考虑到这些因素的影响。因此，基于大数据下的分析的结果可以对预测做出相应的调整。

　　成本预测应包括：制定计划阶段的成本预测和计划实施阶段的成本预测。

　　（一）制定计划阶段成本预测

　　根据生产经营目标确定成本预测对象，收集整理成本数据和历史资料，分析可能影响成本水平的社会因素，按照技术经济分析提出降低成本的方案，根据目标利润、生产发展及消耗水平，测算目标成本。

　　（二）计划实施阶段成本预测

　　分析上一阶段成本计划完成情况，制定下一阶段生产技术经济措施，调查市场物价等社会因素，预计计划期内生产发展水平和降低成本计划的实施效果。预测企业成本计划的完成程度。

　　（三）成本预测的具体流程

　　（1）明确成本预测的基本方向和真实性、合理性、合法性。

　　（2）根据企业的总体经营目标提出初选的目标成本。

　　（3）初步预测在当前生产经营条件下成本可能达到的水平并找出与初选目标成本的差距。

　　（4）对目标成本的分解，作为各部门、各单位制定成本方案的基础。

　　（5）与各部门、各单位提出各种降低成本的方案。

　　（6）对比分析各种成本方案的经济效果。

　　（7）选择成本最优方案并确定正式目标成本。

# 第三节 利润预测

利润预测是指企业在营业收入预测的基础上，通过对销售量、商品或服务成本、营业费用以及其他对利润发生影响的因素进行分析与研究，进而对企业在未来某一时期内可以实现的利润预期数进行预计和测算。利润预测主要取决于两个因素：一个是收入，另一个是成本费用。只要运用合理的方法对影响利润的各个因素进行分析，就能确定企业可能实现的利润数。

正确的利润预测是企业编制利润计划的前提，有利于企业实现目标利润，并进一步调动生产的积极性。

## 一、利润预测的具体步骤

（1）提出计划期利润目标的预期金额。

（2）采用科学的方法测算计划期可能实现的目标利润数额。

（3）将计划利润目标的预期金额与可能实现数额进行比较，最后确定目标利润数额。

## 二、利润预测的主要方法

测算计划期可能实现的目标利润数额是利润预测的核心步骤，其中常用的测算方法有比例估算法、量本利分析法、因素分析法、时间序列预测分析法。

### （一）比例估算法（Average）

比例估算法是从某一时期、某一地区或某一企业的实际统计信息中的一定比例数，来推算另一时期、另一地区或另一企业的有关统计指标的方法。在经济活动分析中经常应用比例估算法推算各种指标，计算简便。随着大数据技术的不断成熟，以同行业、同类型企业进行分析比对，所得出的比例运用在企业利润预测时就具有一定的可行性。通过数据建模，可以准确估算出利润的比例。

### （二）量本利分析法

全称为产量成本利润分析，也叫保本分析或盈亏平衡分析，是通过分析生产成本、销售利润和产品数量这三者的关系，掌握盈亏变化的规律，指导企业选择能够以最小的成本生产最多产品并可使企业获得最大利润的经营方案。量本利分析法通常也称为盈亏分析法。利用量本利分析法可以计算出组织的盈亏平衡点，又称为保本点、盈亏临界点、损益分歧点、收益转折点等。其分析原理是：当产量增加时，销售收入成正比增加，但固定成本不增加，只是变动成本随产量的增加而增加。而随着数据分析和处理能力的提高,盈亏平衡点的计算就会更加精确,企业对成本和利润的把控就越加精准。

（三）因素分析法

又称经验分析法,是利用已有理论对本期已实现的利润基础上充分估计计划产品销售利润的各个影响因素增减变动的可能性,来预测企业计划期产品销售利润的数额。该方法主要通过考虑影响销售利润的各种因素,凭借分析人员的知识和经验集体研究确定因素。该方法简单易行,要求分析人员对产品熟悉,经验丰富,在研究对象彼此相差较大或时间紧迫的情况下比较适用,缺点是无定量分析、主观影响大。但随着数据处理、数据挖掘技术的不断完善,因素的判断就可以借助计算机来完成。通过搜集与成本、利润有关的数据,利用数学模型来进行相关性分析,进而准确找出影响企业利润的关键因素,有效解决定性分析所带来的不足。

（四）时间序列预测分析法

时间序列也叫时间数列、历史复数或动态数列。将企业销售利润按时间先后顺序排到所形成的数列。数列所反映出来的发展过程、方向和趋势就是企业历史数据所表现出来的规律,可以进行类推或延伸,进而预测下一段时间或以后若干年内可能达到的水平。其优点在于收集与整理企业销售过程中的历史资料;进而对这些资料进行检查鉴别,排成数列;分析时间数列,从中寻找企业销售利润随时间变化而变化的规律,得出一定的模式;以此模式去预测该企业将来的盈利情况。

## 三、影响利润预测的主要因素

影响公司利润变动的主要因素有:营业收入、营业成本、营业税金及附加、销售费用、管理成本、财务费用、目标利润、资产减值损失、公允价值变动收益、投资收益。

（一）营业收入

营业收入包括主营业务收入和其他业务收入。主营业务收入是指企业经常性的、主要业务所产生的收入。如制造业的销售产品、半成品和提供工业性劳务作业的收入;商品流通企业的销售商品收入;旅游服务业的门票收入、客户收入、餐饮收入等。主营业务收入在企业收入中所占的比重较大,它对企业的经济效益有着举足轻重的影响。其他业务收入,是指除上述各项主营业务收入之外的其他业务收入。包括材料销售、外购商品销售、废旧物资销售、下脚料销售,提供劳务性作业收入、房地产开发收入、咨询收入、担保收入等其他业务收入。其他业务收入在企业收入中所占的比重较小。未来营业收入的多少直接影响利润的预测。营业收入的预测方法有很多，常用的方法主要有判断分析法、调查分析法、趋势分析法、因果分析法、本量利预测法等。

（二）营业成本

1. 直接材料

直接材料包括企业生产经营过程中实际消耗的直接用于产品的生产，构成产品实体的原材料、辅助材料、备品备件、外购半成品、燃料、动力、包装物以及其他直接材料。

2. 直接工资

直接工资包括企业直接从事产品生产人员的工资、奖金、津贴和补贴。

3. 其他直接支出

其他直接支出包括直接从事产品生产人员的职工福利费等。

4. 制造费用

制造费用包括企业生产部门（如生产车间）发生的水电费、固定资产折旧、无形资产摊销、管理人员的职工薪酬、劳动保护费、国家规定的有关环保费用、季节性和修理期间的停工损失等。

（三）销售费用

对于独立销售机构所发生的一切费用均列入销售费用。未设立独立销售机构且销售费用很小的工业企业，可将销售费用并入管理费。商业企业在商品销售过程中所发生的各项费用属于商品流通费，一般不计入商品的销售成本，而是通过商品的售价来直接补偿。在安全投资的经济分析中，销售费用是计算经济效益的基础数据。

销售费用具体包括企业在销售商品过程中发生的保险费、包装费、展览费和广告费、商品维修费、预计产品质量保证损失、运输费、装卸费等以及为销售本企业商品而专设的销售机构（含销售网点、售后服务网点等）的职工薪酬、业务费、折旧费等经营费用。企业发生的与专设销售机构相关的固定资产修理费用等后续支出也属于销售费用。通过细分将属于销售费用的数据进行系统收集，能够有效计算销售费用，尤其是一些无形成本的支出。

（四）目标利润

目标利润是指企业在未来一段时间内，经过努力应该达到的最优化利润控制目标，它是企业未来经营必须考虑的重要战略目标之一。在大数据分析水平不断提高的今天，目标利润的预测将更加精准。

目标利润 = 预计销售数量 ×（预计单位销售价格 − 预计单位变动成本 − 单位销售税金）− 固定成本总额；目标利润是企业在一定时期内，经过努力要达到的利润。计划利润、最优利润、同行业先进利润水平、本企业历史先进利润水平等，都可以作为目标利润。利用数据分析手段，有助于动员企业和职工为进一步提高经济效益而努力。但需要注意，确定目标利润必须从现实条件出发，充分挖掘各方面的潜力，并适当留有余地，做到既不保守，又不盲目冒进。

# 第四节　资金预测

狭义的资金预测指资金需用量的预测，就是以预测期企业生产经营规模的发展和资金利用效果的提高等为依据，在分析有关历史资料、技术经济条件和发展规划的基础上，运用数学方法，对预测期资金需用量进行科学的预计和测算。

## 一、大数据下资金预测的意义

基于大数据的资金流量分析必将成为未来精准宏观调控体系的核心。以下三个相互联系的层次可以解释大数据下资金流量分析的应用意义。

（1）基于大数据的资金流量分析将极大地推动流动性管理的精准化。一方面，由于大数据下资金流量分析可以帮助管理部门洞悉细微，从资金微观流动性出发，把握中观和宏观流动性，并能够前瞻性地预测资金的流动性，因而能够提高管理部门对资金流动性研判的精准度。另一方面，由于资金流量数据频次的提高，管理部门对流动性的敏感性日益提高，借助压力测试能够较为准确地感知各层次经济主体及各类市场面临的流动性压力，对于流动性管理的时机选择和工具选择、效果评估都具有指导作用。例如，宏观审慎管理应该针对敏感时机的流动性实施精细化管理。从金融危机发生的一些时间窗口看，与敏感的会计工作日、报表日、清算日乃至节假日等时刻有关。这些时间节点容易发生资金需求量大、利率跳升等风险触发因素或事件。针对这种情况，宏观管理部门应对重要时间节点的流动性压力进行测试，并选择恰当的工具进行预调微调。

（2）基于大数据的资金流量分析能够为金融稳定提供现实的基础。流动性与各类主体杠杆率、流动性与各类主体资产负债表、流动性与资产价格、流动性与资本流动、流动性与投入产出效率之间的互动关系，以及由此造成的经济主体资产负债表的破坏都是大规模金融风险传染的触发原因，其中流动性是枢纽和关键。基于大数据的资金流量分析不仅为精准把握各层次流动性提供了可能，而且利用机器学习技术能够大幅提高系统性风险传染预警模型的精准性，从经济金融的海量数据中寻找风险传染的可能线索，从而为防范系统性风险提供更好的基础。

（3）基于大数据的资金流量分析为宏观调控的精准性奠定了基础。几乎所有的宏观经济模型都要用到资金流量数据，传统的资金流量表核算相对较为粗糙，由此导致宏观经济模型的精准度难以尽如人意。基于大数据的资金流量表以及由此形成的应用，能够从微观层面更加灵敏地解释主要经济变量及各项政策指标的趋势，为货币政策、财政政策及其他宏观经济相关政策决策提供量化依据，从而为精准调控与管理奠定了基础。

## 二、资金需要量预测的方法

1. 定性预测法

是指利用相关的资料，依靠个人的经验和主观分析、判断能力，预测未来资金需要量的方法。但这种方法不能揭示资金需要量与有关因素之间的数量关系。

2. 定量预测法

也称统计预测，它是根据已掌握的比较完备的历史统计数据，运用一定的数学方法进行科学的加工整理，借以揭示资金需要量与有关变量（如销售额）之间的规律性联系，用于预测和推测未来资金需要的一类预测方法。

3. 回归直线法

把企业的总资金划分为不变资金和变动资金，根据资金占用总额与产销量的关系来进行资金需求量预测。

## 三、大数据对资金流量分析的拓展与重构

大数据的应用将极大地改变资金流量分析的技术基础，拓展资金流量分析的范围，进而重构资金流量分析的内涵和外延。

（1）大数据的应用将极大地改变资金流量表的编制过程。在传统的方法下，编制资金流量表首先需要按照部门和项目逐项收集资料，然后按照国民经济核算的原理对数据进行加工，在此基础上编制资金流量表，并进行实物交易与金融交易的平衡，最后对照投入产出表、国际收支表等国民经济核算表进行校验。大数

据的应用将大大简化资金流量表的编制工作。一是编制者可以构建 IT 系统，根据核算原理对资金流量表中的每一个项目进行规则设定，从各类交易平台、登记平台、支付机构进行数据抓取。二是对于不能直接统计生成的数据，可以根据国民经济核算的原理以及经济金融逻辑设置一定的核算规则或者测算规则，利用现存的各类数据计算取得。三是利用大数据实现对资金流量信息的校验，即以其他信息，比如，利用价格、利润、税收等信息以及其他各类报表信息验证已获得资金流量数据的准确性。要实现这些应用，就要从国家层面不断强化数据治理，通过立法确定数据的公开以及不同数据资产的使用权限，确保国家宏观审慎管理部门对于数据资源的使用权。

（2）大数据应用将极大地改变资金流量核算的范围和频度。一是从核算范围看，基于大数据的资金流量表能够对传统资金流量表的项目进行明细划分，并且细分的颗粒度会越来越细。比如，对于国民经济部门能够进行更详尽的划分（远比目前资金流量表编制过程中的子部门划分更为详细）；在当前编制地区资金流量表的基础上，尝试编制特定市场的资金流量表；借鉴国外编制金融工具资金流量表的经验，尝试编制各类资产的资金流量表。由此，资金流量的核算范围扩展到宏观、中观、微观三个层次的流动性（微观层次的流动性意指机构的流动性或某一项资产的流动性；中观流动性，意指一个特定市场的流动性或一个地区的流动性；宏观流动性，就是整个经济体中的资金流动情况）。传统的资金流量核算是粗线条的，且微观流动性、中观流动性、宏观流动性分析难于有效衔接，借助大数据技术，不仅能够实现资金流量分析的精细化，而且可以形成整个经济体的流动性全景图。二是从资金流量分析的频度和时间范围看，传统的资金流量核算表按照年度编制（国外按照季度编制），其应用效果因编制周期过长而大打折扣。基于大数据的资金流量核算能够极大地缩短编制周期，而且能够实现时间跨度的灵活选择，不仅能够实现对过去资金流量情况的核算，也能够实现对未来资金流量的精准预测。

（3）大数据技术的应用将极大地拓展资金流量分析的深度与广度。资金流量核算范围的拓展，编制周期的缩短，为资金流量分析的发展提供基础。运用机器学习、联机分析等大数据技术，不仅能够更加深刻地分析各层次资金流量变化规律，而且能够将详尽的资金流量数据置于海量的人流、物流信息及其他结构化、非结构化数据之中，应用数据挖掘技术深入分析资金流量与各类经济变量之间的关系。

# 第四章　企业的短期经营决策

## 第一节　短期经营决策概述

### 一、短期经营决策的定义

从短期经营决策分析的定义中可以看出，在其他条件不变的情况下，判定某决策方案优劣的主要标志是看该方案能否使企业在一年内获得更多的利润。短期经营决策并非是事先的臆断或单纯的空想，而是以对客观必然性的认识为根据。在进行决策分析之前，应至少有两种或两种以上的行动方案可供选择，决策是有选择地做出决定。决策分析是面向未来的，它只对未来实践有意义，对过去的实践并没有什么决策问题，但决策分析会受到过去实践经验的影响。决策分析本身正确与否，可通过比较决策的主观愿望符合实践的客观结果的程度来评价。

### 二、短期决策的内容

短期经营决策的具体内容较多，主要是企业对不超过一年的经营活动的决策判断。决策具有明显的短期效益。根据企业决策的内容来分，主要包括生产决策、定价决策和存货决策三大类。

#### （一）生产决策

生产决策是指短期内，在生产领域中，对生产什么、生产多少以及如何生产等几个方面的问题做出的决策，具体包括剩余生产能力如何运用、亏损产品如何处理、产品是否进一步加工和生产批量的确定等。具体包括：新产品开发的品种决策、亏损产品的决策、是否接受特殊价格追加订货的决策、有关产品是否深加工的决策、零部配件取得方式的决策、生产工艺技术方案的决策和非确定条件下的生产决策等。

## （二）定价决策

定价决策是指短期内企业为实现其定价目标而科学合理地确定商品的最合适价格。定价决策应考虑的因素，侧重从成本因素与供求规律因素（价格弹性系数）分析入手。这种决策所经常采用的方法包括：以成本为导向的定价方法、以需求为导向的定价方法、以特殊情况为导向的定价方法等。

## （三）存货决策

存货决策是指如何把存货的数量控制在最优的水平上以及在什么情况下再订货和每次订购多少数量最经济。具体包括两类决策：存货的控制决策和存货的规划决策。

# 三、短期决策的特征

## （一）涉及面小

短期决策通常只涉及一年以内的一次性专门业务，并仅对该时期内的收支盈亏产生影响而进行的决策。它一般不涉及新的固定资产投资以及企业发展战略等远景规划的决策。例如，在产品生产决策中涉及生产什么、生产多少、如何组织生产、是否应接受追加订货、亏损产品是否应停止生产、零部件是自制还是外购、怎样确定产品的最优售价、如何分配利润等。只针对特定时期内具体的生产情况做出论断，不会涉及太多的方面，因此说短期投资的涉及面更小，更容易实施。

## （二）投入资金不大

短期决策是为实现长期战略目标而采取的短期策略手段，又称短期战术决策，如企业日常营销、物资储备以及生产中资源配置等问题的决策都属于短期决策。短期投入对于这些决策主要为了解决短期怎样使现有资源（包括人力、物力和财力）能够得到最合理、最充分的利用，借以取得最佳的经济效益。同时，短期决策时，还必须掌握竞标对手的情况及其优势，所以投入资金往往不是太大。

## （三）风险相对长期决策小

长期决策是指在改变或扩大企业的生产或服务能力（如厂房设备更新、资源开发利用、增加新产品生产等），期待若干年后获得更多利益。在若干投资方案中，进行分析、评价和选择，最终确定最佳方案的过程。长期决策是企业最重要的决策，它涉及的时间长、投资大、风险大，对企业未来的长期盈利能力有着决定性的影响，方案一旦确定实施就难于更改。因此，短期决策相对于长期决策来说时间的影响效应更短，风险也就最小。长期决策必须兼顾技术上的先进性和经济上的合理性，充分考虑各种可计量和不可计量因素，进行科学的测算和缜密的比较分析，从而挑选出最切实可行的方案；而短期决策通常只涉及一年以内的一次性专门业务，仅对该时期内的收支盈亏产生影响而制定短期经营计划，相对于长期决策而言风险就显得相对较小了。

## 四、短期决策的一般程序

（1）通过数据分析和预测，确定决策的目标。

（2）利用数据收集技术收集大量相关资料，通过不同的算法和建模来确定方案，不同方面提出可供选择的多种方案。

（3）在几个方案中确定一个基本方案作为对比的基础。如在对现行生产经营活动提出改进方案时，一般可以将现行生产经营活动作为基本方案。

（4）收集尽可能多的与选择方案有关的各种可计量的因素，如有关方案的预期收入和预期支出，编制比较分析表，计算各方案的经济效益。

（5）做出评价。需要考虑其他非计量因素的影响。

（6）通过分析比对最终确定最优方案。

## 五、短期决策的常用方法

### （一）差量法

将备选方案的有关货币金额进行比较，选出最优方案的方法。随着大数据时代的来临，差量法的计算将更加精确。

差量一般包括差量收入和差量成本。差量收入指两个备选方案之间预期收入的差异数。差量成本指两个备选方案之间预期成本的差异数。只要差量收入大于差量成本，那么前一个方案是最优的，反之则后一个方案为优。

### （二）平衡计算法

因为解决问题的各方案的成本是产量（或某个指标）的函数，而这些函数在图像上往往表现为直线，只要两根直线不平行，总有交点，这个交点就是两个方案成本相等时的产量。随着处理能力的提高，数据的拟合精度将更加准确。

### （三）数学模型法

利用数学模型来判断哪个方案最优。根据经济学、系统学等理论建立模型，通过大数据分析来评判，选出最优方案。

# 第二节 短期经营决策的主要因素

## 一、生产经营能力

生产经营能力是指在一定时期（通常为一年）内和一定生产技术、组织条件下，企业内部各个环节直接参与生产过程的生产设备、劳动手段、人力资源和其他服务条件，能够生产的各类产品产量或加工处理一定原材料的能力。它是企业生产经营活动的基本依据，是企业自身各种条件综合配置和平衡的结果，也是企业技术能力和管理能力的综合。企业生产经营能力的利用程度，由企业管理部门根据当前经营计划，结合工程、经济和环境要求等因素来确定。生产经营能力具体包括以下几种表现形式：

（1）最大生产经营能力。又叫理论生产经营能力，即企业在不追加资金投入的前提下，百分之百有效利用工程技术、人力及物力资源而可能实现的生产经营能力，它是生产经营能力的上限。

（2）正常生产经营能力。又叫计划生产经营能力，即已经纳入企业年度计划，充分考虑到现有市场容量、生产技术条件、人力资源状况、管理水平，以及可能实现的各种措施等情况所必须达到的生产经营能力。

（3）剩余生产经营能力。包括绝对剩余生产经营能力和相对剩余生产经营能力两种形式。绝对剩余生产经营能力又叫暂时未被利用的生产经营能力，它是指企业最大生产经营能力与正常生产经营能力之差，属于生产经营的潜力；相对剩余生产经营能力是指由于受市场容量或经济效益原因的影响，决策规划的未来生产经营规模小于正常生产经营能力而形成的差量，也可以理解为因临时转变经营方向而闲置的那部分生产经营能力。

（4）追加生产经营能力。它是指根据需要和可能，通过追加资金投入等措施而增加的超过最大生产经营能力的那部分生产经营能力，具体又包括临时性追加的生产经营能力和永久性追加的生产经营能力。前者指预付临时性租赁而形成的生产经营能力；后者则是指通过追加固定资产投资而形成的生产经营能力。由此可见，永久性追加的生产经营能力会改变企业未来期间的最大生产经营能力。

显然，企业生产经营能力受到薄弱生产环节的制约，但其他生产环节，特别是主导生产环节的生产经营能力大于薄溺环节的生产经营能力时，企业便具备一定的生产经营潜力。这时，若将生产场地、生产设备和劳动力等要素实施优化组合，就能合理地利用并不断提高企业的综合生产经营能力。

在生产经营决策分析中，生产经营能力是决定相关业务量和确认机会成本的重要参数。

## 二、相关业务量

相关业务量是指在短期经营决策中必须认真考虑的，与特定决策方案相联系的产量或销量。

相关业务量对决策方案的影响往往是通过对相关收入和相关成本的影响而实现的。半成品是否深加工的决策和是否接受特殊价格追加订货的决策，都需要认真考虑相关业务量问题，而不是笼统的全部产量，并且，有时在计算某一产品的相关收入与相关成本所使用的相关业务量也不一定相同。

实践表明，在生产经营决策过程中，许多对具体决策方案的相关收入和相关成本的确认和计量所发生的失误，往往是由于对相关业务量的判断错误。因此，相关业务量是生产经营决策中一个不容忽视的重要因素。

（一）相关收入

相关收入是指与特定决策方案相联系的、能对决策产生重大影响的、在项目投资决策中必须予以充分考虑的收入，又称有关收入。

如果某项收入只属于某个经营决策方案，即若有这个方案存在，就会发生这项收入，若该方案不存在，就不会发生这项收入，那么，这项收入就是相关收入。

相关收入的计算，要以特定决策方案的单价和相关销售量为依据。如果无论是否决定某决策方案均会发生某项收入，那么可以断定该项收入是上述方案的无关收入。单纯固定资产投资项目是以新增生产能力，提高生产效率为特征，相关收入是增加的营业收入，原来已有的生产能力而创造的收入被称为无关收入。固定资产更新改造可分为以恢复固定资产生产效率为目的的更新项目和以改善企业经营条件为目的的改造项目两种类型，因使用新固定资产而增加的营业收入为相关收入，因使用新固定资产而增加的经营成本为相关成本。

（二）相关成本

相关成本是指对企业经营管理有影响或在经营决策分析中必须要加以考虑的各种形式的成本。相关成本既可以是固定的，也可以是变动的。尤其是对于变动成本而言，因选择的方案不同，且被制定的用途不同而会造成成本存在差异。在大数据环境下，各类成本的识别就能够更加精准。

（1）增量成本。增量成本又称狭义的差量成本。是指单一决策方案由于生产能量利用程度的不同而表现在成本方面的差额。

（2）边际成本。经济学中的边际成本是指对连续型成本函数中的业务量所求的一阶导数。

（3）机会成本。原是经济学术语。它以经济资源的稀缺性和多种选择机会的存在为前提，是指在经济决策中应由中选的最优方案负担的、按所放弃的次优方案潜在受益计算的那部分资源损失，又叫机会损失。

（4）估算成本。又叫假计成本，是机会成本的特殊形式。凡是需要经过假定推断才能确定的机会成本就是估算成本。

（5）重置成本。是指目前从市场上重新取得某项现有的资产所需支付的成本。在短期经营决策的定价决策以及长期投资决策的以新设备替换旧设备的决策中，需要考虑以重置成本作为相关成本。

（6）付现成本。付现成本又叫现金支出成本。在进行短期经营决策时，付现成本就是动用现金支付的有关成本。

（7）专属成本。是指那些能够明确归属于特定决策方案的固定成本或混合成本。

（8）加工成本。这里的加工成本是指在半成品是否深加工决策中必须考虑的、由于对半成品进行深加工而追加发生的变动成本。

（9）可分成本。可分成本是指在联产品生产决策中必须考虑的、由于对已经分离的联产品进行深加工而追加发生的变动成本。

（10）可延缓成本。是指在短期经营决策中对其暂缓开支不会对企业未来的生产经营产生重大不利影响的那部分成本。

（11）可避免成本。是指在短期经营决策中并非绝对必要的那部分成本。

# 第三节　大数据下企业短期经营决策

## 一、生产决策——是否生产的决策

生产决策是指在生产领域中，对生产什么、生产多少以及如何生产等几个方面的问题做出的决策，具体包括剩余生产能力如何运用、亏损产品如何处理、产品是否进一步加工和生产批量的确定等。生产决策是根据企业的经营战略方案及企业内外经营环境的状况确定企业的生产方向、生产目标、生产方针及生产方案的过程或职能。利用大数据技术就能更好地进行生产预测了。

（一）是否继续生产亏损产品的决策

（1）直接判断法在相对剩余生产经营能力无法转移条件下的应用。在相对剩余生产经营能力无法转移的条件下，应当首先考虑采用直接判断法。

（2）直接判断法在相对剩余生产经营能力可以转移条件下的应用。所谓相对剩余生产经营能力可以转移，就是指由于停产而导致的闲置能力能够被用于企业经营的其他方面，如用于承揽零星加工业务，或将有关设备对外出租等。在相对剩余生产经营能力可以转移的情况下，应用直接判断法，需要根据下列结论做出决策：

第一，如果该亏损产品的贡献边际大于与相对剩余生产经营能力转移有关的机会成本，就应当继续生产。在此情况下，如果盲目停产，企业将因此而多损失相当于上述贡献边际与机会成本之差那么多的利润。

第二，如果亏损产品创造的贡献边际小于与相对剩余生产经营能力转移有关的机会成本，就应当停止生产该亏损产品。

第三，如果亏损产品创造的贡献边际等于与相对剩余生产经营能力转移有关的机会成本，则停止或继续生产该亏损产品都可以。

（二）是否增产亏损产品的决策

（1）是否增产亏损产品决策，是指围绕亏损产品所做出的在未来一段时期内是否按照扩大的规模组织生产而开展的决策，也属于接受或拒绝方案决策的类型。

（2）亏损产品是否增产决策的方法及其应用本类决策可以分别采用贡献边际总额分析法、差别损益分析法和直接判断法等方法。

（三）是否接受低价追加订货的决策

首先考虑相关订货是指追加订货和正常订货。追加订货通常是指在计划执行过程中，由外单位临时提出的额外订货任务，即正常订货以外的订货；其次考虑是否接受低价追加订货的决策，是指企业在正常经营过程中对于是否安排低于正常订货价格的追加订货生产任务所做的决策。它属于"接受或拒绝方案"的决策类型。

具体需要从以下几个方面来分析，首先利用大数据搜集是否接受追加订货决策所需要掌握的信息；其次，分析追加订货量与剩余生产能力的关系；再次，选择是否接受低价追加订货决策的方法；最终确定是否接受低价追加订货决策。

## 二、定价决策

定价决策是指企业为实现其定价目标而科学合理地确定商品的最合适价格。定价决策应考虑的因素，侧重从成本因素与供求规律因素（价格弹性系数）分析入手。

其决策方法有：

（1）当企业以增加盈利作为其定价目标时，应采用最大盈利定价法，此时应以最大盈利作为其决策的目标函数。

（2）当企业以扩大销售额及提高市场占有率为目标时，应采取较低价格定价法，此时应以销售额或市场占有率作为其决策的目标函数。

一是以成本为基础制定可行价格，弄清在完全成本、变动成本、边际成本及临界成本条件下的价格制定方法和优缺点；二是以供求规律为基础制定的最优价格，在价格与销售量具备连续函数的条件下，运用极值法原理通过求导确定最优价格；在价格与销售量不具备连续区数的条件下，运用边际收入等于或接近于边际成本时利润最大来确定最优价格。

## 三、存货决策

存货是指企业日常生产经营过程中为生产或销售而储备的物资。存货决策可分为存货与否决策、存货数量决策、存货期限决策等几个方面。其中，存货与否决策涉及零库存问题；存货数量决策决定存货的批量，包括采购批量和生产批量以及公司仓储内的运营和货位的管理；存货期限决策涉及商品保本期和商品保利期问题。大数据技术的应用使存货决策变得十分容易。

（1）订购点的决策。存货的基本性质就是当期内随提取而降低，因此企业管理者就需要决定在何种水平下签订新的订单，以避免销售缺货。这个订购的时点就是订货点。随着大数据的技术的应用，计算机可以轻松算出订货所需的时间，如下订单、接单、配货、配送的一系列的物流流程，这样就可以有的放矢地确定订货时间，实现零库存，将生产成本降至最低。这就是大数据时代所带来的最大改变。不需要去臆断，只需要利用与销售活动有关的数据，进行分析处理就可以得到想要的结果，为决策提供现实依据。

（2）订货量决策。企业有关订货量的多少，直接影响企业的资金流，影响到企业订购频率。订购量越大，购买频率越低。每次订购商品所花费的订购成本与订货量的大小有直接影响，而保留大量存货也需要成本费用。

## 四、大数据对中小企业短期经营决策的影响分析

短期经营决策是中小企业日常经营活动重要的组成部分，涉及生产决策、定价决策、库存决策等决策内容。为了研究的方便，并考虑中小企业经营活动中主要的短期经营决策内容，根据决策的内容来分类，建立了下图所示的中小企业短期经营决策组成框架。

如图4-1所示，生产决策和定价决策是中小企业短期经营决策最主要的两个内容。其中，生产决策包括新产品开发决策、亏损产品生产决策、追加订货决策和零配件取得决策等，而定价决策主要根据所采用的方法分为以成本为导向的定价决策、以需求为导向的定价决策和以特殊情况为导向的定价决策。

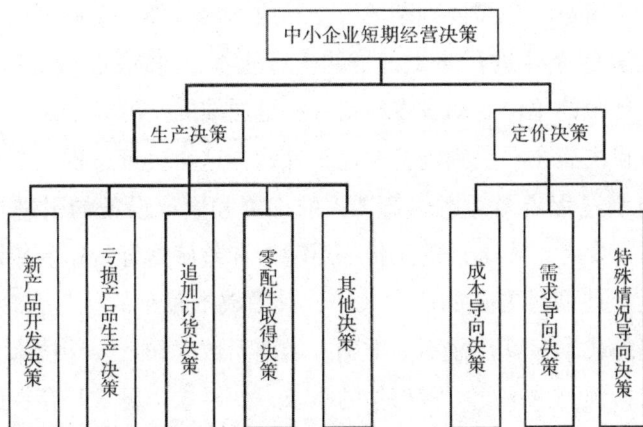

图4-1　企业短期经营决策组成框架

（一）对中小企业生产决策的影响

在中小企业生产决策过程中，新产品开发决策按是否有专属成本投入可以划分为不追加专属成本的新产品开发决策和追加专属成本的新产品开发决策。对于不追加专属成本的新产品开发决策，可以借助边际收益分析法提供支持，但是新开发产品的预计单价确定对传统会计处理提出了挑战。对于追加专属成本的新产品开发决策，企业需要确定新产品开发的专属成本，而传统的会计处理对这个数

据的精准确定存在较大的困难。在大数据时代的云会计环境下，企业可以获取的数据不再仅仅局限于企业本身，对行业数据的及时把握能够帮助企业客观、精准地确定新产品预计价格和开发过程中的专属成本。

亏损产品生产决策需要分析亏损产品的边际收益。如果边际收益大于零，那么亏损产品的生产可以补偿固定成本，这样就可以继续生产。但是，边际收益的计算需要预估亏损产品生产之后可能带来的销售收入，传统的会计处理在这个数据的取得上并非是完全准确的。因为按照亏损产品生产以前的市场价格来预估亏损产品生产以后的价格并按此价格判断收入是存在较高经营风险的。

在大数据环境下，企业通过云会计平台可以实现和相关信息系统的互联互通，行业数据的取得成为可能。企业可以按需购买企业亏损产品生产决策所需的相关数据，通过对亏损产品的整体行业数据进行分析，结合市场环境下价格和销量预测就能降低亏损产品生产带来的风险。中小企业在追加订货决策过程中通常会借助差量分析法，在不需要增加新的生产设备的情况下，将合作企业的出价与追加订货的单位变动成本进行比较，如果能够补偿企业生产成本的订货就可以追加。追加订货决策过程也需要判断单位变动成本的数额。企业可以借助云会计平台获取市场上其他企业进行该类订货的生产成本，进而核算产品的单位变动成本，这样就比传统的单位变动成本确定方法更加准确、可靠。

零配件取得决策主要是判断自制还是外购，这个决策过程主要考虑成本的高低。其中，自制过程需要考虑生产工人的工资和生产设备的引进等其他相关费用，外购过程需要考虑零部件的买价、运输费和差旅费等费用。传统的零配件决策主要是比较上述两种方式的成本大小，其中成本较小的就是合理的决策结果，但是自制过程的成本核算往往不太准确。借助大数据和云会计技术，企业能够通过市场需求分析预测未来此类零部件的需求，如果这个需求是存在的并且较为庞大，那么生产设备的引进所带来的成本增加就不能简单地在本期进行归集。对于中小企业的生产决策，借助大数据和云会计技术，企业还能够实时、动态地获取企业和行业的发展趋势与变化，从而准确地预判未来一定期限内企业的生产经营状况，优化和完善中小企业的生产决策过程。

（二）对中小企业定价决策的影响

对于中小企业的定价决策，按照决策过程采用的方法可以分为以成本为导向的定价决策、以需求为导向的定价决策和以特殊情况为导向的定价决策。以成本为导向的定价决策是指在产品单位成本的基础上，加上预期利润作为产品的销售价格，但是这个决策过程中所需的单位成本实际是很难准确分配的，因为单位成本的确定需要将各成本费用在产品之间进行分配，但是成本费用的合理归集对于传统会计处理而言是比较困难的。

在大数据时代云会计环境下，企业对原材料从入库到出库的各个环节严格把关，可以做到成本、费用的准确归集，保证了单位成本确定的准确性，体现了以成本为导向的定价决策的可靠性。以需求为导向的定价决策不再以成本核算为基础，而是强调对产品需求量的准确预估，这个决策需要对产品销售地区、产品销售时间、消费者偏好等影响因素进行预判，这就使得以需求为导向的定价决策一直以来都存在着较大的困难。云会计背景下，中小企业通过购买云端的信息，借助大数据处理工具分析企业产品未来的销售情况，对同区、同时段的其他产品销量进行比对，最终合理预判市场需求，为以需求为导向的定价决策提供支持。

## 五、基于云会计的企业短期经营决策

对云会计应用之前要能够注意几个层面的问题，主要就是相关的风险问题得以充分重视。在这一过程中要注意对云服务商的选择风险。如果选择不当就会形成很大的风险隐患，这就需要能够对云服务有一个详细的了解，还要对云服务商的服务水平和信誉情况加强了解。在云服务的等级、协议层面也要有充分的了解，明确自身的需求以及对云服务目录的分类同时对云计算服务商的评估要充分重视，将其工作妥善做好。云服务过程中先要对需求进行明确，然后寻找合适的云计算服务商，再对相关服务进行分类，通过综合性评估（项目内容评估、等级协议评估、同行调研评估、专家咨询评估），最终选择合适的云服务。

基于云会计在中小企业短期经营决策中生产决策中的应用方面，对于各种费用信息等可在大数据处理技术下上传到云系统中生产主题的模块中，然后转化生成数据。在这一运行环境下企业历史订单以及以往生产经营所存在的零部件需求信息，就能在大数据技术处理下传递到生产主题模块，然后进行对自身剩余生产力的有效评估实现进行评估，这样就可以在云会计的作用下能结合市场的信息对短期内预计订单情况得到有效准确的推算。

将大数据应用时代的云会计在中小企业短期经营的产品定价决策中，实施过程中市场上对消费者所购买的产品信息能够在云计算平台加以集中，在大数据处理基础下上传到主体模块，以及相关行业数据等模块中。在对这些相关的数据进行汇总之后就开始组建服务，对消费者的偏好信息能够准确地判断。在成本导向的定价决策层面数据就能从云系统到云应用中进行过渡，对各个环节的费用按照一定标准进行分配，这样就可以对相关的信息数据进行分析，从而得到有效获取。因此，可以说在大数据下云会计的应用能多角度对产品定价决策进行优化。

总而言之，大数据时代的到来，在云会计的作用下，对我国中小企业短期经营决策所产生的积极影响是显著的，能够有效促进中小企业在市场中占据竞争力。云会计的出现也使中小企业的工作以及生产经营方式产生了改变，为其会计信息化的优化提供了方便管道，在今后的技术不断优化发展下，大数据时代下云会计的作用发挥将会更为突出。此次主要对大数据时代云会计的基础理论进行了阐述，就其对中小企业短期经营决策产生的影响及应用进行了分析，希望对实际企业发展有所裨益。

# 第五章　企业的长期投资决策分析

## 第一节　长期投资决策的变化

### 一、大数据下的长期投资决策

长期投资决策是企业所有经营环节中最为关键、最为重要的内容，因此人们常说：长期投资决策失误是企业最大的失误，一个重要的投资决策失误往往会使一个企业陷入困境，甚至破产。因此，在企业运用管理会计过程中一项极为重要的职能就是为企业当好参谋，把好投资决策关。在大数据背景下，就是企业运用大数据技术对某一项目（包括有形资产、无形资产、技术、经营权等）投资前进行的分析、研究和方案选择，这不是瞬间的决定，而是一个提出问题、分析问题、解决问题的系统分析过程。

通过搜集与决策有关的数据信息，通过数据梳理、数据处理等技术手段来确定有利于企业价值最大化的投资方案。具体投资决策分为宏观投资决策、中观投资决策和微观投资决策三部分。不同的投资决策对大数据技术的应用内容有所不同，但总体上有了数据技术的支撑，投资决策将更有针对性和科学性。

### 二、长期投资决策的种类

（1）按其经营的范围，可分为战略性的投资决策和战术性的投资决策。战略性投资决策是指对整个企业的业务经营发生重大影响的投资决策（如上新生产线，开发新产品）。战术性投资决策是指对整个企业的业务、经营方面并不发生重大影响的投资决策。

（2）按照长期投资内容的不同，可分为固定资产的投资决策和有价证券的投资。

（3）按长期投资目的的不同，可分为资产更新项目、扩大经营项目、法定投资项目。

（4）按长期投资项目之间的相互关系的不同，可分为独立项目、互斥项目和关联项目。独立项目：某一项目的决策不会对其他项目产生影响。互斥项目：某一项目的决策将对其他项目产生相反影响。关联项目：某一项目的存在必须依赖于其他项目的实施。

### 三、长期投资决策的特点

（1）长期投资决策具有针对性。投资决策要有明确的目标，如果没有明确的投资目标就无所谓投资决策，而达不到投资目标的决策就是失策。利用大数据进行投资决策分析最大的优势就是可以针对性地分析市场、数据变化和特征，然后精准地提供最适合的方案。

（2）长期投资决策具有现实性。投资决策是投资行动的基础，投资决策是现代化投资经营管理的核心。投资经营管理过程就是"决策—执行—再决策—再执行"反复循环的过程。因此可以说企业的投资经营活动是在投资决策的基础上进行的，没有正确的投资决策，也就没有合理的投资行动。

（3）长期投资决策具有择优性。投资决策与优选概念是并存的，投资决策中必须提供实现投资目标的几个可行方案，因为投资决策过程就是对诸投资方案进行评判选择的过程。合理的选择就是优选。优选方案不一定是最优方案，但它应是诸多可行投资方案中最满意的投资方案。大数据时代特征首先就体现为"大"，随着信息技术的高速发展，数据开始爆发性增长。社交网络、移动网络、各种智能工具、服务工具等，都成为数据的来源，这就要求数据使用者择其最优选择。

（4）长期投资决策具有风险性。风险就是未来可能发生的危险，风险性主要包括技术研发风险和收益风险，技术研发风险是指项目营运是在产品开发经历一系列技术研发失败之后才能形成的阶段性成果，研发失败的支出只能作为费用进行处理，账面的资产价值与研发成本具有弱对应性。资产的收益风险是指产品的经济寿命受技术进步和市场不确定性因素的影响较大，竞争对手新开发或升级的终端产品有可能使得企业持有的该项资产价值一落千丈。投资决策应顾及实践中将出现的各种可预测或不可预测的变化。因为投资环境是瞬息万变的，风险的发生具有偶然性和客观性，是无法避免的，但人们可以通过信息技术设法去认识风险的规律性，依据以往的历史资料并通过概率统计的信息处理方法，对风险做出估计，从而控制并降低风险。

（5）长期投资决策具有高效性。大数据下投资决策的高效性体现在它能为产品拥有者带来超额利润，通过大数据分析并得出产品的科学技术核心定位，进而不断利用技术进步使企业产品的运营成本减少，增加营销渠道，使企业发掘更多的潜在使用者，会为企业带来越来越多的收入。

## 四、大数据技术对长期投资的影响

一个企业是否具有高成长性主要取决于以下因素，即该企业的文化创新性、战略创新性、技术创新性、营销创新性、管理创新性、体制创新性等。这就是说，要判断一个企业是否具有高成长性，第一要对这个企业进行全面分析，第二要看其能否在各个方面有所创新。这个企业如果整体表现很好并且呈现不断创新趋势，所处的行业和地区发展势头又比较大，那么未来几年高成长就是确定无疑的了。

（1）改善长期投资决策流程。在大数据时代下企业进行投资决策时，首先，建立专门的大数据收集平台，对同决策相关的数据进行收集、处理与提取，以提升数据获取的准确性、相关性与及时性；其次，构建大数据的云计算平台，实时对大数据进行分析；最后，利用数据挖掘功能对信息与结果之间的相关性进行分析；最后，根据分析结果对较大概率能获得收益的项目进行投资。

（2）提高长期投资效率。企业通过建立量化投资模型帮助决策者处理海量数据，使决策者能够在短时间内对影响投资结果的因素进行多角度的分析，包括经济周期、市场、未来预期、盈利能力、心理因素等，进而根据模型分析结果做出投资决策，大幅提高了投资效率。同时，信息处理器和存储器可实现对数据总体而非样本进行分析，而总体当中少量数据的不精确也不会对最终的分析结果产生不利影响，因此不需付出高额成本来剔除总体中不确定的数据，同样也提高了投资效率。

（3）控制长期投资风险。投资通常将对企业未来的现金流量产生重大影响，尤其是那些要在企业承受好几年现金流出之后才可能产生现金流入的投资。而且很多投资的回收在投资发生时是不能确知的，因此，投资决策存在着风险和不确定性。企业利用计算机程序，通过建立数学模型对不同的风险因素进行组合分析，使企业能在较短时间内迅速识别潜在的风险并进行精确地量化分析，进而实现对投资风险的及时控制。另外，根据大数据的分析结果设立预警指标与临界指标，还可提醒决策者在风险发生之前做出应对措施。

综上所述，长期投资决策决定着企业的未来，正确的投资决策能够使企业降低风险、取得收益，糟糕的投资决策能置企业于死地，所以，我们理应经过深思熟虑并在正确原理的指导下做出正确的投资决策。

# 第二节　长期投资决策一般方法

## 一、长期投资决策的两种方式

投资方案评价时使用的指标分为贴现指标和非贴现指标。贴现指标是指考虑了时间价值因素的指标，主要包括：净现值、现值指数、内含报酬率等。非贴现指标是指没有考虑时间价值因素的指标，主要包括回收期、会计收益期等。相应地将投资决策方法分为贴现的方法和非贴现的方法。

## 二、长期投资决策评价指标

（一）评价指标常用投资评价指标的计算示例

（1）净现值法。净现值（NPV，Net Present Value）指的是在方案的整个实施过程中，未来现金流入量的现值之和与未来现金流出量的现值之间的差额。净现值法就是使用净现值作为评价方案优劣的指标。若净现值为正数，则说明该投资项目的报酬率大于预期的报酬率；若净现值为零，则说明该投资项目的报酬率等于预期的报酬率；若净现值为负数，则说明该投资项目的报酬率小于预期的报酬率。当净现值大于或等于零时，表明投资方案可取；当净现值小于零时，表明投资方案不可取。

（2）现值指数法。现值指数（PVI，Present Valve Index）是指未来现金流入量的现值与现金流出量的现值的比值。现值指数法就是使用现值指数作为评价投资方案优劣的指标。若现值指数大于1，则说明投资报酬率超过预期的报酬率，方案可取；若现值指数等于1，则说明投资报酬率与预期的报酬率相同；若现值指数小于1，则说明投资报酬率低于预期的报酬率，方案不可取。

（二）净现值曲线——净现值与贴现率的关系

按一定的折现率将各年净现金流量折现到同一时点（通常是期初）的现值累加值就是净现值。每一个投资者都有理由认为，自己的投资收益是由两部分组成的，一部分是他的钱挣的钱，另一部分是他自己凭勇气与智慧挣的钱。如果贴现率是前者，那么内部收益率与贴现率的差额就是后者了。内部收益率并不能单独证明项目的效益，它必须相对于贴现率才有意义。贴现率的设定等于为项目投资效益设置了一个盈亏平衡点。如果内部收益率高于贴现率，说明资金盈利较好，如果低于贴现率，说明项目的投资效率甚至低于资金成本，应该放弃。投资回收的概念也与贴现率相关。它是指资金连本带利全部回收的临界点。一个项目的生命周期是由三个资金流曲线构成的，第一个是销售收入曲线，又称市场曲线，第二个是经营利润曲线，被称为会计曲线，第三个是现金流曲线，也就是投资曲线。经营利润的曲线突破零的时候，经营成本与经营收入刚好相等，此后投资者不必追加资金了，项目开始进入良性运转，收支可以自我平衡，这个意味着项目的盈亏平衡点。但是这并不意味着从前投入的资金全部回收了。投资额连本带利彻底回收发生在现金流量曲线突破零点的时刻，这个里程碑就是动态的投资回收期。上述三条曲线，构成了投资项目生命周期的四个阶段，当利润曲线越过零的时刻，项目渡过了风险最大创业期，进入了良性运转的培育期；当现金流曲线越过零的时刻，项目从培育期进入了成熟期，投资者收获的季节到来了，前期的所有投资都连本带利回收了，此后赚的每一分钱均是额外的收获，可是当销售额的曲线出现明显滑坡时，项目从收获期进入了衰退期，产品的寿命周期接近了尾声，投资者就需要考虑战略转移了。

（三）独立项目——独立项目之间的比较分析

大数据事务比较分析是我们经常遇到的情况，以此来判断两件事务的差距和不同点，为后期决策提供建议。但大数据比较分析要找到合适的切入点和特定场景。一个大数据分析项目关键构成如下：信息采集组、数据清洗组、数据融合组、数据挖掘组、数据可视化组。根据每组的名称很好理解。信息采集组主要是通过网络爬虫来采集数据，当然还可以根据业务需求，通过不同的方式来采集数据；数据清洗组主要就是把一些无效的脏数据找出来剔除或者替换，任务量其实很大，因为爬来的脏数据量很大，清洗数据的工作周期一般会很长，任务也很重；数据融合组主要就是把爬来的项目信息进行相似性归类，有上下级关系的就按照子类父类的关系列好，这一部门的内容非常不好完成，想要做到融合好算是一个难点。数据挖掘组就是拿到可用的数据之后通过数据挖掘算法，去研究之前设定好的影响因子之间的因果关系，主要的分类算法有决策树、贝叶斯分类、基于规则的分类、神经网络、持向量机、懒惰学习算法中的最近邻分类和基于案例的推理等算法；数据可视化组顾名思义就是把数据挖掘组的成果可视化展示，这样可以直观地看到数据之间的关系，并利用数据分析和开发工具发现其中未知信息的处理过程。

1. 具体做法

一是项目用例（目标 / 实用价值）清晰。从上到下，首先要明白这个大数据要做什么，包括企业的财务主管和具体业务部门，比方说营销部门，要清晰地了解本部门在项目中的作用，知晓本部门的目标责任，掌握在大数据下为投资决策提供的具体支持。

二是项目规划完善 + 快速迭代研发试错稳步推进。一个项目规划的时候，不要做成规划三个月、六个月，要有明确的时间安排和具体的安排部署。要能够快速实施—反馈—执行。我们做一个大项目可以用快速迭代的方法来做，每个星期可以推出一个功能，进行快速测试，内部市场、外部市场都测试成功，下一个星期就可以进行下一个功能的研发、扩展、推广。这样的话，可以通过迅速地试错，比如第二个星期做的方向不对，或者有些功能没有办法实现，或者跟前期设计的不一样，这样的试错代价会比较低，不会等到六个月后才发现有重大的错误，调整了以后第三个星期可以接着来，可以换一个方向，可以调整开发的内容或者是功能，这样三个月以后，已经经过了四五个星期的测试和研发了，基本上犯错的可能性就比较低了。

三是所选技术符合大数据项目功能要求。很多人都认为要上一个大数据项目必须要用一些特殊的技术，但实际上大数据项目最重要的不是选高大上的平台或者是特殊的技术，最重要的是选一款符合最初设计的业务功能的技术，这个技术可能相对来说比较简单，可能是 SAS 软件，或者是 JAVA 程序，没必要上高大上的技术，最重要的是符合项目要求。很多企业选了高大上的技术或者数据平台，最后发现，实际上钱花了很多，但是没有达到预期的要求。因为选了高大上的技术以后，会影响各个方面的整合和所需要的数据量，预算会很大，成本也会比较高，很难实现项目盈利的目标。所以，最重要的是选一款适合这个项目目标的技术，这个非常重要。

四是项目团队拥有各方面专业知识技能。大数据技术就像企业做的任何一款创新产品和项目一样，需要雇佣所有的对这个项目有贡献的，可能会受影响的资源包括人力资源、技术资源、市场资源、运营资源等各个方面的资源调动，只有形成一个上有领导、中间有共识、最下面有一线执行人员的项目团队，才能实现分工协作、执行高效的运营主体。

五是项目成果实现预期效果。项目做了三个月、六个月，能否实现预期目标，是一个非常重要的标志。很多时候很难达到百分之百完成既定目标，一般80%的项目达不到完全预期的结果，因为利用大数据技术是一个创新的项目，需要根据达到的预期项目进行不停地调整，哪怕只达到了20%，对于很多企业来说可能看到大数据对企业带来的变化。根据业界的标准，到了50%基本上算比较成功了，到了80%就是相当好了。

2. 成功项目的标准

一是项目在预定的时间里可以实现或者接近预定的目标；二是这个项目或者产品实现了传统数据方法没有办法带来的特殊的内部和外部的商业价值；三是在有限的大数据运用的条件下，给特定的业务带来的好处可以轻松复制到其他的业务领域，比如说营销部门获得的成功会推广到产品的研发部门，或者是推广到业务运营部门，这样会花很小的代价，但是做了更多的事。四是受益的业务部门可以运用大数据工具进行高效便捷的工作，这其实是最直接了当的，因为服务项目就是为了提高运营效率和工作效率。五是通过这个项目实施企业获得了新的商业模式和成长点，这个是最重要的，从战略的角度讲，这个大数据产品和项目可以成功实现企业转型和升级。

3. 成功大数据项目的路线图

成功大数据的路线图分为六步。第一步，确定对企业业务有重大影响的大数据用例和创新方向。第二步，要制定基于大数据项目的详尽的产品服务创新规划。第三步，要详细了解大数据项目所需要的业务功能要求和选择与之相匹配的技术。第四步，就大数据项目带来的商业利益在企业内部达成共识。第五步，要选择容易实现的目标入手，快速迭代研发、试错、稳步推进。也就是说，不要刚开始就要搞高大上、大而全的项目，因为失败的概率几乎是百分之百，非常容易失败，因为预算太大，选的工具太复杂，调动的资源很多，很难一下子实现所有的目标，所以通常我们从一个容易实现的目标开始，这样可以增加使用大数据的信心，使错误犯在研发的初期，而不是在中期和最后，这对整体实施大数据计划有很重要的作用。第六步，做大数据项目和产品一定要挖掘和实现大数据能给我们带来的特殊价值，这是其他的方法或者是其他类的数据做不到的，只有实现了这种特殊的价值，我们才能实现业务所需要的具体功能，不管是扩展市场的份额，或者是更精准地了解客户需求，还是要增加边际利润率，或者是提高产品上市的速度，缩短研发周期，这些都是大数据可以做的。另外就是跨界创新，传统企业可以通过大数据这个纽带跟其他企业的业务结合起来。

### （四）互斥项目——互斥项目之间的比较分析

互斥方案是指互相关联，互相排斥的方案，即一组方案中的各个方案彼此可以相互代替，采纳方案组中的某一方案，就会自动排斥这组方案组中的其他方案。多个互斥方案比较决策是指在每一个入选方案已具备财务可行性的前提下，利用具体决策方法比较各个方案的优劣，利用评价指标从各个备选方案中最终选出一个最优方案的过程。互斥方案分为：内部互斥方案，外部互斥方案。

互斥方案的评价，从理论的完整性来说，应从两个方面考察：

（1）绝对（经济）效果评价，研究各个替代方案是否可行，对方案进行"筛选"。

（2）相对（经济）效果检验，对已"入围"的方案进行比较，对方案进行"选优"。

绝对效果评价所使用的方法与单个项目经济效果评价的方法相同，可以选择价值型指标：净现值（NPV）、净年值（NAV）等；也可选择比率型指标：内部收益率（IRR）、净现值率（NPVR）等，两大类指标评价的结论是一致的。而相对效果评价的方法则比绝对效果评价要复杂，如净现值法或差额内部收益率法。

### 1.净现值法

净现值是指按行业的基准收益率或指定的折现率，将项目计算期内各年净现金流量折现到建设初期的现值之和。

此评价准则，可能出现以下几种情况：

（1）如投资小的方案，其净现值大，则其净现值率必定也大，以净现值大作为标准选择投资小的方案。

（2）如投资大的方案，其净现值大，而且其净现值率也大，则根据净现值大作为标准选择投资大的方案。

（3）如投资大的方案，净现值大，但其净现值率却小。投资大的方案其净现值率小，说明其单位投资的盈利能力小，其净现值之所以大，可能是依靠高投入得到的，A、B 两互斥方案，$NPV_A = 100$，$NPV_B = 180$，$I_A = 100$，$I_B = 200$，按净现值最大的比选标准，应选 B 方案，但在投资相同的条件下，两个 A 方案的净现值大于一个 B 方案的净现值，凭直觉都会选择 A 方案。在互斥方案的评价中，净现值的大小并没有反映出各方案投资的大小，直接以净现值最大作为评价依据，难以令人信服。

2.差额内部收益率（ΔIRR）法

对互斥方案的评价的另一种方法是"差额内部收益率"，差额内部收益率是两个方案各年净现金流量差额的现值之和等于零时的折现率。

由于此法是以净现值最大准则为前提，故用此标准评价时，同样可能出现几种情况：

（1）说明投资小的方案的净现值大，则其净现值率必定也大。

（2）说明两互斥方案的净现值相等，在经济效果相同的情况下，应选择投资小的方案。

（3）意味投资大的方案净现值大，若进一步考察其净现值率也是大的，选择投资大的方案；但若其净现值率是小的，依据选择投资大的方案。

（五）多重 IRR——多重内部收益率的举例

IRR 大部分时候是假设出来的。例如，一个投资计划，前 5 年每年投入 1 万元；这个计划的现金价值（即假设通过各种渠道变现），在第 10 年的时候为 70000 元。利用大数据工具（Excel）计算 IRR，为 4.89%。这里有几个假设：每年的折现率都一样，即都为 4.89%（第 2 ~ 5 年的投入和第 10 年的回报都被折现）；

在第 10 年的时候，假设将项目变现，获得流入的现金流；而实际上并无须这么做。在实际操作中，由于每年的投资环境皆有变化，所以一个项目的 IRR，在项目进行过程中是被不断调整的。

（六）MIRR 函数——修正内部收益率的计算

MIRR 函数又称修正后内部报酬率（Modified Internal Rate of Return，MIRR）、内部修正率法、修正内部收益率、改进内部收益率。MIRR 是对 IRR 的修改，并尝试解决 IRR 的一些问题。MIRR 假设再投资率可能与融资利率不同，因此更准确地反映了项目的成本和盈利能力。修正后内部报酬率（MIRR）的数学公式表示如下：

$$\sum_{t=0}^{n} \frac{COF_t}{(1+k)^t} = \frac{\sum_{t=0}^{n} CIF_t(1+k)^{n-t}}{(1+MIRR)^n}$$

其中，COF 表示现金流出量或投资专案的成本（负值）；CIF 表示现金流入量（正值）；k 表示必要报酬率；MIRR 修正后表示内部报酬率。

（七）经济年限——不同经济年限项目之间的比较

在投资决策的评价中，一般都会涉及两个或两个以上年限不同的投资方案的选择，由于它们之间具有不同的使用年限，因此，对它们了解直接用净现值、现值指数和内部报酬率进行比较和选择。可使它们之间具有可比性，必须使它们在相同的使用年限内进行分析。如果两个互斥项目不仅投资额不同，而且项目期限也不同，则其净现值没有可比性。

共同年限法是指通过对期限不相等的多个互斥方案选定一个共同的期限，以满足时间可比性的要求，进而根据调整后的净现值来选择最优方案的方法。共同年限法的基本原理是将各方案期限的最小公倍数作为比较方案的期限，进而调整净现值指标，并据此进行多个互斥方案比较决策的一种方法。

等额年金法是用于期限不同的互斥方案比较的另一种方法，它比共同年限法要简单。其计算步骤如下：

（1）计算两项目的净现值。

（2）计算净现值的等额年金额 = 净现值 / 普通年金现值系数。

（3）计算项目的永续净现值 = 等额年金额 / 资本成本。

共同年限法比较直观，易于理解，但是预计现金流量的工作很难。等额年金法应用简单，但不便于理解。

两种方法存在的共同缺点有：

（1）有的领域技术进步快，目前就可以预期升级换代不可避免，不可能原样复制。

（2）如果通货膨胀比较严重，必须要考虑重置成本的上升，这是一个非常具有挑战性的任务，对此两种方法都没有考虑。

（3）从长期来看，竞争会使项目净利润下降，甚至被淘汰，对此分析时没有考虑。

（八）新建项目的评价——新建项目的现金流量测算和评价

利用往年的历史数据，使用大数据的数学预测算法，可以直接预测企业的现金流存量。如果企业主营业务不变，其时间规律和业务波动属性是变化不大的，再加上找到其增长率就可以这么预测了。

（1）构建完善的数据库是现金流量精细化预测的基础和必然趋势。亟须依托云计算的分布式处理、分布式数据库和云存储、虚拟化技术，构建有系统性、专业性、完整性、针对性的现金流预测数据库，完成对繁杂预测数据进行自动、高效、分类的采集、汇总工作。

（2）构建专业的数据库是弥补预测工作专业水平不高的有效方式。亟须利用"大数据"时代高效、明晰的云计算、分布式数据处理技术，构建运转高效、操作简明的预测数据库，以"人工预测"向"技术预测"转换的专业化工作模式提高预测工作效率，满足现金流量预测工作需要。

（3）构建高效的数据库是缩小预测工作地区差异的有效途径。亟须利用"大数据"时代模型搭建、图表汇总生成的图形生成技术，构建针对性、专业性预测数据库，通过专用建模功能搭建符合地方现金流量变动特点的预测分析模型，规范、简化模型选择使用方式，避免过度依赖生僻计量工具误导预测结果，逐步缩小预测工作差距，提高各地预测结果的可比对性、整体性和应用效率。

（4）构建集约存储数据库是保证预测数据资料连续完整的主要方法。亟须构建海量数据规模、快速数据流转、多样数据类型的预测数据库，在数据存储、分类、分析等方面提高软件工具的数据集合、存储能力，为国库现金流量预测提供完整、连续、系统的数据基础，满足预测分析人员高效开展数据检索、筛选、分类的需求。

（九）更新项目的评价——更新项目的现金流量测算和评价

项目更新决策是财务管理的一个重要内容，是指对技术上或经济上不宜再继续使用的旧的项目用新的来代替，或对旧项目进行局部改造。更新具有投资金额较高、期限较长、风险较大等特点，对企业的长期发展会产生重大影响。在更新决策过程中，现金流量的划分还存在争议，而其划分的合理性会直接导致决策结果的合理性。

# 第三节  长期投资的决策程序

## 一、确定投资目标

确定企业长期投资目标是长期投资决策的前提。正确确定长期投资目标必须要做到：

（1）有正确的指导思想。要在指导思想上明确为什么投资，最需要投资的环节、自身的条件与资源状况、市场环境的状况等。

（2）有全局观念。要考虑把眼前利益与长远利益结合起来，避免"短期与近视"可能带来的影响到企业全局和长远发展的不利情况。

（3）有科学的态度。科学的投资决策是保证投资有效性的前提。要实事求是，注重对数据资料的分析和运用，不能靠拍脑袋来决定事关重大的投资决策方案。

## 二、选择长期投资方向

在明确长期投资目标后，就可以进一步拟定具体的投资方向。这一步也很重要，事关企业今后在哪里发展的问题。对于企业的发展来说，科学地确定长期投资方向具有十分重要的意义。企业今天生产经营状况的好坏，很大程度上取决于过去投资方向确定的合理程度；同样，今天的投资方向又会改变企业现有的生产面貌，塑造出企业明天的生产格局。如果企业投资方向的确定得当，不但能够保证投资建设过程顺利，而且能够使企业内部的资源配置实现优化，使企业具备更强的市场竞争能力和发展活力，获得更高的经济效益；反之，投资方向确定不当，其结果往往比不投资更糟。

就主要情形而言，企业可能的投资方向有以下几种类型：一是不改变原有生产经营内容，旨在维持或扩大现有生产或服务能力的投资；二是在保留原有生产经营内容的同时，在本行业内增加新的生产经营内容的投资；三是为实现行业内彻底转产而进行的投资；四是为实现跨出原行业从事生产经营活动的目标而进行的投资。

## 三、制订长期投资方案

在决定投资方向之后，就要着手制订具体的投资方案，并对方案进行可行性论证。一般情况下，可行性决策方案是要求在两个以上，因为这样可以对不同的方案进行比较分析，对方案的选择是有利的。金融行业一直较为重视大数据技术的发展。相比常规商业分析手段，大数据可以使业务决策具有前瞻性，让企业战略的制定过程更加理性化，实现生产资源优化分配，依据市场变化迅速调整业务策略，提高用户体验以及资金周转率，降低库存积压的风险，从而获取更高的价值和利润。

## 四、评价长期投资方案

这一步主要是对投资风险与回报进行评价分析，由此来断定投资决策方案的可靠性如何。企业一定要把风险控制在它能够承受的范围之内，不能有过于投机或侥幸的心理，一旦企业所面临的风险超过其承受的能力，将会铸成大错，导致企业的灭亡。

1. 财务评价

财务评价是考察项目建成后的获利能力、债务偿还能力及外汇平衡能力的财务状况，以判断建设项目在财务上的可行性。财务评价多用静态分析与动态分析相结合，以动态为主的办法进行。并用财务评价指标分别和相应的基准参数——财务基准收益率、行业平均投资回收期、平均投资利润率、投资利税率相比较，以判断项目在财务上是否可行。

2. 国民经济评价

国民经济评价是项目经济评价的核心部分，是决策部门考虑项目取舍的重要依据。建设项目国民经济评价采用费用与效益分析的方法，运用影子价格、影子汇率、影子工资和社会折现率等参数，计算项目对国民经济的净贡献，评价项目在经济上的合理性。国民经济评价采用国民经济盈利能力分析和外汇效果分析，以经济内部收益率（EIRR）作为主要的评价指标。根据项目的具体特点和实际需要，也可计算经济净现值（ENPV）指标，涉及产品出口创汇或替代进口节汇的项目，要计算经济外汇净现值（ENPV）、经济换汇成本或经济节汇成本。项目的投资规模是基于规模经济性来考虑，是在市场预测的基础上，设备、原材料、人员及资金等生产要素的最优组合。然后考虑企业的经济与管理能力、财务目标要求等因素，对项目的可行性进行判断。通常，可行性研究需要进行项目方案的比选，但传统人工方式下，很难穷尽所有的投资要素组合以找到最优方案。因此，可以利用大数据技术，建立一个评价模型，模拟所有投资要素组合。此外，大数据可以引入历史与现实案例的实证数据，修正投资项目可行性研究的理论性偏差。

3. 社会效益和社会影响分析

在可行性研究中，除对以上各项指标进行计算和分析以外，还应对项目的社会效益和社会影响进行分析，也就是对不能定量的效益影响进行定性描述。

## 五、长期投资项目选择

狭义的长期投资决策就是指决定投资项目这个环节。选择的投资项目必须是由相应一级的人来承担责任。把责任落实到具体的人，这样便于投资项目的进行。

（1）看项目属性。项目往往具有多目标属性。项目的目标又分为：成果性目标和约束性目标，成果性目标是一系列技术指标定义的，同时受到多种条件的约束。而约束性目标是多重的。所以项目有多个目标属性。不同的目标属性就决定了投资决策的方向。

（2）看项目背景。分析资源、技术、人才、管理等方面，项目运作的可行性，项目的独特与创新分析。主要包括项目的提出原因、项目环境背景、项目运作的可行性、项目优势分析（资源、技术、人才、管理等方面）、项目的独特与创新分析等。通过项目背景在客观的角度观察行业、政策、竞争者、客户、技术等方面的变化和情况，必要性则是从项目自身的角度看自己应该采取什么行动，才不至于在项目背景（也是预测）下导致的未来情况中处于劣势。

（3）看项目风险。项目风险是指可能导致项目损失的不确定性，美国项目管理大师马克思·怀德曼将其定义为某一事件发生给项目目标带来不利影响的可能性。识别项目风险的目的是最好地达到项目的目标，识别、分配、应对项目生命周期内可能遇到的各种风险。内容主要包括：①风险识别，即确认有可能会影响项目进展的风险，并记录每个风险所具有的特点。②风险量化，即评估风险和风险之间的相互作用，以便评定项目可能产出结果的范围。

## 六、反馈调整决策方案和投资后的评价

长期投资方案确定之后，还必须要根据环境和需要的不断变化，对原先的决策进行适时的调整，从而使投资决策更科学合理。投资项目后评价主要是企业在项目投资完成或过程中，通过对投资项目的实施过程、结果及其影响进行全面系统的回顾，与项目投资决策时确定的目标进行对比分析，找出变化及差异，全面分析原因、总结经验、吸取教训，针对存在的问题提出建议，并将信息反馈给企业决策层，改善企业类似项目的投资决策与管理。企业投资项目后评价的重点内容应包括：投资项目的行业是否发生重大变化并影响企业发展，项目收益是否满足企业要求，项目能否可持续及主要影响因素，总结项目投资经验及教训，提出今后企业、项目发展的建议。主要内容有如下6个方面：

1. 项目实施过程评价

①项目前期决策阶段：主要对项目立项的依据、项目决策过程和程序等进行总结与评价。②项目实施准备阶段：主要对项目设计、开工准备、资金筹措等情况和程序进行总结与评价。③项目建设实施阶段：主要对项目合同执行、建设、管理与控制、重大变更及风险、竣工验收等情况进行总结与评价。④项目运营维护阶段：主要对项目实现程度、收入情况、运营成本和财务状况进行总结与评价。

2. 项目目标后评价

项目目标后评价是指通过项目运营初期实现的指标预测项目实际目标，并与项目前期阶段确定的投资目标进行评价分析，评价项目投资目标是否正确、合理，目标实现程度，产生的偏差及原因等。

3. 项目效益后评价

①项目技术效果评价：主要针对项目实际运行状况，对项目采用的技术水平、装备水平进行分析，重点关注是否符合国家相关技术政策。②项目财务效益评价：根据项目达到的实际情况及运营现状，全面识别费用和效益，进行盈利能力、清偿能力、财务生存能力和风险分析，评价项目的经济合理性，判断项目效益的实现程度。

4. 项目影响后评价

①项目环境影响评价：重新确定项目环境影响的实际结果，对项目建设、运营管理期间的主要污染物及控制情况，项目环境评价验收情况，区域的环境质量情况，区域的生态平衡和环境管理能力等进行总结与评价。②项目社会效益评价：主要对项目的利益相关者、产生的社会影响，利益相关者的互适应性、影响社会稳定的风险因素等进行总结与评价。

5. 项目持续性后评价

根据项目现状，结合国家、地区、行业的相关政策、资源供给和市场环境等，分析可能影响项目可持续性的因素，评价项目的持续性，并对影响因素提出建议。

6. 项目管理后评价

项目管理后评价是指对项目实施全过程中各阶段的管理机构和管理者的能力及水平做出评估。主要内容包括项目建设及运营管理期间的管理机构设置是否合理，项目管理者是否具备较强的责任感和有效地管理项目的各项工作的能力，以及人才和资源的使用是否得当等。

# 第四节　长期投资决策的影响因素

## 一、主要影响因素

一般而言，项目长期投资决策主要考虑以下因素：

### （一）需求因素

在大数据背景下进行客户的个性化需求分析具有重要的理论意义和实际意义。首先，大数据的大量性、多样性和实时性能更好的、及时的、全面的和真实的反映客户的行为特征，使企业能够对客户进行精确画像和聚类。其次，数据挖掘技术虽然已经在客户需求分析领域得到普遍应用，但现有技术无法适应大数据处理的规模。因此，必须研究和应用新的方式对客户信息进行分析。

近年来，互联网、移动互联网以及物联网技术的逐渐发展和广泛应用，为企业建立了能够有效搜集和获取产品和客户数据的渠道。这些海量数据为用户需求分析提供了一种新的决策方式。如果能够搜集用户和产品的各类数据信息，企业就可以对客户的兴趣爱好、行为习惯、消费水平进行精准分析，并获取预测影响客户决策的重要因素。因此，如何将大数据技术用于客户需求分析，对于帮助企业精确把握市场动向、客户需求和提升竞争力，为客户不断提供令其满意甚至惊喜的产品，具有重要的意义。

### （二）时期和时间价值因素

（1）时期因素是由项目计算期的构成情况决定的。

项目计算期是指投资项目从投资建设开始到最终清理结束整个过程的全部时间，包括建设期和运营期。其中建设期是指项目资金正式投入开始到项目建成投产为止所需要的时间，建设期第一年的年初称为建设起点，建设期最后一年的年末称为投产日。

项目计算期最后一年的年末称为终结点，假定项目最终报废或清理均发生在终结点（但更新改造除外）。从投产日到终结点之间的时间间隔称为运营期，又包括试产期和达产期（完全达到设计生产能力期）两个阶段。运营期一般就根据项目主要设备的经济使用寿命期（折旧年限）确定。

$$项目计算期（n）=建设期（s）+运营期（p）$$

（2）考虑时间价值因素，从而计算出相关的动态项目评价指标。

（三）成本因素

1. 成本因素包括投入和产出两个阶段的广义成本费用

首先是投入阶段的成本。它是由建设期和运营期初期所发生的原始投资所决定的。原始投资（又称初始投资）等于企业为使该项目完全达到设计生产能力、开展正常经营而投入的全部现实资金，包括建设投资和流动资金投资两项内容。原始投资与建设投资资本化利息之和为项目总投资，这是一个反映项目投资总体规模的指标。其次是产出阶段的成本。它是由运营期发生的经营成本、营业税金及附加和企业所得税三个因素所决定的。经营成本又称付现的营运成本（或简称付现成本），是指在运营期内为满足正常生产经营而动用货币资金支付的成本费用。大数据时代，各类各样的信息都能被利用起来，无论是企业内部的相关信息，如领料信息、领用频率、生产量的变化、销售量的变化，还是企业外部的相关信息，如价格信息、物流信息、购买信息、身体健康信息等，这些都可以为企业的成本控制所利用。

2. 大数据可以帮助工业企业进行成本控制改革

目前就大多数工业企业的成本控制来说，无论是在成本控制认知度上还是成本控制的制度设计上都存在许多不足，很多企业甚至认为成本控制只是财务部门一个部门的职责，使得成本控制的效果并不好，事实上成本控制是一项关系到企业整体全局的系统工作。大数据时代的到来，给工业企业带来最大的机遇就是使得企业在信息获取、处理、使用等方面更加便捷，工业企业可以借助便捷的大数据平台，搜集整理企业各生产环节所需的成本数据，并据此制定各项成本费用的消耗定额数据库，建立一套成本控制标准的信息系统，在系统上还要将数据库中成本管理数据与企业采购、生产、销售、财务管理等各个模块进行对接，做到全员成本控制参与，从而改变原有工业企业关于成本控制的认知，最终完成企业成本控制的改革。

3. 大数据可以完善企业成本控制体系

企业利用大数据可以完成企业成本管控的事前规划、事中跟踪和事后反馈，从而完善企业整个成本控制体系。事前规划：在企业成本发生前，借助大数据技术预先通过对企业内部各部门、各环节历史成本资料，及行业先进企业的相关资料进行分析、测算、研究，制定企业在正常生产条件下的标准成本，建立企业的标准成本数据库，作为各部门成本控制的目标及衡量实际超支或节约的标准，达到成本的事前规划控制。事中跟踪：工业企业在实际生产经营过程中，可以将实际成本与事先制定的标准成本进行对比，揭示差异、分析原因，及时采取措施进行改进，达到成本事中跟踪控制的目的。事后反馈：企业生产结束后，又可利用大数据分析整个生产经营期间的成本与标准成本的差异，总结经验，为下期企业成本控制指明方向，完成企业成本控制的事后反馈。

4. 大数据可以提高企业成本控制的效率

大数据时代的来临，使企业在信息的获取、使用方面更加便捷，对于企业来说，大量信息数据的便捷获取，可以极大地提高企业成本控制的效率。传统的市场条件下，企业想要获得生产销售所需的品种、质量、价格等方面信息，大多是通过实地考察、项目投标等方式，这些方式不仅耗费的时间长，还需支付一笔不小的差旅费，最终得到的信息也不一定是最佳信息。企业利用大数据平台，获得的信息要比传统的方式范围广、途径多、更迅速，也避免了一些不必要的采购成本和调研成本。所以，大数据的应用可以有效地提高企业成本控制的效率。

5. 大数据可以实现工业企业与供应链企业的无缝对接

大数据可以实现工业企业与供应链企业之间的无缝对接。工业企业除了可以利用大数据技术全面搜集自身生产经营所需数据，还可以整合企业与采购、物流、销售等供应链企业间相关的数据信息资源，实现供应链上跨公司的信息对接。跨公司企业数据信息的无缝对接，又能让相关企业之间提供系统而全面的供应链信息服务，更好地应对易变复杂的市场环境，缩短生产经营周期，控制经营风险。

6. 大数据可以减少企业的销售成本

企业传统的销售模式主要是实体店销售，但实体店销售不仅成本高，而且销售范围小，而新兴的网络销售渠道由于不需要门店，成本要低，还打破了地理位置的局限，扩大了销售范围。就市场推广费而言，传统的市场推广方法主要是广告投放，但广告成本一般是比较高昂的，基于大数据的背景，企业通过分析客户浏览、购买商品的习惯及对购买后的一些评价建议，分析客户需求，有针对性的给客户推送适合他们的产品，激发了客户购买的积极性，这样比投放广告挖掘市场的效果更好。

此外，企业利用大数据平台，分析消费者的建议、评价及浏览、购买数据，可以分析出客户的消费偏好，更有利于产品设计，精准市场定位。

## 二、长期投资决策的间接因素

长期投资决策是企业所有决策中最为关键、最为重要的决策，投资决策的失误也是企业最大的失误，一个重要的投资决策失误可能会使一个企业陷入困境，甚至破产。避免非科学的决策，主要是做好以下两点：首先必须明确投资是一项经济行为，在进行投资决策时克服"政治""人际关系"等因素的影响；其次，在进行投资决策时，还应搞好投资的概预算，充分考虑到投资项目所面临的风险，做好投资项目现金流量预测。只有充分考虑了货币时间价值和投资风险价值的投资决策，才是较科学的投资决策，才能取得良好的效益。

（一）专业化人才

大数据时代下，企业需要聘用能够分析企业投资环境、把握投资方向的专业化人才。企业的投资环境主要分为外部环境与内部环境，前者包含宏观的政治环境、经济环境、社会环境、市场环境等，后者包括企业的自身战略定位、现有资源条件、发展状况与组织结构等。专业化人才需能够对这些因素进行综合分析与权衡，结合内外部投资环境与自身投资需求，提前确定企业的投资方向，并以此为基础对相关度较高的数据进行收集、汇总、分类与存储，使数据的结构与企业的投资方向尽可能相匹配。

（二）完善的数据管理系统

首先，企业在应用量化投资平台进行分析决策之前，可尝试与同行业的不同企业甚至不同行业的企业进行合作，建立企业间信息联合共享平台，多渠道对数据进行搜集，不同企业可以根据需要从信息共享平台中获取其决策所需的信息。其次，企业应结合实际情况构建数据的动态调整机制，对投资过程进行持续跟踪与绩效评价，并根据绩效评价结果对投资结构、投资数额、投资项目进行实时调整，数据管理系统相应地及时对所需数据进行新一轮的收集、汇总与分类，以提高投资决策的科学性。此外，企业应配备相应的服务器、存储器等对数据进行存储，并建立数据安全防护系统，根据数据的保密级别设置严格的访问权限，保证数据的安全性，防止发生信息泄露情况。

（三）风险管控体系

企业应对外部环境与投资项目内部运行过程中与风险有关的信息进行收集，比如在对某个企业进行投资时，可通过该企业的上市公司年报、互联网信息、行业分析报告、与企业管理层访谈等渠道，判断企业在管理、市场、产品与财务等方面是否存在风险因素。其次，应对风险信息进行识别与判断，根据风险的来源、大小、性质的不同，对风险因素进行初步分类与筛选整理，进而建立科学的风险预警指标体系，体系中应包括财务指标和非财务指标，不同的指标应设置不同的安全范围与临界值，并以不同的指标作为评价基础对风险进行评估，并将评估结果按照风险的影响程度与大小进行排序。决策者应特别关注超过临界值的指标并及时采取应对措施，对风险进行管控，进而根据风险管控的反馈结果，不断对投资决策进行优化，减少决策的不确定性，提高企业在投资过程中的风险应对能力。

# 第六章　企业战略决策分析

## 第一节　战略管理概述

### 一、企业战略管理的概念

企业战略管理是企业为公司发展制定的一种超前规划。是一种有意识、有预计、有组织的行动程序，是用来解决一个企业如何从现在的状态达到将来某个位置的问题。单从战略的概念来说，学者们将战略定义为 5 个方面，分别是计划、计策、模式、定位、观念。

第一，战略是一种计划 (Plan)。是指战略是一种有意识、有预计、有组织的行动程序，是解决一个企业如何从现在的状态达到将来位置的问题。战略主要为企业提供发展方向和途径，包括一系列处理某种特定情况的方针政策，属于企业"行动之前的概念"。

根据这个定义，战略具有两个本质属性：战略是在企业发生经营活动之前制定的，以备人们使用；战略是作为一种计划写进企业正式文件中的，当然不排除有些不公开的、只为少数人了解的企业战略。

第二，战略是一种计策 (Ploy)。是指战略不仅仅是行动之前的计划，还可以在特定的环境下成为行动过程中的手段和策略，一种在竞争博弈中威胁和战胜竞争对手的工具。例如，得知竞争对手想要扩大生产能力时，企业便提出自己的战略是扩大厂房面积和生产能力。由于该企业资金雄厚、产品质量优异，竞争对手自知无力竞争，便会放弃扩大生产能力的设想。然而，一旦对手放弃了原计划，企业却并不一定要将扩大能力的战略付诸实施。因此，这种战略只能称为一种威胁竞争对手的计策。

第三，战略是一种模式 (Pattern)。是指战略可以体现为企业一系列的具体行动和现实结果，而不仅仅是行动前的计划或手段。即无论企业是否事先制定了战略，只要有具体的经营行为，就有事实上的战略。在制定企业战略过程中就必须了解企业发展史，在选择战略时要充分考虑并尊重企业原有的行为模式，因为它会在很大程度上决定企业未来战略的选择和战略实施的有效性。若要改变企业的行为模式，首先必须充分认识到推行这种变革的难度。

第四，战略是一种定位 (Position)。是指战略是一个组织在其所处环境中的位置，对企业而言就是确定自己在市场中的位置。企业战略涉及的领域很广，可以包括产品生产过程、顾客与市场、企业的社会责任与自我利益等任何经营活动及行为。但最重要的是，制定战略时应充分考虑到外部环境，尤其是行业竞争结构对企业行为和效益的影响，确定自己在行业中的地位和达到该地位所应采取的各种措施。把战略看作一种定位就是要通过正确地配置企业资源，形成有力的竞争优势。

第五，战略是一种观念 (Perspective)。是指战略表达了企业对客观世界固有的认知方式，体现了企业对环境的价值取向和组织中人们对客观世界固有的看法，进而反映了企业战略决策者的价值观念。企业战略决策者在对企业外部环境及企业内部条件进行分析后作出的主观判断就是战略，因此，战略是主观而不是客观的产物。当企业战略决策者的主观判断符合企业内外部环境的实际情况时所制定的战略就是正确的；反之，当其主观判断不符合环境现实时，企业战略就是错误的。

可以说，战略是企业对未来发展的一种设想，主要为企业提供发展方向和途径，包括一系列处理某种特定情况的方针政策，属于企业在真正行动之前所形成的策略集合。而战略管理，则是对企业为未来设计的各种战略做出的管理行为。具体战略管理的一般分为三个阶段：战略分析、战略制定和战略实施与反馈。在企业实施战略管理过程中，战略管理是一个复杂的系统工程。影响企业战略决策的要素非常复杂，如政治环境、技术环境、经济环境、社会文化环境等。

管理者需要清楚分析企业外部环境和内部资源，以明确企业自身的战略定位和制定切合自身实际情况的战略目标。战略管理决策的全过程需要有效的信息管理做支撑，需要组织内部成员的充分沟通，需要管理者具有正确的伦理观，以保证决策的质量和速度。战略风险是不可避免的，企业唯有通过实时观测风险构成因素的变化，及时识别和评估风险，才能有效管理风险。

## 二、战略决策的概念

战略决策是战略管理中极为重要的环节，其起着承前启后的枢纽作用。战略决策依据战略分析阶段所提供的决策信息，包括行业机会、竞争格局、企业能力等方面。战略决策要综合各项信息确定企业战略及相关方案。战略实施则是更详细地分解展开各项战略部署，实现战略决策意图和目标。因此，在战略制定过程中往往会涉及的三个影响因素，即战略背景、战略内容、战略过程。战略环境是指战略背景是指战略执行和发展的环境；战略内容是指战略决策包括的主要活动；战略过程是指当战略面对富于变化的环境时，各项活动之间是如何联系的；战略背景、战略内容和战略过程三个要素共同决定了一个战略决策。所以说，企业战略管理中，战略决策是企业经营管理的纲领，是关系企业全局和长远发展的全局性谋划，会引导企业走正确的经营路线，企业的一切经营活动都必须服从既定的战略方针；实现企业价值最大化，为企业内部管理和增加价值服务，立足于行业的决策。但战略决策是非程序化的、带有风险性的决策。在决策时会涉及企业发展方向、经营方针、经营目标、产品发展、技术改造、市场开发、企业转向、人力资源开发等事关企业生存的重大问题。而这些问题往往都是主观性的，难于标准化。因此，多数学者在研究中提出，企业在战略决策时要注意依靠集体的智慧，要进行严格的可行性论证。这需要决策者有高度的智慧、丰富的经验以及过人的胆识。随着科学技术的进步，越来越多的企业开始借助计算机、人工智能系统等辅助手段来提高战略决策的可行性。这也是大数据技术发展到一定程度的必然结果。

总的来说，企业在进行战略决策时要注意：首先是要充分考虑企业的经营环境因素（包括经济因素、政治因素、科技因素、法律因素和社会因素等）。其次，结合企业内部条件（包括：人力、物力、财力、自然条件、技术专利、商标信誉等经营资源条件，企业的生产能力、技术能力、销售能力、竞争能力、适应能力以及管理水平等），进行认真分析研究。最后，通过决策判断，形成最终的决策。

## 三、战略决策步骤

战略决策阶段同城可以分为战略定位决策、战略指标决策、业务战略决策三个步骤。

### （一）战略定位决策

战略决策阶段首要任务是战略定位问题，相当于制定"做什么"的公司战略，重点包括市场范围S定位和产品门类P定位，二者密切联系，组合形成一定的SP战略单元。战略定位依据战略分析阶段所分析的不同SP战略单元的行业盈利性变化规律、竞争格局和企业自身能力。

（二）战略指标决策

在企业战略定位决策之后，企业需要确定各 SP 战略单元的战略指标目标值，重点包括净利润指标、企业资本收益率目标、资本投入目标、市场份额目标、资本产出目标等。企业要对不同 SP 战略单元相关指标值进行综合分析，包括不同战略单元净利润的构成比重，资本量的比重，相对竞争力比较等，以优化调整各战略单元的战略目标，促进整体经营最优化。企业在战略指标决策时往往要受企业自身资源状况的约束，要综合权衡不同战略单元的机会和资源投入，要考虑资源获得的管道以及投入的策略，要结合市场类型分析，如对大笔投资而言还要考虑自身决策对行业整体的影响。

（三）业务战略决策

在战略定位决策和战略指标决策基础上，企业需要制定保障指标实现的相关业务战略。重点包括提高企业资本收益率的业务战略，如成本领先战略、质量领先战略；提高可投入资本量的业务战略，如融资战略、并购战略等；提高市场份额的业务战略，如低价战略、管道战略等；提高资本产出的业务战略，如精益生产战略、流程再造战略、信息化战略等。提高净利润的目标依赖于以上各项业务战略的制定和实施。

业务战略决策需要业务职能领域的专业分析，此处的分析不同于战略管理循环中的战略分析，其分析内容要为广泛和灵活。对业务战略决策要有其自身的目标和行动方案，对业务战略实施所制定的具体保障措施可不列为业务战略决策的内容，可作为战略实施阶段的内容。

## 四、战略决策的常用模型

当前企业在运用战略决策时，主要是 SWOT 模型，（也称 TOWS 分析法、道斯矩阵）即态势分析法，20 世纪 80 年代初由美国旧金山大学的管理学教授韦里克提出，经常被用于企业战略制定、竞争对手分析等场合。在现在的战略规划报告里，SWOT 分析应该算是一个众所周知的工具。来自麦肯锡咨询公司的 SWOT 分析，包括分析企业的优势（Strength）、劣势（Weakness）、机会（Opportunity）和威胁（Threats）。因此，SWOT 分析实际上是将对企业内外部条件各方面内容进行综合和概括，进而分析组织的优劣势、面临的机会和威胁的一种方法。通过 SWOT 分析，可以帮助企业把资源和行动聚集在自己的强项和有最多机会的地方。

除 SWOT 模型外，还有其他模型可同时用于战略分析和战略决策，如波士顿矩阵、GE 矩阵。波士顿矩阵（BCG Matrix）市场增长率—相对市场份额矩阵、波士顿咨询集团法、四象限分析法、产品系列结构管理法等。

通过梳理发现，目前企业在制定公司层战略时最流行的方法之一就是 BCG 矩阵。该方法是由波士顿咨询集团（Boston Consulting Group，BCG）在 20 世纪 70 年代初开发的。这里就对这个方法展开介绍。BCG 矩阵将组织的每一个战略事业单位（SBUs）标在一种二维的矩阵图上，从而显示出哪个 SBUs 提供高额的潜在收益，以及哪个 SBUs 是组织资源的漏斗。BCG 矩阵的发明者、波士顿公司的创立者布鲁斯认为"公司若要取得成功，就必须拥有增长率和市场分额各不相同的产品组合。组合的构成取决于现金流量的平衡。"如此看来，BCG 的实质是为了通过业务的优化组合实现企业的现金流量平衡。BCG 矩阵区分出 4 种业务组合。

（一）问题型业务（Question Marks，指高增长、低市场份额）

处在这个领域中的是一些投机性产品，带有较大的风险。这些产品可能利润率很高，但占有的市场份额很小。这往往是一个公司的新业务，为发展问题业务，公司必须建立工厂，增加设备和人员，以便跟上迅速发展的市场，并超过竞争对手，这些意味着大量的资金投入。"问题"非常贴切地描述了公司对待这类业务的态度，因为这时公司必须慎重回答"是否继续投资，发展该业务？"这个问题。只有那些符合企业发展长远目标、企业具有资源优势、能够增强企业核心竞争力的业务才得到肯定的回答。得到肯定回答的问题型业务适合于采用战略框架中提到的增长战略，目的是扩大 SBUs 的市场份额，甚至不惜放弃近期收入来达到这一目标，因为要问题型要发展成为明星型业务，其市场份额必须有较大的增长。得到否定回答的问题型业务则适合采用收缩战略。如何选择问题型业务是用 BCG 矩阵制定战略的重中之重也是难点，这关乎企业未来的发展。

（二）明星型业务（stars，指高增长、高市场份额）

这个领域中的产品处于快速增长的市场中并且占有支配地位的市场份额，但也许会或也许不会产生正现金流量，这取决于新工厂、设备和产品开发对投资的需要量。明星型业务是由问题型业务继续投资发展起来的，可以视为高速成长市场中的领导者，它将成为公司未来的现金牛业务。但这并不意味着明星业务一定可以给企业带来源源不断的现金流，因为市场还在高速成长，企业必须继续投资，以保持与市场同步增长，并击退竞争对手。企业如果没有明星业务，就失去了希望，但群星闪烁也可能会闪花企业高层管理者的眼睛，导致做出错误的决策。这时必须具备识别行星和恒星的能力，将企业有限的资源投入在能够发展成为现金牛的恒星上。同样地，明星型业务要发展成为现金牛业务适合于采用增长战略。

（三）现金牛业务（Cashcows，指低增长、高市场份额）

处在这个领域中的产品产生大量的现金，但未来的增长前景是有限的。这是成熟市场中的领导者，它是企业现金的来源。由于市场已经成熟，企业不必大量投资来扩展市场规模，同时作为市场中的领导者，该业务享有规模经济和高边际利润的优势，因而给企业带来大量现金流。企业往往用现金牛业务来支付账款并支持其他三种需大量现金的业务。现金牛业务适合采用战略框架中提到的稳定战略，目的是保持 SBUs 的市场份额。

（四）瘦狗型业务（Dogs，指低增长、低市场份额）

这个剩下的领域中的产品既不能产生大量的现金，也不需要投入大量现金，这些产品没有希望改进其绩效。一般情况下，这类业务常常是微利甚至是亏损的，瘦狗型业务存在的原因更多的是由于感情上的因素，虽然一直微利经营，但像人养了多年的狗一样恋恋不舍而不忍放弃。其实，瘦狗型业务通常要占用很多资源，如资金、管理部门的时间等，多数时候是得不偿失的。瘦狗型业务适合采用战略框架中提到的收缩战略，目的在于出售或清算业务，以便把资源转移到更有利的领域。

BCG 矩阵的精髓在于把战略规划和资本预算紧密结合了起来，把一个复杂的企业行为用两个重要的衡量指标来分为四种类型，用四个相对简单的分析来应对复杂的战略问题。该矩阵帮助多种经营的公司确定哪些产品宜于投资，宜于操纵哪些产品以获取利润，宜于从业务组合中剔除哪些产品，从而使业务组合达到最佳经营成效。

GE 矩阵（GE Matrix/Mckinsey Matrix），GE 矩阵法又称通用电器公司法、麦肯锡矩阵、九盒矩阵法、行业吸引力矩阵。说到 GE 矩阵就一定要结合 BCG 矩阵一起比较讨论，因为 GE 矩阵可以说是为了克服 BCG 矩阵缺点所开发出来的。由于基本假设和很多局限性都和 BCG 矩阵相同，最大的改善就在于用了更多的指标来衡量两个维度。针对波士顿矩阵所存在的很多问题，美国通用电气公司（GE）于 20 世纪 70 年代开发了新的投资组合分析方法——GE 矩阵。相信很多人都听过 GE 多元化的故事了，如果非"数一数二"的 SBUs 都要脱离 GE 的航母，GE 就是用这个矩阵的。GE 矩阵相比 BCG 矩阵，GE 矩阵也提供了产业吸引力和业务实力之间的类似比较，但不像 BCG 矩阵用市场增长率来衡量吸引力，用相对市场份额来衡量实力，只是单一指标；而 GE 矩阵使用数量更多的因素来衡量这两个变量，纵轴用多个指标反应产业吸引力，横轴用多个指标反应企业竞争地位，同时增加了中间等级。也由于 GE 矩阵使用多个因素，可以通过增减某些因素或改变它们的重点所在，很容易地使 GE 矩阵适应经理的具体意向或某产业特殊性的要求。

## 五、常见的战略决策思路

战略决策思路指企业在战略决策时的出发点，其与战略分析十分密切，战略决策思路类型很多，选出重要的几种对其简要分析如下。

（一）资源导向型

企业资源类型多种多样，资源导向型决策思路即先看企业拥有什么资源，再分析资源可投入行业的机会，由此进行决策。如企业拥有大量闲置土地，其往往会寻求土地资源的开发利用，如果房地产机会好，会选择进入房地产行业。企业拥有客户资源，往往会为客户提供其他类型产品或服务，以获得更多赚钱机会。资源导向型决策思路，优点是善于利用企业资源，但缺点是企业容易臃肿肥胖，会因资源过于分散而使主业不清晰不强大，使企业在各个战线上竞争不利，甚至导致企业过早死亡。资源导向型决策需要真正认清企业的资源，否则若过高估计自己的资源和能力，所做决策往往出现自己难以控制的局面。当前人们对 TCL 国际化战略的关注度很高，国际化出师不利往往有多方面原因，对自身国际化运作能力过高估计而准备不充分是 TCL 当前被动的重要原因。

（二）机会导向型

机会导向型决策思路即先看外部机会，再组织资源抓住机会，其成功的基础依赖于对机会的准确判断。网络经济开始之初，网络风险投资十分火热，其成为机会至上型决策最流行的行业，在众多失败者中诞生了少数成功精英，机会导向型思路让一批平凡人变得不平凡。机会导向型的弊端常是缺乏资源情况下决策，有时往往能输起第一次，却输不起第二次。机会导向型有的企业是什么机会都想抓，结果往往是什么都抓得不牢或甚至没抓住。有时对机会看不准又怕错失，结果企业资源过于分散，难以形成强势主业，各竞争领域均为配角。看来机会至上型要把握好度，不能无视机会，也不能什么行业都浅尝辙止。

（三）折叠攀比跟风型

攀比跟风型决策思路在中国企业中大量存在，当前在国有企业和民营企业中都大量存在。同行其他企业搞起多元化上了什么产品赚了钱，自己不根据新时期情况做认真分析，就投机式跟风进入，结果往往事与愿违。如前几年家电企业掀起的造车运动，一些民营企业的炼钢冲动，结果许多企业为此项决策付出惨痛代价。

一些企业经营行为过去受外界或同行的影响，如别的企业都搞起国际化、搞起多元化，自己不跟流行趋势就怕被视为落伍，结果不根据自身实际也选择了国际化、多元化。结果别人能做成的事自己并没能力做成功，弄得企业陷入国际化或多元化的被动。

攀比跟风型失败的关键还是自己不善于分析把握机会。如果能真正洞察到机会，比别人慢半拍也是种大智慧，别的企业可能是烈士，自己企业成为英雄。如对一些新兴技术机会的分析把握上，如 VCD 的万燕被称为先驱，而其他跟进者成为后起之秀。

（四）折叠被逼无奈型

被逼无奈型往往由多种原因造成。有些企业不关心外部变化，只知低头拉车不知抬头看路，结果当行业衰败时企业才被逼想出路。有时被逼无奈是企业受种种情况限制难以做出壮士断腕的决策，比如退出成本过高等，企业只好选择熬下去等转机。有时对外部机会谁都说不清，企业只好押宝随命了，没押对只好无奈转型紧追了。如在彩电行业转型初期，传统显像管彩电企业在改革转型时各家企业对发展方向都没有明确的目标。虽然都知道平板彩电是趋势，但究竟要多久才是主角，企业一时都难以说清。因此企业对技术转型的策略各不相同。知名彩电企业长虹认为此过渡期要用约十年左右时间，结果在资源分配上重背投而轻平板，结果平板电视三年后就快速成长，背投产品一时辉煌却迅速衰落，企业被迫调整方向将资源重点转向平板彩电。与之对比，海信电视较早认定了平板电视的前景，虽曾尝试背投又因某原因较早放弃背投，投全力于平板彩电，结果平板行业机会如期而至，海信成为彩电升级中的大赢家。

总而言之，在战略决策中常见的四种典型思路，资源导向型和机会导向型均各有利弊，企业要结合自身灵活应用。攀比跟风型与被逼无奈型均是企业应予以反思改进的。随着海量数据的出现，从中分析出与决策有关的数据，就可以有效的实施战略决策，对企业发展起到了推动作用。

# 第二节 管理会计与战略决策

战略决策与管理会计的结合到目前为止仍没有一个严格的定义，有学者提出战略管理会计的概念，但又没有形成真正的一套体系，这说明战略管理会计作为一门学科仍处于初级发展阶段。从会计学者的角度出发，战略决策会计实际是战略决策管理与管理会计的结合，或者说是管理会计内涵的延伸：由独立人士对各层次的战略管理活动以及战略管理的全过程所进行的分析、评价与监督。

## 一、管理会计与企业战略决策的关系

通过对企业战略决策情况进行分析发现，目前的财务管理对企业的战略决策具有重要的作用和影响。企业的高层管理人员，在进行企业战略决策前，必须要进行财务管理信息的收集和分析，实现财务管理方面数据的全面研究，以此为基础，进行后续的企业战略决策。任何企业的发展和建设，都需要做好财务管理，提升资金的使用效率，减少资金的损失，确保获得充分的利润。企业只有不断提升财务管理水平，才能够充分发挥出财务管理在企业战略决策中的作用，不断提升企业战略决策水平，实现企业未来发展方向的合理把控。

## 二、管理会计在战略决策中的作用

（一）提供高效的营运分析，降低企业运营风险

企业的发展离不开资金的使用，但是企业在进行资金使用的时候，很容易出现资金链的问题，再加上运行中各种因素的影响，一旦受到运营风险的影响，很有可能导致企业自身的发展出现明显的变化。因此必须要注重财务管理的水平，实现高效运行分析，提升对各方面风险因素的控制，实现企业发展的合理规划，综合运用财务管理，为企业的发展，奠定良好的财务基础。

（二）制定战略目标

财务管理的水平，对于企业战略决策有十分重要的作用。企业的发展和建设，都需要以市场为基准，结合企业近期发展模式，提升战略目标制定的针对性。在进行战略目标制定的时候，需要首先制定公司的整体战略目标，其次制定竞争战

略目标，最后制定职能战略目标。通过三个目标的制定，逐步提升财务管理水平，实现财务管理的信息化处理，结合可信性要求，更好地提升企业的未来发展空间。

（三）完善企业财务工作流程

企业财务工作的开展，需要以完善的工作流程为指导，通过财务工作流程的应用，可以实现整个企业财务管理工作的顺利开展。计算机信息技术的应用，是提升企业财务管理水平的重要保障，通过引进先进的计算机软件系统，可以逐步减轻财务管理人员的工作压力，提升工作效率，实现财务信息的快速收集和调取，逐步发挥出财务管理信息对企业战略决策的支持作用。传统的纸质化财务管理模式，已经无法适应现代财务管理的要求，必须要逐步优化企业财务工作流程，实现整体性工作流程的合理应用，提升财务管理力度，为企业的战略决策，提供充足的财务保障。

企业的发展，需要以正确的战略决策为根本，通过财务管理的合理控制，为企业的发展，提供良好的财务信息保障。作为企业的管理人员，必须要重视财务管理。进行企业战略决策的时候，要以企业的未来发展为目标，结合企业财务管理信息，实现企业内部的不断改革，逐步引导企业进行正确的发展。我国目前各个企业之间的竞争是比较激烈的，企业想要不断发展，必须要充分应用财务管理信息，实现财务风险的及时规避，确保企业战略决策的正确性。

## 三、管理会计对企业战略决策的影响

对于企业的战略决策大致包含以下内容：竞争环境分析及制定战略管理目标、投资决策、存货控制、战略成本管理等，而管理会计在这些决策方面往往会发挥出以下的特点来影响企业的战略决策：

1. 突破单一会计主体限制，注重企业外部环境和竞争对手

财务会计仅仅是一种内向型的会计，对企业的外部环境有所忽视，其实也基本上不涉及企业的竞争对手和顾客群，在竞争日益激烈的今天，知识信息失去了战略相关性。而管理会计强调分析企业的外部环境，密切关注整个市场和竞争对手的动向，以便时刻调整企业的战略。管理会计必须站在战略的高度引入系统观点，既重视系统内部各种资源和条件的限制，又充分考虑系统外部各种环境因素的影响，强调企业发展与市场环境变化相一致，以求的产业价值链的最优效益。管理会计正是以外部情况为核算重点，重视市场，从战略高度审视企业外部环境，提供了超越企业自身的更为广泛、更为有用的信息。例如提供给企业战略决策产

品市场需求量、产品价格、社会购买力、宏观经济的发展趋势、目前的宏观经济形势等信息，由内向型向外向型发展，增强企业对环境的适应性。

2. 注重会计信息的相关性和及时性，提供更多与企业经营战略密切相关的财务信息

战略决策克服了传统管理会计的缺点，大量提供诸如质量、需求量、市场占有份额等非财务信息，这为企业洞察先机、改善经营和竞争能力、保持和发展长期的竞争优势创造有利条件。这样既能适应企业战略管理和决策的需要，也改变了传统会计比较单一的计量手段模式，因此，有人提出"战略管理会计已不是会计"的观点。

3. 强调企业业绩综合评价

从战略角度看，企业竞争能力受到外部环境、内部条件和竞争态势的强烈影响。竞争使企业经营的不稳定因素越来越多，市场增长、顾客需求、产品生命周期、技术更新等的变化速度大大提高，如何以最直接、最简便的方式满足顾客需求，如何构造企业组织体系以便能够对环境变化作出灵敏反应，如何在激烈竞争中获得优势是管理当局必须认真考虑的问题。面对这些问题，传统的业绩财务计量方法受到挑战，需要在业绩的财务计量基础上，对业绩进行综合评价，以便从更高层次上对企业的业绩进行更为全面的评价。业绩的综合评价包括业绩的财务计量和非财务计量两个方面。"业绩的财务计量在传统上占主导地位"。面对这些问题，传统的业绩财务计量方法受到挑战，需要在业绩的财务计量基础上，对业绩进行综合评价，以便从更高层次上对企业的业绩进行更为全面的评价。业绩的综合评价包括业绩的财务计量和非财务计量两个方面。"业绩的财务计量在传统上占主导地位"。

可以说，企业战略决策所需要的信息拓展了管理会计的应用范围，使企业的经营星系必须适应了战略管理的需要，要注重企业的长远目标及整体利益的最大化，对多样化的信息从多方位、多角度进行综合分析和研究。

## 四、管理会计与战略管理的融合发展

### （一）管理会计中体现战略决策的思想

随着经济的飞速发展，我国会计行业已经迎来了全新的发展时代。主要原因在于，传统的会计工作已经完全被计算机所取代，会计行业实现了信息化的改变，这让会计工作变得更加智慧化、数据化，更强调人的决策作用。因此，我国的会

计行业中，管理会计作为变革的分支开始蓬勃发展。其不同于财务会计，管理会计的工作更加倾向于控制，并且带有一定的战略辅助性质。而随着对管理会计内涵的不断深入研究，又出现了更高价的表现形式——战略管理会计。相对于管理会计而言，战略管理会计更加倾向于战略辅助作用，虽然同样要分析企业的财务状况，但一般还结合具体的经济业务，通过业财融合报告的分析，帮助企业领导更好地分析企业当前的财务情况，确保企业的财务工作效果进一步提升，同时，也提升战略的准确性。可以说，会计经营活动所形成的各项会计数据是企业战略决策的重要支撑资料。通过管理会计与战略决策相结合，能够更好地实现企业价值最大化的发展目标。

（二）战略决策是各层次的战略管理活动和战略管理的全过程

战略一般划分为三个层次；公司层次战略、事业部层次战略和职能部门层次战略。管理会计在企业经营过程中更多的扮演着企业经营决策的角色，而企业战略是覆盖各层次的战略管理活动，特别是公司整体层次的战略管理。因此，战略管理在实施时就会从确定公司使命和目标、明确战略意图、分析公司内外环境以确定公司面临的机会与威胁以及公司相对于这些机会和威胁的优势与劣势、制订并选择战略计划、实施战略计划与评估战略效果等方面来为公司服务。而管理会计实际上与战略决策管理过程的每个环节都有联系，对于战略选择的合理性评价和对于战略实施的有效性评价是管理会计发挥决策作用的主要方面，因此，战略决策和管理会计都参与到企业管理的全过程，对企业都至关重要。

（三）战略决策会计的职能是分析、评价与监督

通过战略决策与管理会计的结合，学者们将派生出新的分支命名为战略决策会计。通过会计信息与战略管理相结合，得出公司战略选择合理性和战略实施有效性的评价结果，并监督有关的责任人认真履行与战略管理有关的受托责任。特别是将分析也列入战略决策会计的职能是因为战略分析对于战略决策会计有着特殊的重要性，它是战略决策会计的核心环节，准确地进行战略分析是进行战略评价和战略监督的前提。

## 五、管理会计在企业经营决策中常见的问题

1.财务人员业务水平与工作责任心存在局限性

国家已于 2017 年 11 月 5 日起取消会计从业证，财务就业已无门槛，大量人员进入财务就业市场，导致一定时期内财务从业人员业务水平参差不齐，许多从

未从事过会计工作的，仅跟身边的会计学了几天便匆匆上岗，特别是三四线城市，人员素质良莠不齐，企业想招聘既有经验，又具有一定资质的专业技术人员十分困难。企业只能被迫降低任职资格，录用略懂财务的人员。会计是专业性很强的一门学科，如果对于编制会计分录、核算成本等日常工作都存在问题，又何谈财务分析。财务人员业务理念陈旧、工作态度不求上进，认为有份工作就可以，殊不知财务工作发展日新月异，特别是2019年以来新的财务政策不断出现令人应接不暇，将制造业等行业原有16%增值税税率降为13%，将交通运输、建筑、房地产等行业现行10%税率降为9%，保持6%一档税率不变。如果财务工作只是一直使用过去的知识，不梳理公司发展的现状，不能使公司有长远规划，这将会使公司遭受无法计量的潜在损失。财务人员综合素质欠缺，违背了会计信息质量的第一要求可靠性，对于第一手资料没有严格把关。例如现实中，业务部门报销差旅费，应当核实单据的合理性，招待费是否超标准，出租车费报销的时间是否吻合，对于同产品同型号采购部门采购产品是否跟市价相差悬殊，报销时财务部门是否逐一核对等，只有从日常报销管理中控制好，才有利于进一步的财务分析。

2. 企业管理层轻财务重业务

目前，许许多多的小型公司老板出身于业务领域，因此，老板日常的重心常常放在业务部门，始终以为只有业务部门管理好，公司才有利可图，却忽视财务，对于财务人员辛辛苦苦加班加点做出的财务分析报表，经营管理者只是不屑一顾地搁置一旁，财务人员哪来的动力继续提高改进。久而久之，财务人员便失去了信心，对于财务分析只是敷衍行事。公司每年加薪加酬，每次都是业务部门优先，财务部门薪水上涨非常有限，有时甚至是擦肩而过。老板总以为，业务部门经常出差，汗流浃背的十分辛苦，公司的销售业绩也是业务部门的功劳，而财务部人员每天待在办公室，风吹不到，雨淋不到，只是每天对着计算机跟数据打交道，又不能给公司创造任何价值。

3. 财务分析数据成为纸上谈兵

每月财务部门组织各部门召开财务分析会议，对于标注的超过预警值数据，各部门并没有深入查找原因，解决问题，每月老问题反反复复出现，财务分析已失去意义。公司缺乏执行力，财务部势力单薄，财务分析成了摆设，没有全员剖析问题，提出共同解决问题的方案，每天各部门只是喊着空口号，没有付出任何实际行动。

4. 财务未建立科学合理的财务分析体系

财务人员业务水平有限，未建立科学的财务分析体系，财务部门仅制定了日常报销制度，财务分析方法过于简单，只是运用了比较分析法，未对各项指标进行详细的分析，未深入研究指标之间的钩稽关系，无法满足公司的发展需求，不能反映公司的经营风险。

## 六、管理会计在企业经营决策的改进方向

1. 提高财务人员专业水平和素质

首先公司制定相关的薪酬体系，同时对于取得一定成绩的财务人员给予奖励；其次公司应定期组织财务人员培训，学习业务知识，增强业务能力，实行末尾淘汰制。财务人员应居安思危，通过不断地学习，提高自身职业素养，每周制订学习计划，紧跟时代发展的步伐。财务部门是个小家庭，要时刻营造和谐环境，对于专业水平薄弱的财会人员给予多帮扶。同时财务部岗位最好定期轮岗，让每个财务人员都知道公司的业务流程，接触不同的岗位更能激发财务人员的学习兴趣，从而发现公司管理中存在的问题。

2. 增强公司管理层财务意识

公司老板应高度重视财务分析，不难发现，很多大型公司乃至上市公司都非常重视财务报表的分析，因为公司所有发生的经营业务的状况都体现在报表上，如果老板忽视报表分析，仍以自己心目中的数据为尺度，那公司发展将不会长远。例如管理者与销售员见客户接单，产品的报价，以为只发生了人工费、材料费，往往会漏掉发生的水电费、机器设备的折旧费、房租费等间接费用。实际一个订单接下来，只是保本经营，因此老板应该有财务意识，重视分析的每条批注。只有老板充分重视报表分析，公司的各部门的管理层们才能真正融入企业管理，全员分析问题，从而解决问题。

3. 财务分析数据充分与绩效考核挂钩

财务分析犹如公司的体检表，所有的经营情况都一目了然地反映在报表分析中。现代企业管理制度中，有一项重要的内容就是绩效考核。企业的发展是动态的，财务分析可以衡量绩效的完成情况，但许多公司经常更换管理者，所以造成有的管理者为了突出自己的业绩，做出短期利益行为，而违背了公司长远的战略意义的规划，造成了拔苗助长的行为。所以对于管理者的考核，除了利用财务报

表分析当期经营状况，还应当特别重点分析管理者对于企业的成长能力的贡献，从而全面地对管理者进行行业绩考核和奖惩。再高效的财务分析也只能揭示企业经营状况，不能直接进行改善，只有管理者根据发生的问题，总结分析制定改善措施，并立即执行，企业价值才能更好地体现，公司发展道路才能更长远。

4.完善可操作性的财务分析体系

财务分析主要通过会计报表数据加工、处理而来，会计报表数据的取得来源于各部门的上报。因此，提高会计信息质量需把握可靠性、相关性、可比性、重要性、及时性这几个主要原则，对于第一手资料有疑惑应深入调查核实清楚，杜绝非可靠性单据流入财务，同时财务岗位设置应相互制约，并设立专门的财务报表分析岗位。核算成本岗位应深入车间，了解公司生产流程与工艺，要求各部门上交单据准时，采购部、生产部销售部录入 ERP 系统及时，这样才能更好地动态反映企业的运营状况。使用科学的财务分析方法，目前大多数财会运用单项分析法——比较分析法，单一方法不能充分体现分析的合理性，需结合因素分析法、比率分析法，几种方法的有效结合，更能准备分析公司经营状况。财务分析数据最好不要使用全文字的描述，这样很难直观地反映问题点，好的财务分析应是文字加图表方式展现，财务人员应熟练操作运用 Excel、Word、PowerPoint 等办公软件与 ERP 系统。

综上所述，体现了财务分析具有非常重要的意义。对于企业管理，可以内外兼顾，既能够让企业明了外部市场迅捷变化，让企业拥有良好的经营触觉，也能够让企业修好自身的内功，让企业拥有健康的内部管理机制。

# 第三节　大数据对企业战略决策的影响

我国的经济正在经历市场化改革的过程，而世界经济的全球化以及国际市场的不断变化，使得市场的实际需求也存在较大的不确定性，而市场上产品的实际寿命周期也在不断的缩减，企业之间的竞争越发激烈。在这种复杂多变的管理环境下，企业的高级管理者需要快速地制定出正确的战略决策，这样才能让企业不断地适应当前非常复杂的商业环境。在企业的战略管理过程中战略决策是非常重要的一个环节，它能够对企业的实际经营成败形成重要的影响，是决定企业生产和长久发展的重要内容。企业在发展的过程中，面临不确定的环境时如果能快速的做出正确的战略决策，就能保证企业在市场激烈的竞争环境下取得优势。但是如果决策者仅仅凭借自己的经验、判断能力、偏好等来做出企业的战略决策是不够科学准确的，因此，在企业的战略决策过程中要充分的利用企业的收集的外部资源。只有准确的数据才能为管理者的决策打下科学的基础，才能让决策者做出的战略决策具有一定的客观性。

## 一、大数据时代下管理决策参与者角色发生转变

### 1. 为经营决策者提供指导方向

决策参与者和与之相关的决策者在当前社会发展的大数据时代，它仍然是整个企业整体规划者和决策者未来发展的方向。大数据时代创造的思想，有传统的企业管理者进行日常或重大决策方案时，应用专业知识和经验依赖现象的理论给出相应的颠覆。以前基于直觉判断的技术存在，开始过度客观，准确的数据分析。大数据在一定程度上，也对企业内外部环境需要解决具体问题的反应，另外，也反映了问题形成的具体原因，从而使数据对应，保证了整体性和客观性，提示企业管理决策者可以使用数据资源，反映问题得到解决。对企业基层员工或管理者来说，大数据可以帮助他们执行决策所需的所有信息，提供方便，大幅提高企业的决策水平。当今社会企业高速发展，很多公司都推出多元化产品。那么管理者如何实现企业价值最大化？通过大数据技术形成的财务分析数据能够很好地反映公司经营状况，经营决策者可以通过财务分析并结合国家政策、市场行情、企业生产经营状况来合理抉择对公司最有利的生产经营方针。

### 2. 有利于经营者改善经营管理

企业每天资金运动都体现在财务报表中，通过大数据技术实施监控，利用会计信息系统中的财务报表经过加工、整理、剖析形成财务分析，能够帮助经营者通过财务分析找出企业运营过程中的薄弱点，采取对应措施，从而实现企业战略目标。同时，通过大量可视化的会计信息，能够帮助企业更好地制定公司战略决策，从而促进企业的健康持续发展。

### 3. 有助于考核企业经营者绩效

一家企业效益的好坏，从某种程度上来说，是和企业的经营者息息相关的。所谓企业的经营者，不仅是企业的所有者，即我们通常所说的老板，而是指公司的整体经营团队。如何衡量企业经营者在企业经营活动中所创造出的价值，靠的是绩效考核方式。目前通行的绩效考核方式多种多样，有 KPI、OKR 等。虽然考

核方式繁多，但是它们都需要各种考核数据进行评估和衡量。这些考核数据一个重要的途径就是财务分析得出的数据。根据绩效考核的时间设定，月度、季度、年度指标，财务通过分析该时间段内的相关数据，如总资产周转率、存货周转率、净资产收益率等，根据绩效考核方针提供数据，让企业经营者一目了然地知道企业各部门各岗位的绩效情况，从而根据企业的战略发展目标来作出相关的调整，并制定下一步经营方向。这样既可以在企业经营良好的情况下，指导企业强化良性管理，又可以在企业经营遇到困境的时候，及时地发现企业管理方面出现的问题。支撑绩效考核，改善企业管理，正是财务分析所提供的支持。如果没有财务分析，就算有其他信息帮助分析，有可能数据不够准确，模模糊糊，不能够得出准确的结论，无法对企业管理考核提供帮助，绩效考核形同虚设，这就别说能帮助企业管理，甚至有可能让企业管理变成一盘散沙。

## 二、大数据带来管理决策体系的改变

### 1. 决策内涵的变化

公司战略决策通常分为两部分，也就是决策和决策过程。传统企业决策往往是基于企业内部信息系统数据和员工填写日报表数据，数据不全面，这些数据使企业管理决策会有片面性，往往只能反映企业运营管理和财务管理。移动互联网的发展在很大程度上加快了大数据的发展，在移动互联网的基础上，企业可以轻松收集和记录其他企业的各种动态信息，如价格浮动信息，市场绩效评价信息，和消费者以这些具体信息为决策依据，可靠性强，可以使企业更灵活地应对市场变化。利用大数据收集信息，企业可以更清晰地了解自身的发展方向和市场需求，了解市场风险，并做到避免风险，及时提高企业核心竞争力。

### 2. 企业战略决策的意识

优胜劣汰是市场竞争的基本法则，企业要求生存和发展，不仅要有科学精细的日常管理，更需要高瞻远瞩的战略眼光和战略思想。加强战略管理已经成为当前管理界的趋势和潮流。将战略理念与管理会计活动的融合尝试和创新中，大数据起到了积极的作用。大数据技术不光可以对筹资、投资、分配等财务管理内容提供战略性参考，更可以帮助企业决策者从战略的视角对企业经营活动进行重新审视和界定，从战略的本质挖掘企业战略管理的内涵，跳出固有管理思维模式，顺应战略管理的发展动态。利用数据可视化平台，为战略决策者搭建符合战略管理规律的战略管理框架。因此，提升企业竞争力为导向的战略管理已经成为一种大趋势。

3. 会计人员岗位职责的转变

随着数据分析参与到企业战略决策当中，要求不断完善现有的会计体系设置，针对现有的会计部门，已经明确设立了管理会计方面的相关岗位职责，同时设立和完善管理会计体系制度，结合现有的财会人员状况，构建规范的培训机构，不断加强对这些财会人员的培训工作，不仅要重点培训管理会计的专业知识，更要在其中加强综合素质的培养，尤其是确保会计人员在进行管理会计的相关分析工作中的能力培养，同时对相关数据的真实性与可靠性做出约束，促进提升会计人员为经营决策提供指导性作用的客观性与科学性。企业的壮大需要好的战略决策，会计人员在企业中的经营作用至关重要，只有科学地定义从业人员在企业战略决策活动中要掌握的具体职业能力，才能够构建一个完整的岗位职业能力体系，才能为战略管理提供优质服务。"明者因时而变，智者随事而制"，经济新常态对大数据技术、管理会计工作的发展与改革都提出了新的要求，"周虽旧邦，其命维新"，在新的起点，会计人一定会与时俱进、与时偕行，用新思维、新举措为参与企业"转型与改革"的航船插上双桨，助力企业高质量发展发展。

4. 提高了对管理人员的专业要求

企业应当不断去学习西方先进企业的战略管理理论知识，同时要考虑到我国市场经济的特殊性，结合我国基本国情进行学习，通过相互讨论与反复斟酌之下，来形成企业独有的战略决策体系。在这之中不仅对管理人员必须不断提高自身专业能力，还需要企业与各大经济管理高效科研机构的专家与人才共同合作、共同研究，不断促进企业战略决策管理体系的完善。尤其是对于一些较为复杂的数理模型或统筹模型的认识上，必须要结合辩证精神去看待模型的作用，这些模型尽管十分复杂、甚至晦涩难懂，但是可以使企业的战略指导有着更具可靠性与客观性的结果，因此，加强管理人员对这些模型的研究与认识，显然是构建管理人员所应克服的重点难题，但是由于我国经济领域对这些模型的研究尚浅，企业在联合各大科研机构进行研究之际也无须过于依赖该模型带来的数据结果，毕竟其作用效果仍需要大量的时间与理论实践来进行验证，这就需要大量的数据和实验来佐证企业战略决策管理体系的发展。

## 三、大数据思维下的管理决策的方式改变

大数据生产了一系列的知识，也带来了思考方式的根本性转变，重构了我们

应该如何使用信息的关键问题。尽管基于大数据的决策和基于传统数据的决策在表面上区别并不明显（都是由数据处理系统和决策系统两个部分组成），但两种情况下的决策在细节处理上具有本质的区别，两种数据情境下，决策模式的对比关系如图6-1所示。

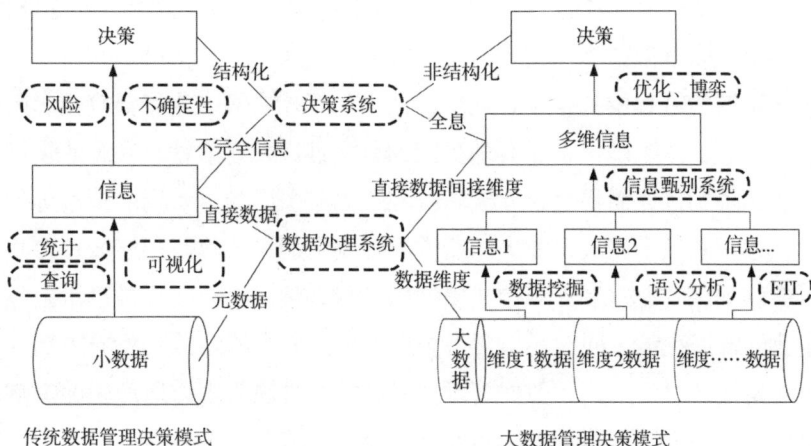

**图6-1 大数据下企业决策模式**

首先，在数据处理方面，基于传统数据的决策收集和处理的是与决策直接相关的数据，数据的结构化程度较高，可用多种方法或技术来对数据进行分析和处理，从数据中直接提取信息；其次，在数据的利用方式上，传统的"小数据"利用的是数据本身所蕴含的信息，而大数据更注重友据和利用数据间的关系。由于传统数据决策模式下，数据的质量直接影响信息的质量，传统数据处理系统对单个数据（元数据）准确性的要求较高。而大数据模式下，单个数据的错误可以通过大数据分机方法和维度间的关系进行修正，因而大数据情境下的数据处理系统更关注如何进行数据间关系的发掘，并利用不同维度间数据的关系进行数据修正。所以说，大数据时代数据本身并不是大数据所关注的重点，而是更加关注数据间的关系。再次，在决策系统结构方面，受认识局限性的影响，传统决策系统注重不确定性和风险的管理，所建立的决质策模型大多是结构化的，而在大数据管理情境下，从理论上可以通过多维信息，给出管理问题的全息结构决策的重心将转向优化和博弈，决策问题也将由传统的结构化决策转变为非结构化决策。

## 四、管理决策数据的呈现方式的变化

首先，根据数据内容的多样性特点，大数据建立完整的解决方案，数据筛选，提取和整合形成一个完整的系统，从而保证数据处理的质量和可靠性。然后，根据数据的需求来确定不同层次的内容重要，积极发挥核心内容的实时处理机制。最后，仍然需要关注数据之间的相关性的特点，提高数据挖掘的可靠性，发挥大数据的具体价值。另外，还结合知识内容的管理特点和数据管理以及知识管理有效整合，通过开发协调两者的关系，提高企业数据挖掘，企业发展模式更新过程，提高企业的综合竞争力。

在企业运转的过程中，企业管理层所做出的管理决策工作将会直接影响到企业的进一步发展，为了确保企业管理决策的科学性以及有效性，在企业发展的过程中，企业管理层首先需要对企业运转过程中的相关资料，市场的资料等展开收集整理，在这一基础上完成企业进一步发展计划的制订工作，多层面、多角度的资料分析能够确保企业发展计划的正确性以及科学性。企业的管理决策措施不仅包含了企业的发展决策，同时还包含了企业发展过程中战略性决策的实施方式。

在企业发展的过程中，大数据管理对于企业管理决策工作所产生的影响是多方面全方位的，在大数据背景下，企业想要得到更进一步的发展，在企业运转的过程中，企业管理层就需要对企业的管理技术，企业的经营模式，企业的管理方式，企业在管理决策的过程中数据的获取方式，管理决策的方式将会因此发生显著的改善，为了得到更进一步的发展，企业管理层必须不断改善自身的管理理念，不断更新企业的管理决策理念以及管理决策方式，通过这一方式提高企业的市场竞争力，让企业得到更好的发展。

总而言之，对于企业来说，大数据对其仍处于起步阶段的影响。因此，当前企业必须对现有的传统观念进行转型，数据具有良好的发现和挖掘的重要价值，并且有效利用决策支持系统，为企业决策提供数据支持，帮助企业实现在激烈的市场竞争中获得足够的竞争力。

# 第七章　预算管理的变化

大数据时代的来临，使人们重新认识了数据。今天所说的数据，已不再是传统的数据，而是包含着大量的、复杂多样的、快速变动的数据。在物联网、人工智能、移动5G等新兴技术的交汇下，企业所面对的数据量将远远超出人们的想象。预算，正是计划工作的成果。它既是决策的具体依据，又是控制生产经营活动的依据。预算不仅是控制支出的工具，更是企业利用现有资源进行企业增值的一种方法。是各部门工作奋斗的目标，也是各部门协调的依据，更是生产执行过程中的控制标准和最后评价的考核依据。因此，企业经营管理中预算管理发挥着重大作用。

## 第一节　预算管理概述

### 一、预算管理的含义

预算管理是指企业在战略目标的指导下，对未来的经营活动和相应财务结果进行充分、全面的预测和筹划，并通过对执行过程的监控，将实际完成情况与预算目标不断对照和分析，从而及时指导经营活动的改善和调整，以帮助管理者更加有效地管理企业和最大程度地实现战略目标。在大数据时代，利用各种算法和数据分析技术，能够有效地模拟企业经营过程，从而从容地对企业经营过程进行预算，从经费等方面进行控制。

### 二、预算管理的目的

预算，是由单位根据本身的手段和技术素质确定的方案，是考核经济效果的重要依据。其作用主要是加强计划管理和限额管理。达到强化基础工作，控制投入，增强经济效益的目的。预算管理是传统的、科学的、行之有效的管理办法，应当得到足够的重视。预算是企业整体运营规划的一个整体方案，预算往往要责任到各部门各车间各相关负责人。做预算，要参考上年度费用标准，再根据本年度需要完成的指标，预算各种成本费用。如果每个部门都认真负责地做出有利且可能完成的预算，并能够保证预算的数据和实际全年发生的数据没有太大偏差，那么这个部门就是用心尽责的。如果闭着眼睛随便手一挥就把预算数字核定，那么这个预算要来有何意义？所以，如果预算数据压根是凭空猜想出来的，那么还不如不做预算。要了解预算的意义，是为了比对真实发生的经营状况是否在原来设定的可控范围之内。企业只有加强预算管理，优化资源配置，实现预算管理的规范化、程序化和制度化，才能提高公司经营管理水平，促进公司实现经营管理目标。

（1）制订计划，预算有助于管理者通过计划具体的行为来确定可行的目标，同时能使管理者考虑各种可能的情形。

（2）促进合作与交流，总预算能协调组织的活动，使得管理者全盘考虑整个价值链之间的相互联系，预算是一个有效的沟通手段，能触及企业的各个角落。

（3）有助于业绩评价，通过预算管理各项目标的预测、组织实施，能促进企业各项目标的实现，保证企业各项目标的不断提高和优化，是体现企业业绩的一种好的管理模式。

（4）激励员工，预算的过程会促进管理者及全体员工面向未来，促进发展，有助于增强预见性，避免盲目行为，激励员工完成企业的目标。

预算管理渗透于预算工作的全过程，其任务和要求是：在预算编制阶段，应合理规划国家预算资金运行，实现内外双对应。

## 三、预算管理的基本原则

预算管理的原则包括责任制原则、例外管理原则、有效性原则、经济效益原则。

（1）责任制原则。指对负责的工作范围可控制事项负责。如我们把各责任区域的成本划分为可控成本和不可控成本，各责任区域对本区域发生的可控制成本负责。

（2）例外管理原则。是要把注意力集中在超乎常情的情况，因为实际发生的情况往往与预算有出入。如发生的差异不大，一般不逐一查明其原因，只把注意力集中在非正常的例外事项。如某一段时间我们发现生产用刀具等用品特别节约，经过核查，是外方管理专家的非程序性采购造成记录的时间差和因非程序性采购造成的工作混乱、数量差错。这是一种不合情理的节约。于是公司重新修正公布了新的采购控制程序，并随时检查该程序的有效性。

（3）有效性原则。是指预算编制不要过于烦琐，预算控制程序要有可操作性，避免预算管理失效。

（4）经济效益原则。是为控制所费与所得效益相比，后者应大于前者。

## 四、预算管理的重要性

常言道"凡事预则立，不预则废"，高度概括了预算管理的重要性。以预算管理为中心的宏观管理信息系统和管理手段是核算、反应和监督预算以及收支情况的主要方法。随着大数据的不断发展，预算管理发挥着越来越重要的作用。全面预算管理已经成为现代化企业不可或缺的重要管理模式。它通过业务、资金、信息、人才的整合，明确适度的分权授权、战略驱动的业绩评价等，来实现企业的资源合理配置并真实地反映出企业的实际需要，进而对作业协同、战略贯彻、经营现状与价值增长等方面的最终决策提供支持。就像美国著名管理学家戴维·奥利所指出的那样：全面预算管理是为数不多的几个能把组织的所有关键问题融合于一个体系之中的管理控制方法之一。

（1）预算管理是战略执行的保障。预算管理与战略规划和经营计划紧密相关，它帮助校验战略计划的可行性，通过发挥资源配置功能，合理引导资源使用，提升企业经营效率，为企业的战略目标实现提供保障。

（2）预算管理还是风险控制的重要组成部分。预算管理利用大数据技术通过建立全方位、全流程的过程监控指标体系，实现对财务资源使用过程的及时监控，确保财务资源的使用安全，它是企业内控体系的重要组成部分。

（3）预算管理也是企业持续创新发展的激励手段。预算管理通过建立客观明晰的成果指标，利用平衡计分卡为财务资源使用结果及后续再投入提供客观的业绩评估手段和考核依据，充分引导和激发企业的创新动力，"堵邪路"、"开正道"，进而促进企业资源的良性循环。

## 五、预算管理的特点

（1）全员参与，是指预算过程的全员参与和行动，包括两层含义：一层含义是指"预算目标"的层层分解，使人人肩上有指标，让每一个参与者学会算账，建立"先算后干"的成本效益意识。另一层含义是指企业资源在企业各部门之间的一个协调和科学配置的过程。通过企业各部门对预算制定过程的参与，把各部门的作业计划的企业资源通过透明的程序进行配比，从而可以分清"轻重缓急"，达到资源的有效配置和利用。使用计算机网络，使管理流程能够实时互动。总而言之，预算管理过程涉及企业的各个部门及所有员工，那种将预算管理视为部门管理的想法是错误的。

（2）全额，是指预算金额的总体性，不仅包括财务预算，更重要的是包括业务预算、作业预算、资本预算的现金流预算。

（3）全程，是指预算管理的全程化，预算管理不能仅停留在预算指标的设定、预算的编制与下达上，更重要的是通过预算的执行与监控、预算的分析的调整、预算的考核的评价，真正发挥预算管理对经营活动的指导作用。

（4）全面，全面是集企业生产经营预算、作业基础预算、成本费用预算、资本投资预算、现金流预算、目标利润预算及战略预算于一体的综合预算体系，预算内容涉及财务非财务、货币非货币。从而能将企业资源加以整合与优化，通过内部化来节约交易成本，达到资源利用效率最大化。

（5）预算不等于预测。预测是基础，预算是根据预测结果提出的对策性方案。可以说，预算是针对预测结果采用的一种预先的风险补救及防御系统。预测是预算的前提，没有预测就没有预算。

（6）管理协调，其根本点就在于通过预算来代替管理，使预算成为一种自动的管理机制，而不是单纯的管理手段。作为一种管理机制，预算管理一方面与市场机制相对接，以市场为起点。另一方面，与企业内部管理组织和运行机制相对接：①各组织权、责、利对等原则；②各组织决策权、执行权、监督权三权分立原则，以保证权力的制衡。预算管理绝不是数据的堆砌、表格的罗列，而是一种与公司治理结构相适应的一套管理系统。企业健全的预算制度是完善的法人治理结构的体现。

（7）预算管理是一种战略管理。企业预算管理的目标实际上就是企业的战略目标，通过预算管理作为一根"标杆"，使所有预算执行主体都知道自己的目标是什么、应如何去完成预算，预算完成与否如何与自身利益挂钩，使企业的战略意图得以具体贯彻，长期与短期计划得以沟通与衔接。

## 六、预算管理的优点

预算是行为计划的量化，这种量化有助于管理者协调、贯彻计划，是一种重要的管理工具。预算具有以下优点：

### 1. 激励员工

正是由于预算管理具备以上优势，它才能在大企业中得以广泛应用，并取得好的效果。企业预算管理是在企业战略目标的指引下，通过预算编制、执行、控制、考评与激励等一系列活动，全面提高企业管理水平和经营效率，实现企业价值最大化。

### 2. 预算管理是计划的数量化

预算管理预算不是简单的收支预计或仅把预算看作财务数字金额方面的反映，预算是一种资源分配，对计划投入产出内容、数量以及投入产出时间安排的详细说明。通过搜集与企业运行有关的数据并进行模型预测，进而完成预算的编制，使企业经理人明确经营目标，工作有方向。

### 3. 预算管理是一种预测

它是对未来一段时间内收支情况的预计，预算执行者可以根据预测到的可能存在的问题、环境变化的趋势，采取措施预做准备，控制偏差，保证计划目标的实现。

### 4. 预算管理是一种控制手段

预算以数量化的方式来表明管理工作标准，控制是以确定的管理工作标准对行动的度量和纠正偏差。所以预算管理是过程中的控制，即事前控制、事中控制、事后控制。事前控制是投资项目或生产经营的规划、预算的编制，详细地描述了为实现计划目标而要进行的工作标准。事中控制是一种协调、限制差异的行动，保证预期目标的实现。事后控制是鉴别偏差，纠正不利的影响。

### 5. 预算管理是一种协调

公司的总预算是由各分预算汇编而成的，从组织预算编制到预算执行，各相关部门必须协商沟通、相互配合，有利于管理层工作协商一致，导致出更好的计划和执行效果，这也是预算管理的基本目的。经董事会批准的预算，表述了计划期企业的业绩展望，所有经理人员和雇员一定要努力工作达到计划目标。预算是预算期之前编制并获得董事会批准的计划，通过实际执行结果与预算之差异分析，可以评价相关经理人员和雇员的工作表现。

### 6. 有利于完善企业基础管理

预算编制必须有各项相关的定额，如人员、物料消耗定额等。要求定额合理并随定额条件变化而修正。预算的编制与预算控制对信息要求面广量大，要求信息传递及时准确，促进信息管理发展。

7. 精益生产的手段

它是实时供产销的生产经营方式，预算及预算控制是资源的合理配置与调配，也是精益生产适行的管理手段。

8. 细化公司战略规划和年度经营计划

它是对公司整体经营活动一系列量化的计划安排，有利于战略规划与年度经营计划的监控执行。

9. 预算管理是考核工作效率、工作质量的标准

预算管理中预算是以数量化的方式来表明管理工作的标准，其本身具有可考核性，因而可以根据预算执行情况来评定工作成效，分析差异改进工作。

预算的编制到执行控制和业绩评价，完整地体现了管理上为实现预期目标而进行的协调活动。预算管理工作在整个企业管理工作中就像纲与网的关系。建立以预算为中心的管理体系是由于预算在企业管理中的地位和作用决定的。

10. 制订计划

预算有助于管理者通过计划具体的行为来确定可行的目标，同时能使管理者考虑各种可能的情形。

11. 促进合作与交流

总预算能协调组织的活动，使得管理者全盘考虑整个价值链之间的相互联系，预算是一个有效的沟通手段，能触及企业的各个角落。

12. 有助于业绩评价

通过预算管理各项目标的预测、组织实施，能促进企业各项目标的实现，保证企业各项目标的不断提高和优化，是体现企业业绩的一种好的管理模式。

## 七、预算管理的局限性

预算管理有其局限性，预算是预算期前编制并获得通过的，环境变化会影响预算的执行效果。虽然预算管理在企业管理中处于很重要的地位，但不能替代企业管理的全部职能。因此，就需要使用高质量的全面预算管理系统来管理企业。

虽然预算管理具有一定的缺点，但是它的优点是多于缺点的，也正是所谓的利总是大于弊的。预算管理所具有的优点是其他的管理方式所不能与之相媲美的，而且众多的领导者已经发现了预算管理的性能以及所有优势，随着大数据技

术的不断发展，预算的精确性会越来越高，因此预算管理被越来越多的企业所使用。它的应用范围将变得越来越广泛，同时企业也取得了很大的成就。

### 八、预算管理的主要模块

预算管理软件分为预算编制、预算控制、预算执行、绩效管理四个大的模块，满足本土企业预算管理需求的预算管理平台具备"易用、灵活、扩展"的特点，如表7-1所示。

预算编制：进行预算的编制工作，包括各类预算申报、审批、汇总、调整、最后发布等一系列工作。

预算执行：预算执行情况的跟踪、展示等。

预算分析：预算编制数据和预算执行数据的分析展示，包括固定表分析方式、多维分析方式、图形化展示等。

绩效考核：自动摘取关键指标，按照平衡积分卡的管理思想进行预算考核。

**表7-1　预算管理的主要模块**

| 模块 | 适用对象 | 说明 |
| --- | --- | --- |
| 预算编制 | 编报者（编制、审批、汇总） | 最终用户进行预算指标的下达、分解、上报、审批、汇总、发布；预算编制用户在此模块操作 |
| 预算控制（网上报销） | 申请者、审批者、财务管理者 | 针对预算控制事项，根据预算进行事前控制和预警，报销、付款、事项等申请用户、审批用户、财务人员在此模块操作 |
| 预算执行/分析 | 归口管理者、部门管理者、查询用户、高层领导、高级分析用户 | 执行报表查询、图形化分析展现；当EPETL将执行数据从业务系统提取过来后，系统在执行模块自动展现预算执行情况，在分析模块进行图形化展示、趋势分析、旋转、钻取等高级分析内容 |
| 绩效管理 | 绩效管理 | 根据既定的绩效方案提供动态的绩效评价结果 |

# 第二节　预算管理的分类与方法

## 一、分类及基本功能

公司内各职能部门是预算管理的基本单位，负责本部门责任范围的预算编制和执行。公司设预算管理委员会，负责预算管理及制度建设。财务部是日常工作机构，负责预算编制的组织及预算的汇编工作。预算批准的最高权力机构是董事会。制度建设是预算管理有效性的保证，其中通过授权明确责任，防止工作推诿或扯皮，这是预算控制有效性的关键一环。建立预算管理程序，包括预算编制程序和预算执行控制程序。预算编制要组织与协调各部门共同进行。预算控制是协调、纠偏过程，不仅涉及面广，而且有个时间过程，先后次序及处理各部门之间关系的规定。程控制度的制定旨在避免工作混乱，追求较高的工作效率。预算管理分为两类，投资预算管理与生产经营预算管理。

1. 投资预算管理

投资决策过程是投资预算的编制、不同预算方案优选的过程。投资预算是对固定资产的购置、改建、改造、更新，在可行性研究的基础上对何时进行投资、投资多少、资金来源、获得收益期限、投资回报率、每年的现金净流量、需要多少时间回收全部投资等，借助于计算机建立投资预算决策模型，把采集到的经济信息、投入产出转化为数量，优化组合成不同的预算方案，并进行方案的优选。

2. 生产经营预算管理

公司在某一时期为实现经营目标而编制的计划，描述了在该时期发生的各项基本活动的数量标准，包括销售预算、生产预算、直接材料采购预算、人力资源预算、间接成本预算（包括制造费用预算、行政管理费用预算、销售费用预算和财务费用预算）、经营损益预算、现金流量预算。通过建立预算模型，把销售预算等各分部的预算输入生产经营预算模型进行模拟，优化组合，选择最佳预算方案为执行方案。经营预算同样反映了公司的业务量、收入与支出一览表。向公司及各部门主管解释如何达到工作目标，预算项目和数量是否合理，明确各个部门每个工作责任者的工作标准。

通过预算编制，把各项目标具体化，必须进一步将各项预算指标分解落实到各责任部门或责任人。预算编制为实际行动提供控制的标准；控制的目的是为了实现预期的目标。为了进行有效的控制，主要注意对工作成效有关键意义的进行控制。如为实现预算利润目标，控制的关键点是销售收入、材料采购成本和数额较大的费用成本。控制对象并不是事物现状，而是事物的变化趋势。

## 二、当前预算管理存在的问题

预算管理也有其局限性，预算是预算期前编制并获得通过的，环境变化会影响预算的执行效果，虽然，预算管理在企业管理中处于很重要的地位，但不能替代企业管理的全部职能。

（1）编制足以反映现实的预算，避免预算过于烦琐。划定预算的控制责任，划清各责任人的实际业绩；注意防止各部门从本部门出发以预算目标取代企业目标；预算控制不是对现状本身的控制，而是对发展趋势的控制；做好预算执行过程中的业绩记录，以便分析比较；预算责任必须落实到人；预算控制是激励经理人员的依据，是他们对预防偏差、纠正偏差所采取的措施。

（2）预算制订中注意目标制定的不合理，或太高达不到，或太低没有激励性。各部门编制的计划比较零散，部门内部和部门之间的计划缺乏协调性，容易发生公司资源分配的冲突。

（3）预算编制缺乏依据，成本预算没有按照成本动因进行分解，单纯依靠历史数据和主观判断。预算确定的目标应与各负责人员的职责相匹配。

（4）企业不能根据自身条件选择适合的预算方法，盲目实施复杂的预算解决方案，无法确认编制预算所需的投入，预计投入人力和时间过于漫长。预算执行中进行事中监控，如果要做到监督跟踪，就必须要有相应的配套措施。另外，控制预算中一些费用分摊方法无法统一控制。

（5）没有预算作为依据。支出审批时不能区分正常的和例外的支出，高管人员不得不应付大量日常审批事务，审批程序复杂、周期长，无法适应复杂多变的环境要求。财务部门在对支出审批上不能起到有效的监督作用。

（6）缺乏相应的预算考核制度。造成企业预算的编制与执行相脱离，重编制、轻执行。预算不能成为企业的"硬约束"，使预算失去其应有的权威性和严肃性，部门绩效考核缺乏基础和比较对象。

（7）在分析预算执行情况时，仅将预算值与执行情况进行简单的比例计算，而没有对预算差异进行深入的、定量的分析，难以确定预算差异产生的原因，无法把预算执行情况与企业经营状况有机地联系在一起。

总之，在实践中，预算的执行控制是最大的难点。如投资预算从批准预算到预算执行，期间时间跨度大，情况变化复杂，预算执行偏差大，超预算执行必须申请追加预算，有一定的批准程序，否则，预算就没有严肃性。对经营预算要定期调整，因为市场环境在不断变化，内部状况也在不断变化，所以预算管理必须是动态性管理。

## 三、大数据时代下预算管理的应对之策

1. 预算制定主体的定位

（1）谁参与制定预算。企业预算管理有两项职能，即管理决策和管理控制，不同职能对预算管理体系的设计提出了不同要求。如在销售预算的制定过程中，根据专业分工所造成的各专业部门之间信息的不对称性，销售部门掌握着企业未来销售情况，如果预算仅仅是为了发挥管理决策功能（如以销定产），销售部门就会毫无保留地拿出其掌握的信息，与各部门共享；但如果预算的目标之一是发挥管理控制职能（如作为业绩评价标准），销售部门就可能会有意低估未来的销售收入，从而有利于其业绩评价。然而，低估会相应造成生产计划的减少，企业生产就不能达到效率最高的状态。再如在根据预算划拨各部门资金时，各部门为了在资金使用上有较大的自由，并且能控制更多的资金，可能会虚夸本部门的资金需求量，从而造成资金的浪费，这显然也有悖于预算管理进行沟通协调的本意。

因此，为了解决上述职能之间及部门之间的矛盾，在预算管理实践中应当充分利用大数据技术，一方面通过数据共享促进信息的流动，让各部门能够在了解企业各环节真实数据的基础上参与到预算的制定中来，使预算编制的沟通更为细致，增加预算的科学性和可操作性。另一方面，利用数据库可以通过权限管理和可视化管理将数据以不同的形式呈现给不同的部门，这样就能保证各部门能够针对真实有效的数据做出准确预测，进而形成切实可行的预算方案。另外，还可以解决多数企业只是由财务部门完成预算并实施，降低了预算的权威性，造成企业预算软约束，大数据的发展使各部门都能根据自己的实际需要，从整个企业的大局出发，制定出切实可行的预算方案。

（2）设置预算委员会。预算委员会应由各重要职能部门经理组成，由企业高层领导担任主席。预算委员会协调各部门信息的共享，使各部门就基础假设达成一致。从根本上说，只有经过预算委员会的审批，否则不能接受任何预算或预测数据。这一预算管理组织形式的职能不仅仅是预算的制定，还包括预算的实施、调整、监督等后续环节。利用大数据进行事中控制，随时发现企业活动与预算的偏差并分析原因，如果制定预算的基本假设发生重大变化，可以及时组织对预算进行调整。

预算委员会的人员组成应坚持权威原则、全面代表原则和效率原则。权威原则指的是制定的预算要有权威性，能在实际工作中得以切实贯彻，其成员也要对

各自部门的活动具有绝对控制权。全面代表原则指的是能全面代表各部门、全层面的利益并使其在预算中都能得到合理的体现。效率原则是指要保证委员会的工作效率。这决定了成员数量不宜过多，要做到精干、高效、统一。

2. 预算制定流程的重构

企业制定预算通常是由上级部门确定预算指标的总量，然后分解到各职能部门。这种"自上而下"的预算制定流程能够将企业目标直接体现到预算之中，体现了预算的强制性和权威性，但由于这种预算流程对基层信息的掌握有限，容易脱离实际，使预算难以发挥其计划、协调和控制作用。

在对"自上而下"制定流程的同时，不能简单地选择"自下而上"的制定流程，"自下而上"即由各职能部门提供相关信息，预算委员会（或上级部门）进行综合，确定预算总量，再分解到各职能部门，这种方式虽然在一定程度上克服了严重脱离实际的问题，但在信息的交流上仍然是远远不够的。

因此，预算的制定应当是各参与方之间重复博弈的过程，在这个过程中，信息流动是关键。通过大数据可以使信息多向地、反复地在参与方之间传递，直到达成最后的一致。预算制定流程进行如下设计：①首先由预算委员会提出关键性指标，如销售量、销售价格、生产成本、目标利润等，但不必确定具体数值；②将这些指标交由各职能部门充分讨论，直至形成一致意见，委员会需对讨论过程进行指导和监督；③预算委员会据此确定预算总量指标，并初步分解到各职能部门；④各职能部门根据分解的预算指标分别制定本部门的预算，并交预算委员会审核和汇总；⑤预算委员会据以编制全面预算，并分发各职能部门。

3. 预算编制基础的选择

现行预算一般以年度为基础进行编制，这种编制方法又被称为历年制，易于理解及用于业绩评价。但历年制并没有充分的理论依据，因为企业的经营活动并不是以年度为周期，企业活动或成果在年度与年度之间并不存在着明显的规律性。根据企业长远的发展状况和战略目标，企业编制长期的战略预算尤为必要，因为长期预算是现代化科学管理的必然要求。企业通过编制长期预算，对长期的经济环境及其对企业可能产生的影响和企业应采取的对策进行预测，将长远计划分解为具体指标，不仅在观念上为企业经营活动提供指导，更从具体指标上防止企业行为的偏向，以防止企业短视行为对长远目标的影响。

既然历年制不适合于长期预算，应以企业周期（包括企业生命周期和产品生命周期）为预算编制基础的周期制来替代历年制。随着时代的进步，当前在大数据技术背景下可以利用时间序列模型来找出企业的生命周期。因为企业周期是对企业环境和企业行为的规律性描述，是对未来企业所面临的不确定性进行的概括性的分类。周期制将使企业在对未来预测时首先明确企业现时所处的周期阶段，根据企业环境和企业活动的周期性规律，对未来状况进行预测，使预算更加符合实际。同时战略管理的一个重要实现方式就是实行周期战略，即以企业周期为基础确立企业在各周期、各阶段的发展战略，这就更加要求企业采用周期制来编制预算。

提出周期制并不是为了否定历年制，而是对历年制的完善，使之在发挥原有功能的基础上更加切实可行。鉴于历年制在计划、统计等方面发挥的作用，周期制与历年制要相互补充，互为表现形式。

4. 预算管理实施的策略

（1）避免目标置换。预算目标从属于、服从于企业目标，但在企业活动中常常会出现严格按预算规定，始终围绕预算目标，而忘却了首要职责是实现企业目标的状况。究其原因，一是没有恰当掌握预算控制力度，二是预算指标没有很好地体现企业目标的要求，或是经济环境的变化造成预算目标和企业目标的偏离。为了防止预算控制中出现目标置换，一方面应当使预算更好地体现计划的要求，另一方面应适当掌握预算控制力度，使预算具有一定的灵活性。

（2）避免过繁过细。有些企业认为，预算作为管理和控制的手段，应对企业未来经营的每一个细节都做出具体的规定，实际上这样做会导致各职能部门缺乏应有的余地，不可避免地影响企业运营效率，所以预算并非越细越好。究竟预算应细化到什么程度，必须联系对职能部门授权的程度进行认真酌定，过细过繁的预算等于让授权名存实亡。

（3）避免因循守旧。预算制定通常采用基数法即以历史的情况作为评判的依据。如职能部门用日常支出作为预算编制标准，职能部门就有可能故意扩大日常支出，以便在以后年度获得较大的预算支出标准。因此，必须采取有效的预算控制措施来避免这一现象，如通过详尽报表内容，健全报表体系等方法减少人为因素，提高精确性和科学性。

（4）避免一成不变。预算制定出来以后，预算执行者应当对预算进行管理，促进预算的实施，必要时可根据当时的实际情况进行检查、修订和调整。尽管我们在制定预算时预见了未来可能发生的情况，并制定出相应的应变措施，但预算一方面不可能面面俱到，另一方面情况在不断变化，总有一些问题是不可能预见的。故预算管理不能一成不变，要对预算进行定期检查，如果情况已经发生重大的变化，就应当调整预算或重新制定预算，以达到预期目标。

# 第三节　全面预算管理

## 一、全面预算管理的意义

小企业想做大，大企业想做好，好企业想做强，不少企业都尝试通过推行全面预算管理，来提高自己的内功。全面预算管理是一种全要素、全过程、全方位的管理方法。运用这种方法，我们可做出全面预算方案（即年或月经营计划及特别项目计划），它预计了企业经营活动成果相关的财务指标。如果说，只是需要获得经营活动的财务指标，以往企业进行的财务预算方法就完全可以达到目的。当然，这些指标的相对准确性和可行性及可操作性却是一个难以解决的问题。所以为了企业的长治久安、可持续发展，推行全面预算管理势在必行。

全面预算管理从企业的战略目标出发，一开始就以公司所有部门全部业务为基础，合理确定业务项目内容及实施方案对策，从而产生相应的财务预算，预算所有业务活动最终产生的经营效果。所以说全面预算管理从理论方法上确定了预算方案的准确性。这就是越来越多企业采用全面预算管理的根本原因。

预算使公司的战略目标得到细化，落实到最基本的单元，使总目标的实现建立在可靠可行的基础之上，降低了经营风险和财务风险。因此运用预算管理对工程成本进行事前预测、事中控制、事后考核成为必然。工程预算的起点建立在最小的工程单位之上，按合同、作业项目等，将耗费细化到最直接的作用单元上，是最现场的、最准确的支出。

预算量化的过程，是将操作规范、工作过程分解的过程、数量化的过程，与管理工作精细化、标准化相辅相成，组成一个有效的管理体系。企业管理中，从管理制度、操作规范方面，具有定性的含义，而预算则是定量的约束，通过定性、定量两个体系的融合，可以极大地促进各个机制的有效运行。

预算管理是一个系统管理，包括全额、全员、全过程，是对企业的所有资源、所有活动进行整合，因此通过预算的运作和管理，能够充分发挥系统的效益。在大型企业，全面预算可以涵盖强大的现金流、物资流和复杂的法人治理结构，起着融汇这些庞杂枝节的干流作用和科学的导向作用，促使企业从粗放型向集约型的转变，并使关注的重点延伸到经营过程和资本资产的运作过程，也促使企业从原始的、经验的、人为的管理，向科学化、精细化、标准化管理过渡。有了大数据技术的支持，预算管理更是如虎添翼。不光是简单的数据预测，更可以进行实施数据监测，实现事中监督和事后评价。

预算既然是全员的活动，预算主体就包括上层、中层及所有员工，预算编制、执行的过程，既涉及责任部门，又延伸细化到每一个岗位（职工），形成了一个完整严密的预算体系，通过预算体系的效能，激发全体员工主动参与意识，调动全体员工昂扬向上的精神、创新求变的意念，才是企业凝聚力之所在，发展动力之所在。

预算管理的关键环节是各个责任预算部门，充分发挥部门主管的主观能动性，对其个人的成长和公司的发展将起到事半功倍的效果。部门主管处于承上启下的地位，以怎样的状态面对、操作，对预算管理的最终效果是决定性的。有效的预算管理，实际上也意味着管理职权的下移，一个部门就是一个授权经营单位（销售公司或建筑承包公司），部门主管以统领全局的角度，积极地、主动地、有效地在授权范围内经营，与被动的、保守的、敷衍的工作，效果是不可比拟的。同时也促使个人向成为优秀的企业管理者迈进了一步，为超越自我、自由发展创造良好的氛围。

任何一个企业都想做大、做强，解决决策层和执行层的权限划分、职责定位至关重要，为此，实行全面预算管理成为必然。预算的有效实施，决策层领导根据正常的和非正常的支出、预算内的和预算外的支出，从大量的日常管理、审批中解脱出来，拿出主要精力来研究处理公司全局的发展、规划等战略性的问题，捕捉企业发展的机会；同时通过预算管理对下层的业务运作，可以进行全过程的、动态的监控。作为执行管理层能够按照授权范围、目标，有效地、自主地发挥，创造出更好的业绩，同时，也有利于上层领导及时、清晰地考核评价自己的业务成果。

预算管理体系与会计核算系统的有机结合，可以及时、准确地反映出预算执行偏差，更有效地发挥预算控制的职能。预算体系与会计核算系统的一致，可以通过日常的会计核算信息，随时掌握监控预算的流程，迅速地纠偏防错，从而使预算管理的全面实施成为可能。

## 二、全面预算管理的定义与分类

### （一）全面预算管理的定义

随着我国经济体制改革的不断深入，企业的产权结构发生了变化，出现了分散的多元化的投资者群体，企业也出现了所有权与经营权的两权分离。企业投资者不仅关注企业当前的经营成果，而且关注企业未来的发展前景；不仅关注企业当前实现的利润，而且关注企业未来的盈利能力和发展能力；不仅关注利润的总额，而且关注利润的质量。在这种情况下，为了适应投资者的需要，经营者对企业的控制和规划，当然也要从经营结果（利润预算）扩大到经营过程（业务预算和资金预算），并进而延伸到经营质量（资产负债预算和现金流量预算）。因此，推行全面预算管理是企业投资者和经营者在产权制度变革新形势下的必然选择。

预算管理是利用预算对企业内部各部门、各单位的各种财务及非财务资源进行分配、考核、控制，以便有效地组织和协调企业的生产经营活动，完成既定的经营目标。财务预算、业务预算、资本预算、筹资预算共同构成企业的全面预算。因此，全面预算管理不单纯是财务、会计或某个特定职能部门的管理，而是企业综合的、全面的管理，是具有全面控制约束力的一种机制。因此，全面预算是以货币或其他计量形式反映的，有关企业未来某一特定时期的生产经营活动、投资决策活动、资本运作活动等各项指标的行动计划与相应措施的数量说明。全面预算管理则是针对企业预算实施，集计划、控制为一体的系列管理活动的总称。全面预算管理体系由预算组织、预算内容和预算控制三个部分组成。其中，预算组织包括预算管理组织和预算执行组织两个部分；预算内容主要包括经营预算、资本预算和财务预算；预算控制主要包括预算编制、预算审批、预算执行、预算调整、预算分析和预算考核六个主要环节。

### （二）全面预算的分类

全面预算按其涉及的预算期分为长期预算（如长期销售预算和资本预算，有时还包括长期资本筹措预算和研究与开发预算）和短期预算（如直接材料预算、现金预算等）。

全面预算按其涉及的内容分为专门预算（如直接材料预算、制造费用预算）和综合预算（资产负债表预算和利润表预算）。

全面预算按其涉及的业务活动领域分为投资预算（如资本预算）、营业预算（或称经营预算，包括销售预算、生产预算、成本预算等）和财务预算（包括利润表预算、现金预算和资产负债表预算等）。

## 三、全面预算管理的重要性及其方法

全面预算管理不单纯是财务、会计或某个特定职能部门的管理，全面预算管理已经成为现代化企业不可或缺的重要管理模式。全面预算管理曾带来中国企业管理与财务管理的一次变革，这种变革的力量至今仍在延续。全面预算是用来事先分配企业的财务、实物和人力资源，以实现企业既定的经营目标。企业可以通过全面预算管理来监控经营目标的实施进度，有助于控制支出，并预测企业的现金流量与利润。同时全面预算又是明确的分权授权工具，通过对责任、权利的有效分配，并引入相互促进的利益分配机制来实现内部管理和控制，保证企业价值的不断增加。

1. 全面预算管理在经济中的重要性

中国经济正处于一个重要的战略机遇期，企业规模不断扩大，业务日常复杂，企业想要提高管理水平、增强竞争力，必须具备有序和规范的内部管理制度。推行全面预算管理就是提高企业自身综合管理水平的一项基础性工作。这是企业对未来整体经济规划的总体计划安排，在市场经济环境下，全面预算是企业一项重要的管理工具，被广泛应用到企业管理中。在互联网时代下，全面预算管理是该系统构建连锁4.0(暨连锁企业第四代盈利模式)的核心平台，是连锁企业的最终竞争手段。

2. 全面预算管理运用到企业管理中的重要性

（1）实行全面预算管理对落实企业战略计划有重要作用。企业战略计划有助于企业集中优势资源，去实现企业战略目标。战略计划往往是宏观而抽象的。按照战略驱动因素的要求，细化战略计划并通过绩效系统将它与部门、员工联结起来，才能有力地推动战略计划的实施。

（2）全面预算管理能培养企业的远见卓识，提高经理人的管理能力。在大而分散的大型企业中，协调使用稀缺资源是一个复杂且必不可少的活动，企业必须思想超前，为适应变化的情况，要学会预测和事先做好准备。

（3）预算的目标和业绩是判断实际结果的一个更好的基础。一般来说，与过去业绩相比，预算的目标和业绩是判断实际结果的一个更好的基础。预算不仅是良好计划的关键，在业绩评估中的作用也是不可低估的。预算提供了一个衡量实际业绩的基准点。

（4）全面预算管理能促进沟通和协调。全面预算管理能促进沟通和协调，保持企业整体目标与部分目标的动态一致。保证企业公正、公平激励员工，提升绩效管理水平，实现单店及在线盈利。

（5）提高效益。制定营销预算、人员薪资设计、员工收入如何与效益挂钩，控制成本，提高效益。

（6）抵御经济危机。设定工作计划、KPI指标，导入经营绩效考评会，保证企业控制风险，分配资源，抵御经济危机。全过程的预算管理，配合大数据的事中控制，使企业能够有效抵御经济危机带来的各类风险。

## 四、全面预算管理的步骤

全面预算管理，预算编制是其工作的开始，编制一份科学、切合实际、使各部门能完成的预算，是全面预算管理的基础，如何做到这一点，有以下五个过程：

（一）收集预算所需的各项信息

全面预算管理是指企业在战略目标的指导下，借助大数据对未来的经营活动和相应财务结果进行充分、全面的预测和筹划，并通过对执行过程的监控，将实际完成情况与预算目标不断对照和分析，从而及时指导经营活动的改善和调整，以帮助管理者更加有效地管理企业和最大程度地实现战略目标。

企业预算主要是规划企业未来经营业务和经营成果的，规划未来有一个鲜明的特点就是高度的不确定性，为了解决这个不确定性我们需要总结历史规律和影响因素。未来经营业务与经营成果是不能脱离企业现有的生产经营基础的，历史可能不会重复它的事实，但历史会不断重复它的规律，收集数据，分析过去一段时间内生产经营完成数据和影响因素，理出得和失，找出规律和改善办法，做得好的方面我们继续发扬，不当之处也得找出原因和提出改进办法，只有在这一基础上我们才有可能扬优阻劣，更好地挖掘企业各资源潜能，使企业投入产出最大化。

正因如此企业在预算编制之前，应全面收集企业各方面的经营信息，这样就能保证预算编制的科学性和连续性。

预算编制前需要收集的信息很多，主要包括生产经营方面的信息、技术方面信息、市场方面的信息和社会环境方面的信息，这些信息中既有来自企业内部的生产经营、产品技术、资源利用方面的信息，也有来自企业外部的客户需求、同行发展、社会经济变化等方面的信息。

来自于企业内部的信息收集起来相对简单，可通过企业日常经营过程中部门报表汇集与分析取得，但在收集过程中一定要注意系统化和日积月累。在企业日常生产经营管理之中，各个部门都要向企业管理部门上报各种报表，企业预算编制过程中大部分历史数据可从这些报表中取得，最好是企业能根据自身特点，结合全面预算要求，设计出各部门所报报表，以降低预算编制过程中的信息收集工作量。

来自于企业外部的信息取得相对较杂也较难，顾客需求、技术进步、替代进入者、社会经济对行业影响、国家大政方针等都决定企业未来的生存与发展，这些信息构成企业预算的一个重要基础，这些信息掌握充分与否，直接决定了企业预算管理编制的切实性和执行性。企业除进行客户调查、客户座谈、参加行业会议、研讨会外，还可利用互联网取得一些信息，在现在这个互联经济时期，天文数字的信息量，使人难以分辨其真假，甚至懒得去收集，这往往是造成企业预算脱离实际的重要原因。

（二）决策提出初步目标

企业预算的简要过程一般是这样，企业决策层在分析上年完成预算的基础上，根据所掌握的企业内、外部信息，结合企业未来战略、资源、投资、环境变化对企业未来经营发生的影响，给定一个企业预算年度的初步性预算指标，初步性预算指标一般较笼统，就产值、利润等几个数据，并通过一定的方式（如综合性会议）下达各部门据此提出部门生产经营计划等，经过几个反复最后才能达成共识，编制出企业预算。

企业预算编制一般需要经过自上而下、自下而上几个反复，最终才能上下达成一致，得出最后的预算考核指标。收集各项信息的目的就是为了能较切合实际地产生第一次的自上而下基础数据，这个基础数据既要能体现企业的战略意图，又不能脱离企业的历史发展实际，如何拿捏，既涉及企业战略目标的实现，又关乎执行部门的切身利益取得，通常情况下作为企业管理者来说希望收入更高一些，支出能尽量低一些，这样才能产生足够的利润，而对预算执行单位来说正好相反，这是一个矛盾体，这样第一次指标的产生就非常重要。指标过高执行部门看不到希望，或敷衍或抵触，指标过低，执行部门坐着摘果子，既不利于调动积极性，还可能浪费企业资源。

在一般情况下企业初始预算数据是由企业预算领导小组，根据企业上年预算执行结果，剔除一些已解决的不利因素，加上改善的有利条件，再结合经济、技术发展、环境变化等因素测算出一个指标（出于对收集信息的不全信任，一般首次下发的测算指标会比按理论测算的指标高一些），下发到各个预算执行部门讨论，并责成各部门按目标拿出本部门计划，并详细叙述完成计划的方法和不能完成的原因。

在预算初步指标测算出来后，决策层内部需通过会议（总经理办公会）等，解释预测计算过程，结合企业战略共同商定保低指标（当然保低指标一般不向下公布），在任何情况下企业都得把这个保住。

（三）初期目标层层分解

企业给定的初期目标综合性比较强，难以适应企业对执行部门进行管理，这些综合性指标需要转化为各部门具体预算指标，必须对这些综合指标进行层层分解。

企业预算的初期指标可能就是收入、成本、利润、质量等几个指标，作为具体的预算执行层来说，这几个指标往往是无法执行的，必须化成部门可执行、可检查考核指标，如简单一个收入指标，就得分解到销售和制造部门，其中销售部门又得分解到每个部品、片区、业务员，还要分解成销售量、销售价、货款回笼、销售时限等几十个指标，生产也是如此，也得把它具体落实到班组或人员身上，只有通过层层分解，把指标具体落实到执行人身上，做到事事有责任人，整个预算管理才有考核基础。

企业初期目标层层分解，全由企业预算编制小组来完成是不可能的，大多数的工作还得由各个部门负责人去组织，全面预算管理应建立一个系统性的指标分解、统计、上报体系，按照下级如实汇报，上级对下级负责原则，逐级把整个指标分解下去。

预算小组可能只能分解产品品种与计划价格，接下来的大量细分应由销售部门组织完成，其他指标的分解也是如此，要一级一级分解下去，具体落实到责任人。

预算编制应重视对指标的分解，预算指标的分解过程，其实是企业整体生产经营计划上下贯彻的过程，应当广泛地吸收各级预算执行人员参与，不应局限于预算编制小组人员，信息不对称在各个层次都是存在的，企业应当充分利用预算编制时机，向下宣传企业战略，传导企业所掌握的信息，同时收集各执行层在实际操作过程中决策层还未掌握的信息，借助大数据从现有资料中获取编制预算所需的各项数据，解决信息不对称问题，只有这样才能使各个层面对企业最终预算达成一个真正的共识，使企业预算最终起到军令状的作用。

### （四）反复汇总、分析基层经营计划

企业预算编制是一项较复杂的工作，不可能将决策层初期指标简单分解就能完成任务，指标分解到基层后，执行层出于对自身利益的考量和对所完成任务的详细了解，肯定会提出有利于自己利益的一些条件，对下达指标提出修正意见，基于信息不对称性，预算编制过程中应强调下级应在提出条件的同时，应列出理由，不应是几个简单数据推来复去，互相推诿。

当然执行层提出修改或条件，作为预算编制小组也不能漠然视之，应当给予积极回应，在汇总的基础上进行认真分析，是否修改都要说出一个道道来，不能听之任之，更不能强权压人，应当以事实、以数据来说明接受条件与否的原因。对于个别分歧较大，又直接影响企业整体目标任务完成的预算，还得组织适当的人员与执行层员工进行面对面的讨论，直到达成一致为止。

现在很多企业在预算编制过程中，就是缺少几上几下的沟通环节，不是几个头头脑脑一拍脑袋"捏造"几个指标，强任执行单位执行，就是一味任凭执行单位把初始指标改个乱七八糟，最终结果是企业预算不能起到管理作用。

当然尽管企业有完善的预算编制沟通手段，但也不能保证所有指标都能按决策层的意见达成共识，对于这种情况企业应当慎重处理，科学地加以分析，觉得确实是执行层的问题，根据"不换思想就换人"的原则，有时应当对执行人员进行适当调整，不能姑息迁就。

### （五）敲定企业预算

经过以上几个步骤，企业预算的最终数据就算基本敲定了，在企业预算最后定稿之时，应当有一个如责任状的形式将企业预算确定下来，企业预算往往是与企业绩效奖惩相挂钩的，预算敲定后，相应的绩效挂钩方案也应确定，并穿插于企业预算编制档之中，还要将最终结果通过各个部门例会形式一级一级宣贯下去，使完成预算的每一个人都要明确自己的责任与目标。由于预算编制一般经过几上几下，企业预算编制最终确定前往往忽视向下宣贯程序，这不是一个好的习

惯，正因为通过几上几下，每次反复预算数据都可能发生调整，调整的结果可能决策层知道，部门负责人知道，具体操作者可能提供过很多建议和修改意见，是否被采纳他不一定清楚，具体绩效挂钩方式如何不清楚，为了避免预算考核过程中产生误解，预算敲定前一定要进行再次沟通，及时向下通报。总之，预算管理中预算编制工作非常重要，一定要做到数出有据，并在预算过程坚持上下沟通，不做拍脑袋、拍桌子、拍胸脯的"三拍"预算。

# 第八章　会计成本控制

随着市场经济的不断发展，企业逐渐成为自负盈亏、自主经营的经济实体，最大化地追求经济利益是企业生存发展的必然选择。但市场经济又是一种法制经济，企业必须按时按质进行纳税，此外，企业还需支付生产过程中的成本消费，如何管理好企业成本对于企业来说是生产大计。企业成本核算是企业管理和财务决策中重要的一环，在市场经济条件下，企业想要在竞争中立于不败之地，就必须降低生产成本，做好成本核算工作。

## 第一节　成本核算的内容和目的

把一定时期内企业生产经营过程中所发生的费用，按其性质和发生地点，分类归集、汇总、核算，计算出该时期内生产经营费用发生总额和分别计算出每种产品的实际成本和单位成本的管理活动。成本核算的实质是一种数据信息处理加工的转换过程，其基本任务是正确、及时地核算产品实际总成本和单位成本，提供正确的成本数据，为企业经营决策提供科学依据，并借以考核成本计划执行情况，综合反映企业的生产经营管理水平。

### 一、成本控制的主要内容

成本核算主要以会计核算为基础，以货币为计算单位，以完整地归集与核算成本计算对象所发生的各种耗费，正确计算生产资料转移价值和应计入本期成本的费用额，科学地确定成本计算的对象、项目、期间以及成本计算方法和费用分配方法，保证各种产品成本的准确、及时，找到成本控制关键点为最终目的。具体内容如下：

1. 款项和有价证券的收付

款项是作为支付手段的货币资金。可以作为款项收付的货币资金包括现金、银行存款和其他货币资金，如外埠存款、银行汇票存款、银行本票存款、在途货币资金、信用证存款、保函押金和各种备用金等。有价证券是具有一定财产权利或者支配权利的票证，如股票、国库券、其他企业债券等。款项的收付是经常发生的，在有的单位其发生额还很大。有价证券收付的频繁程度在多数单位要低一些，但发生额一般都比较大。款项和有价证券收付的业务涉及较易受损的资产，绝大部分业务本身又直接造成一个单位货币资金的增减变化，影响单位的资金调度能力，所以通常要求进行严密、及时和准确的核算。目前实际工作中在这方面存在的突出问题是，有的单位款项收付未纳入单位的统一核算，而是转入了"小金库"；或者单位资金管理失控，被非法挪用，甚至发生贪污、抽逃等问题。因此，必须加强对款项、有价证券的管理，建立健全内部控制等管理制度。

2. 财物的收发、增减和使用

财物是一个单位用来进行或维持经营管理活动的具有实物形态的经济资源，包括原材料、燃料、包装物、低值易耗品、在产品、自制半成品、产成品、商品等流动资产和机器、机械、设备、设施、运输工具、家具等固定资产。财产物资在许多单位构成资产的主体，并在资产总额中占有很大比重。财物的收发、增减和使用业务，是会计核算中的经常性业务，有关的核算资料往往是单位内部进行业务成果考核，控制和降低成本费用的重要依据。此外，财物会计核算还对各种财产物资的安全、完整有重要作用。对国有企业、事业行政单位来说，这也是保护国家财产的一个重要关口，但在有的国有单位，这个关口的职能被大幅削弱，经常发生国家财产被损毁、浪费，或者被不法分子侵吞，造成了国有资产的浪费和严重流失。作为会计人员，应当加强对财产物资的核算和管理。

3. 债权债务的发生和结算

债权是一个单位收取款项的权利，包括各种应收和预付的款项。债务则是一个单位需要以其货币资金等资产或者劳务清偿的义务，包括各项借款、应付和预收款项以及应交款项等。债权和债务都是一个单位在自己的经营活动中必然要发生的事项。对债权债务的发生和结算的会计核算，涉及单位与其他单位以及单位与其他有关方面的经济利益，关系到单位自身的资金周转，同时从法律上讲，债务还决定一个企业的生存问题，因而债权债务是会计核算的一项重要内容。会计基础工作薄弱的单位，往往不能正确、及时办理债权债务的会计核算，使单位的信誉和经济利益蒙受损失。也有的单位利用应收应付款项账目隐藏、转移资金、利润或费用，涉嫌违法乱纪。对此问题，会计人员必须进行制止和纠正。

### 4. 资本、基金的增减

资本一般是企业单位的所有者对企业的净资产的所有权，因此亦称所有者权益，具体包括实收资本、资本公积、盈余公积和未分配利润。基金，主要是指机关、事业单位某些特定用途的资金，如事业发展基金、集体福利基金、后备基金等。资本、基金的利益关系人比较明确，用途也基本定向。办理资本、基金增减的会计核算，政策性很强，一般都应以具有法律效力的合同、协议、董事会决议或政府部门的档案依据，切忌盲从单位领导人个人或其他指示人未经法定程序认可或未办理法定手续的任何处置意见。

### 5. 收支与成本费用的计算

收入是一个单位在经营活动中由于销售产品、商品，提供劳务、服务或提供资产的使用权等取得的款项或收取款项的权利。支出从狭义上理解，仅指行政事业单位和社会团体在履行法定职能或发挥特定的功能时所发生的各项开支，以及企业和企业化的事业单位在正常经营活动以外的支出或损失；如从广义上理解，支出是一个单位实际发生的各项开支或损失。费用的含义比支出窄，通常使用范围也小一些，仅指企业和企业化的事业单位因生产、经营和管理活动而发生的各项耗费和支出。成本一般仅限于企业和企业化的事业单位在生产产品、购置商品和提供劳务或服务中所发生的各项直接耗费，如直接材料、直接工资、直接费用、商品进价以及燃料、动力等其他直接费用。收入、支出、费用、成本都是重要的会计要素，体现着对一个单位的经营管理水平和效率从不同角度进行的度量，是计算一个单位经营成果及其盈亏情况的主要依据。对这些要素进行会计核算的特点，是连续、系统、全面和综合。在实际工作中，问题突出的有虚报收入（人为压低或拔高）、虚列支出和乱挤乱摊成本、费用等。这已成为严重影响会计信息质量的根源之一，会计人员有责任制止和纠正这种现象的继续发生。

### 6. 财务成果的计算和处理

财务成果主要是企业和企业化的事业单位在一定的时期内通过从事经营活动而在财务上所取得的结果，具体表现为盈利或是亏损。财务成果的计算和处理，包括利润的计算、所得税的计算和利润的分配（或亏损的弥补）等，这个环节上的会计核算主要涉及所有者和国家的利益。在实际工作中存在的问题，主要是"虚盈实亏"和"虚亏实盈"，一般视单位的所有制性质而异，呈典型的利益驱动倾向，其共同特点是损害国家或社会公众利益，是一种严重的违法行为。

7.其他会计事项

其他会计事项是指在上述六项会计核算内容中未能包括的、按有关法律法规或会计制度的规定或根据单位的具体情况需要办理会计手续和进行会计核算的事项。单位在有这类事项时，应当按照各有关法律、法规或者会计制度的规定，认真、严格办理有关会计手续，进行会计核算。

## 二、成本控制的目的

成本控制的目的在于：①构建全面的企业成本管理思维，寻求改善企业成本的有效方法；②跳出传统的成本控制框架，从公司整体经营的视角，更宏观地分析并控制成本；③掌握成本核算的主要方法及各自的优缺点，根据情况的变化改良现有的核算体系；④掌握成本分析的主要方法，为决策者提供关键有效的成本数字支持。

## 三、成本控制的意义

成本核算是成本管理工作的重要组成部分，它是将企业在生产经营过程中发生的各种耗费按照一定的对象进行分配和归集，以计算总成本和单位成本。成本核算的正确与否，直接影响企业的成本预测、计划、分析、考核和改进等控制工作，同时也对企业的成本决策和经营决策的正确与否产生重大影响。成本核算过程，是对企业生产经营过程中各种耗费如实反映的过程，也是为更好地实施成本管理进行成本信息反馈的过程，因此，成本核算对企业成本计划的实施、成本水平的控制和目标成本的实现起着至关重要的作用。

做好计算成本工作，首先要建立健全原始记录；其次建立并严格执行材料的计量、检验、领发料、盘点、退库等制度；再次建立健全原材料、燃料、动力、工时等消耗定额规定；最后严格遵守各项制度规定，并根据具体情况确定成本核算的组织方式。

通过成本核算，可以检查、监督和考核预算和成本计划的执行情况，反映出成本水平。可以对成本控制的绩效以及成本管理水平进行检查和测量，评估成本管理体系的有效性，研究在何处可以降低成本，从而进行持续改进。

# 第二节　成本控制的要求

## 一、成本控制的主要原则

计算成本应遵循的原则主要包括：

（1）合法性原则。指计入成本的费用都必须符合法律、法令、制度等规定。不合规定的费用不能计入成本。

（2）可靠性原则。包括真实性和可核实性。真实性就是所提供的成本信息与客观的经济事项相一致，不应掺假，或人为地提高、降低成本。可核实性指成本核算资料按一定的原则由不同的会计人员加以核算，都能得到相同的结果。真实性和可核实性是为了保证成本核算信息的正确可靠。

（3）相关性原则。包括成本信息的有用性和及时性。有用性是指成本核算要为管理当局提供有用的信息，为成本管理、预测、决策服务。及时性是强调信息取得的时间性。及时的信息反馈，可及时地采取措施，改进工作。

（4）分期核算原则。企业为了取得一定期间所生产产品的成本，必须将川流不息的生产活动按一定阶段（如月、季、年）划分为各个时期，分别计算各期产品的成本。成本核算的分期，必须与会计年度的分月、分季、分年相一致，这样可以便于利润的计算。

（5）权责发生制原则。应由本期成本负担的费用，不论是否已经支付，都要计入本期成本；不应由本期成本负担的费用（即已计入以前各期的成本，或应由以后各期成本负担的费用），虽然在本期支付，也不应计入本期成本。

（6）实际成本计价原则。生产所耗用的原材料、燃料、动力要按实际耗用数量的实际单位成本计算、完工产品成本的计算要按实际发生的成本计算。虽然原材料、燃料、产成品的账户可按计划成本（或定额成本、标准成本）加、减成本差异，以调整到实际成本。

（7）一致性原则。成本核算所采用的方法，前后各期必须一致，以使各期的成本资料有统一的口径，前后连贯，互相可比。

（8）重要性原则。对于成本有重大影响的项目应作为重点，力求精确。而对于那些不太重要的琐碎项目，则可以从简处理。

## 二、成本控制的核算方法

正确划分各种费用支出的界限，如收益性支出与资本性支出、营业外支出的界限，产品生产成本与期间费用的界限，本期产品成本和下期产品成本的界限，不同产品成本的界限，在产品和产成品成本的界限等。

认真执行成本开支的有关法规规定，按成本开支范围处理费用的列支。

做好成本核算的基础工作，包括：建立和健全成本核算的原始凭证和记录、合理的凭证传递流程；制定工时、材料的消耗定额，加强定额管理；建立材料物资的计量、验收、领发、盘存制度；制订内部结算价格和内部结算制度。

根据企业的生产特点和管理要求，选择适当的成本计算方法，确定成本计算对象、费用的归集与计入产品成本的程序、成本计算期、产品成本在产成品与在产品之间的划分方法等。方法有品种法、分批法和分步法，此外还有分类法、定额法等多种。

### 三、成本控制的核算要点

确定成本核算的目的。成本核算有多种目的，如存货计价、计算销售成本和确定收益；成本决策和成本控制；产品定价等。

确定成本核算的对象。不同核算目的决定了对象的多样化。如以各种、各批、各生产步骤产品作为对象，计算产品的总成本和单位成本；以各个责任单位为对象，计算责任成本等。

确定成本核算的内容。成本核算内容一般包括费用归集分配与产品成本计算两部分。费用归集分配要求，首先必须确定成本开支的范围，明确各种费用支出的界限，对于不应计入产品成本的予以剔除；其次测定和记录所积累的成本数据，按照一定程序进行归集，采用一个标准在各个成本核算对象间进行分配，以汇总所耗用的费用总数。产品成本计算就是按照成本计算对象，把汇总的费用进行分配，计算出各个对象的总成本和单位成本。在工业企业，由于一个企业往往生产多种产品，而且月末通常存在在产品，因此还要将生产过程的费用在各种产品之间、产成品和在产品之间进行分配，以求得各种产成品的总成本和单位成本。

### 四、成本控制的核算步骤

从生产费用发生开始，到算出完工产品总成本和单位成本为止的整个成本计算的步骤。成本核算程序一般分为以下几个步骤：

（1）生产费用支出的审核。对发生的各项生产费用支出，应根据国家、上级主管部门和该企业的有关制度、规定进行严格审核，以便对不符合制度和规定的费用，以及各种浪费、损失等加以制止或追究经济责任。

（2）确定成本计算对象和成本项目，开设产品成本明细账。企业的生产类型不同，对成本管理的要求不同，成本计算对象和成本项目也就有所不同，应根据企业生产类型的特点和对成本管理的要求，确定成本计算对象和成本项目，并根据确定的成本计算对象开设产品成本明细账。

（3）进行要素费用的分配。对发生的各项要素费用进行汇总，编制各种要素费用分配表，按其用途分配计入有关的生产成本明细账。对能确认某一成本计算对象耗用的直接计入费用，如直接材料、直接工资，应直接记入"生产成本—基本生产成本"账户及其有关的产品成本明细账；对于不能确认某一费用，则应按其发生的地点或用途进行归集分配，分别记入"制造费用""生产成本—辅助生产成本"和"废品损失"等综合费用账户。

（4）进行综合费用的分配。对记入"制造费用""生产成本—辅助生产成本"和"废品损失"等账户的综合费用，月终采用一定的分配方法进行分配，并记入"生产成本—基本生产成本"以及有关的产品成本明细账。

（5）进行完工产品成本与在产品成本的划分。通过要素费用和综合费用的分配，所发生的各项生产费用的分配，所发生的各项生产费用均已归集在"生产成本—基本生产成本"账户及有关的产品成本明细账中。在没有在产品的情况下，产品成本明细账所归集的生产费用即为完工产品总成本；在有在产品的情况下，就需将产品成本明细账所归集的生产费用按一定的划分方法在完工产品和月末在产品之间进行划分，从而计算出完工产品成本和月末在产品成本。

（6）计算产品的总成本和单位成本。在品种法、分批法下，产品成本明细账中计算出的完工产品成本即为产品的总成本；分步法下，则需根据各生产步骤成本明细账进行顺序逐步结转或平行汇总，才能计算出产品的总成本。以产品的总成本除以产品的数量，就可以计算出产品的单位成本。

# 第三节　成本核算方法应用拓展

## 一、成本核算方法的简单运用

（1）设立材料明细账，按主材、辅材分类。

（2）确定工时单耗（可以是计划工时，也可是实际工时）。

（3）按生产计划（或作业单）投料。

（4）汇总直接费用（动力费、制造费、直接人工费），并按工时分摊费用。

（5）按完工产品品种数量结转完工成本（在产品材料核算可以分步投料或全额投料或约当比例，生产周期短的在产品可以不分摊费用，待完工时再分摊费用）。

（6）期初在产＋本期投产－本期完工＝本期在产（生产成本借方余额）。

## 二、成本计算方法的结合运用

对一个企业来讲，要计算企业的主要产品成本，要根据生产特点和生产组织方式选择采用一种最适当的成本计算方法，但这一种成本计算方法并不一定能满足该企业成本计算和成本管理的全部需要。

企业的情况错综复杂，要全面考虑具体企业的生产特点和生产步骤，根据企业的规模和水平，科学合理地选择成本计算方法，把各种成本计算方法结合运用，达到最佳的成本计算和最优的成本控制。

（一）成本核算方法

1. 品种法

品种法是"产品成本计算品种法"的简称。以产品品种为成本计算对象来归集生产费用，计算产品成本的方法。它是工业企业计算产品成本最基本的方法之一，主要适用于大量大批生产的简单生产或管理上不要求分步骤计算成本的复杂生产，如发电、供水、采掘、玻璃制品和水泥生产等。简单生产，由于技术上的不可间断或工作地点的不可分离，只能由一个企业单独完成，不能由几个企业进行协作和分工。同时，由于生产过程较短，产品单一，一般没有在产品，即使有，也为数不多，数量也较稳定。在这种情况下，按产品品种归集的生产费用一般不需进行费用分配，也不存在在产品成本的计算问题。因此，生产单一产品，没有在产品或可以不考虑在产品的成本计算方法称为"简单法"，或"简易成本计算法"。

2. 分批法

分批法是按照产品批别归集生产费用、计算产品成本的一种方法。在小批单件生产的企业中，企业的生产活动基本是根据订货单位的订单签发工作号来组织生产的，按产品批别计算产品成本，往往与按订单计算产品成本相一致，因而分批法也叫订单法。

### 3. 逐步结转分步法

产品成本计算分步法中结转成本的一种方法，亦称"计算半成品成本法"。按产品的生产步骤先计算半成品成本，再随实物依次逐步结转，最终计算出产成品成本。即从第一步骤开始，先计算该步骤完工半成品成本，并转入第二步骤，加上第二步骤的加工费用，算出第二步骤半成品成本，再转入第三步骤，依此类推，到最后步骤算出完工产品成本。逐步结转法下如果半成品完工后，不是立即转入下一步骤，而是通过中间成品库周转时，应设立"自制半成品"明细账。当完工半成品入库时，借记"自制半成品"科目，贷记"基本生产"科目。

### 4. 平行结转分步法

平行结转分步法指半成品成本并不随半成品实物的转移而结转，而是在哪一步骤发生就留在该步骤的成本明细账内，直到最后加工成产成品，才将其成本从各步骤的成本明细账转出的方法。

### 5.ABC 成本法

ABC 成本法又称为作业成本法，作业成本法是一种通过对成本对象所涉及的所有作业活动进行动态追踪和反映，以计量作业和成本对象的成本，评价作业业绩和资源利用效率的成本计算和管理方法。作业成本法的逻辑依据是产品耗用作业，作业耗用资源。

### 6. 分类法

分类法是指按产品类别设置产品成本计算单，按产品类别归集，先计算各类别完工产品的总成本，然后再采用适当的分配方法分配计算类内各种产品（或各种规格产品）成本的一种成本计算方法。

### （二）辅助方法

### 1. 标准成本法

标准成本法，又称标准成本会计，是西方管理会计的重要组成部分。是指以预先制定的标准成本为基础，用标准成本与实际成本进行比较，核算和分析成本差异的一种产品成本计算方法，也是加强成本控制、评价经济业绩的一种成本控制制度。它的核心是按标准成本记录和反映产品成本的形成过程和结果，并借以实现对成本的控制。

### 2. 定额法

定额法是指直接根据有关技术经济定额来计算确定计划指标的一种方法，故又称"直接计算法"。这种方法广泛应用于企业生产、劳动、物资、成本、财务等计划的编制。例如，在编制物资供应计划时，就可直接根据单位产品原材料消耗定额，用下面公式计算对原材料的计划需用量。

材料定额成本＝该材料消耗定额 × 该材料计划单位成本

使用定额法计算确定计划指标比较准确。其关键在于要事先根据现行定额的执行情况和计划期内企业生产技术组织条件的变化，进行综合分析研究，确定一个先进合理的计划定额。

3. 责任成本核算法

责任成本核算法，是在企业内部的责任中心制定责任成本预算，作为该责任中心的成本目标，计算实际成本的差异，进行实际成本的控制和考核的一种成本核算方法。

（三）核算问题

（1）成本会计最核心的是了解企业的生产流程和各个关键的作业，了解车间最新的生产情况，月底通过编制成本核算报表将财务与业务相结合，及时地分析每个月的成本波动。

（2）成本核算不只是财务部门、财务人员的事情，而是全部门、全员共同的事情。一是成本核算需要生产车间、技术部门、采购部门等多部门的配合；二是计算出的成本是否合理，不但需要财务部门的评价和时间的验证，还需要生产、技术等部门的评价，让生产等部门对自己计算出的结果做个论证等，是有必要的。有时仅靠财务部门自己检查难以发现问题。（注意：实际中，财务部门和其他部门检查的角度或指标多有不同，这或许是易产生差异的原因）。

（3）成本会计实务可以接受成本会计理论的指引，但要突破相关理论的束缚，不要局限在成本会计理论的框框里面，最好的成本会计核算和管理体系就是最贴近企业生产流程的核算体系，这样才能反映本公司的生产管理特点，每一个企业的生产特点都有其特殊性，公司的管理层在不同的阶段有着不一样的关注点，所以在确定整体思路的前提下，成本核算体系要有一定的可变性，关键要在成本理论的指导下解决管理层关心的问题，将业务和财务相结合。

（4）现行的所得税法是重损益而轻资产，即对期间损益做了大量详细的禁止性或限制性规定而对资产价值及生产成本的计量却缺乏相应的规定。可是资产最终会通过折旧、摊销、销售等方式转化为期间费用，现在的资产价值即是今后的期间费用的来源和依据，成文法中无禁止即为合法，税法既然没有对相关的资产计量作禁止或限制性规定，那么会计功夫的深浅就会决定今后期间费用的多少，而会计本身就是介于艺术和科学之间的一门学科，它离不开估计、判断并由此衍生出了令人眼花的会计魔术，这为企业纳税提供了广阔的选择空间。因此现行税法重损益而轻资产计量的做法无异于开门闭窗。这也为在成本核算方面提供了足够的筹划空间。

（四）作用

在现代成本管理的过程中，预测、决策、分析、控制和核算都是密不可分的，在预测、决策中要进行成本的分析，要对企业之前核算的数据进行研究，并且核算的数据也是其他各个环节的依据。小微企业实行成本核算和成本控制的作用如下：

（1）发现客户利润贡献度。成本分析有一个很重要的功能就是可以发现不同客户对小微企业的利润贡献度（包括利润率和利润额），由于产品的利润率和客户的加权平均利润率是不同的，所以，小微企业要不断筛选、开发有价值的产品和客户，并为此类客户提供更优质的产品和服务，以得到最大的利润收益。

（2）建立业务考核的参考。市场竞争的激励程度迫使小微企业必须制定多项指标对业务员的业绩进行考核，业务质量指标理应成为其中之一。所谓业务质量也就是产品的计划毛利（成交价与产品的计划成本价的差异）。但不能简单地把产品的实际成本失控归咎于业务员。有了透明、公正、可操作性强的业务标准，业务员的业务取向就可得到正确的引导，从而可以使小微企业降低业务风险。

企业通过实行各种有效的成本核算和成本控制方法，可以提高利润率，降低企业业务风险，促使企业各部门更加重视成本控制，调动企业中层管理人员及员工的积极性，从而促进企业的持续稳定发展。成本核算是加强小微企业成本管理的重要环节，成本核算与成本控制对企业的利润政策、周转政策和结构政策产生影响，进而影响企业的投资收益。

## 三、成本分析与控制

近年来我国社会的经济体制改革不断向纵深推进，抢抓机遇不断发展，在降低成本的基础上提高经济效益成为时代给企业新出的课题。日趋激烈的价格战使得企业面临的竞争压力居高不下。不得不在保障质量的同时选择降低成本，以此来提高企业在市场中的核心竞争力。

（一）企业财务管理中成本控制内涵分析

企业成本控制，是指企业在生产经营过程中，按照预先确定的成本目标，对企业所有生产运营所产生的费用进行科学计算、调节和监督，从而及时发现成本费用发生过程中存在的问题，并采取有效的措施进行纠正和完善，最大限度地降低成本费用，顺利达费用管控目标的管理过程。企业成本控制内涵丰富，狭义的成本控制是指企业单纯地以完成规定的成本限额为目标开展的管控，广义的成本控制是指运用科学手段和专业管控方式对企业全部活动进行控制管理，体现成本最小化、效益最大化之间的互相协同发展。企业财务管理中，成本控制是非常重要的基础工作，随着企业生产经营管理方式转变，企业成本控制的内容和范畴也在不断发生变化，既包含对企业人员、生产过程的控制，又包括其他隐性成本的控制。加强财务管理中的成本控制工作研究，对于企业发展具有重要的现实保障意义。

一方面，通过加强成本控制，能够进一步推动企业现代化建设水平不断提升，进而实现管理、生产和服务等各个方面之间互相衔接，共同促进，实现更大的经营效益。另一方面，能够引导企业从战略发展的角度出发，进一步探索成本费用支出和经济效益之间有效处理的方式方法，引导企业不断巩固核心竞争优势，深入分析企业和竞争对象之间的差距，通过优化内部经营结构、调整经营方式、全面加强成本控制等方式进一步夯实发展基础，提高综合竞争水平，更好地实现全面可持续发展。

（二）当前企业财务管理中的成本控制问题研究与分析

随着市场经济环境不断发生变化，企业和企业之间的竞争更加激烈，企业成本问题，不仅仅影响企业经营利润的高低，并且关系到企业的生长周期和生死存亡，所以应当积极研究和解决企业财务管理中成本控制存在的问题，不断提升企业内控水平，才能更好地实现长远发展。目前企业财务管理中成本控制问题主要体现在以下几个方面：

1. 企业成本控制没有体现和企业战略发展的一致性

企业成本管理并不是独立的财务管理活动，需要和企业生产经营实际相结合，需要和企业的战略发展目标相结合，只有这样，才能够更好地权衡企业发展和成本控制之间的关系，协调处理好资源配置，从而提高资源最优化组合和最大化利用率。当前企业在成本控制工作中，仅仅局限于考虑短期的利益，忽视了和企业战略发展相结合的重要性，导致成本控制和企业战略发展之间存在一定的脱节，没有体现企业战略目标，进而导致过于进行成本节约，影响了其他生产、经营、销售、服务等环节工作的有序开展，难以达到预期效果。

2. 相关基础管理制度和配套基础工作不完善

一方面企业成本控制方面缺乏健全完善的制度体系，很多都是各部门围绕各自的生产经营环节制定了一些要求和规则，没有从企业发展角度统一完善相应的成本控制制度体系，很多制度规定不详细、流程不清晰，很难贯彻执行到位。另一方面成本控制相关的基础工作不扎实，部门职责交叉、成本控制监督流于形式、监督网络没有形成等，没有为成本控制工作有序开展提供相应的支持，导致处于边缘化状态。

3. 成本核算不准确，控制方法单一

随着企业生产经营规模不断扩大，成本管控范围不断扩大，需要引入计算机网络技术等加强辅助管理，才能提高成本核算的准确性，目前在成本核算方法耗费大量精力，难以保证准确客观的成本信息结果。同时成本控制比较局限于制造成本的控制，忽视了前期设计、供应以及营销成本的控制，隐性成本控制不到位，成本分析体系不健全，分析质量不高，不能为企业科学决策提供全面客观真实的参考。

（三）解决企业财务管理中成本控制问题的具体对策

1. 建立和企业发展战略目标相匹配的现代化财务管理成本控制体系

要紧密结合企业不同发展阶段不同的战略发展目标，充分进行市场调研分析，了解企业发展经营实际情况，以此为基础建立和企业发展战略相适应的现代化财务管理成本控制体系和目标，层层分解，定期监督执行，提高成本控制的针对性和科学性。

2. 完善基础管理工作，提高科学分析水平

一方面建立健全企业成本控制制度体系，在成本控制范畴、具体目标、职责分工、流程、标准等方面进一步完善和细化，在企业内部形成统一的制度纲要，为成本控制顺利推进奠定基础，提供指导。另一方面完善基础管理工作，健全原始记录、定额管理台账以及计量、检验、物资、清查核实等配套实施细则，积极探索运用 ABC 成本法、战略成本法、质量成本法等方式提高成本核算的准确性，借助现代信息技术和专业财务管理软件，提高成本管控监督的全面性和客观性，

形成完善的管控网络，定期进行分析研究，找出不足，分析原因，制定有效的整改纠偏措施，提高成本科学分析水平和管理效能。

3. 加强企业成本费用控制

企业成本控制的内容主要有材料、人工、制造等，因此加强成本控制需要从这些主要成本费用入手。材料是商品生产的基础，在总成本中材料成本一般会超过50%，影响原料成本的因素主要在采购、库存、生产消耗等环节。因此，企业应从这一具体环节管控好成本。在采购环节，企业要通过完善的信息渠道了解原材料的市场供应数量、价格、质量，多方比较后选择合适的材料，降低材料的采购成本。库存方面应该加强规划，对库存在的数量、时间等进行科学规划，最大限度地降低库存。生产环节要加强监管，提高生产技术，降低消耗，提高材料利用率，降低成本。人工成本在集生产和销售于一体的企业中占有很大比例，与生产效率的关系也更为密切。因此，企业要从劳动量、劳动时间、生产效率、出勤等方面加强监管，不断提升工人的生产效率与质量，使企业整体的生产效率得到提升，从而达到降低人工成本、提高经济利润的目的。

制造费用包括车间管理人员的工资、维修费、折旧费等内容，这项费用所占比重并不大，因此，很多企业对这项费用的管控工作都不到位。企业成本控制应该重视所有环节、内容，不能忽视某一方面。因此，企业必须提高对制造费用的管控意识，严格控制制造费用的支出，加强监管，督促管理人员做好平时的机器检查工作，减少维修费、折旧费的支出。另外，管理费用也是企业成本的重要内容，管理费用的内容比较庞杂，企业要加强对员工的教育，让全体员工提高节约意识，降低管理费用的支出。

4. 加强全面成本管理，提高财务人员综合素质

要加强企业成本管控重要性认识，不断扩大成本控制的范畴，实施全过程管理，尤其是注意向设计、生产、销售、售后服务、产品报废处置等各个环节以及隐性成本控制方面进行转移，重点监督，提高全面监控水平。加强对财务人员的培训，提高成本管控责任心、积极性和自觉性，着重提升成本分析水平，更好地为企业决策提供重要参考。积极探索成本控制和企业战略发展、产品功能提升等有效衔接的统一协调发展战略和管理方式，更好地实现企业经济效益最大化。

随着市场竞争日益激烈，企业成本控制难度越来越大，只有结合企业实际，在制度管理、体系建设、监督管理、技术支持等方面不断探索，才能更好地提高

成本控制成效，促进企业生产经营活动有序正常开展，进而不断巩固核心优势，实现更大的经济效益。

（四）变动成本法和完全成本法的对比

1. 理论依据不同

变动成本法的理论依据：固定性制造费用与特定会计期间相联系，和企业生产经营活动持续经营期的长短成比例，并随时间的推移而消逝。其效益不应递延到下一个会计期间，而应在其发生的当期，全额列入损益表，作为该期销售收入的一个扣减项目。传统的完全成本法则更加强调成本补偿的一致性，它的理论依据是：固定性制造费用发生在生产领域，与产品的生产直接相关，其与直接材料、直接人工和变动性制造费用的支出并无区别，应当将其作为产品成本的一部分，从产品销售收入中得到补偿。

2. 应用前提不同变动

成本法是在成本性态分析的基础上，对产品成本按其与产量变动间的线性关系划分为变动成本与固定成本，并进行粗略估计。其中，变动成本包括直接材料、直接人工、变动性制造费用和变动性销售及管理费用；固定成本包括固定性制造费用和固定性销售及管理费用。完全成本法将成本按其用途分成生产成本与非生产成本两大类。其中，生产成本包括直接材料、直接人工和制造费用，非生产成本包括销售和管理费用等期间费用。

3. 产品成本构成内容不同

在完全成本计算法下，产品成本被定为与产品生产有关的全部耗费，这些耗费都应从销售收入中得到补偿。固定性制造费用也不例外，因为它是产品生产所必需的。产品生产不但要耗费一定的材料、人工，也要耗费一定的生产能力。因此，为此而发生的固定性制造费用理应成为产品成本的一个组成部分，应将其转化为生产成本，与直接材料、直接人工及变动性制造费用一起组成产品成本的要素。这种方法，要求将其中属于已销产品的部分转作销售成本，同销售收入相配比，并将未销售的产品成本转作存货，以便与未来预期获得的收入相配比。在变动成本计算法下，产品成本被定义为在生产过程中发生的随产量的变动而变动，并且对于某一特定产品来说，本期发生以后下期不再重复发生的成本。按此理解，只有变动性生产成本，即直接材料、直接人工和变动性制造费用，才符合此种意义上的产品成本概念。而固定性制造费用主要是为企业提供一定的生产经营条件而产生的，只要这些条件一经形成，就不管其实际利用程度如何，有关费用照样发生并同实际生产的产品产量没有直接联系，并不随产量的增减而增减，因而不应计入产品成本，只能作为期间成本处理。因为所谓期间成本，是指与企业生产经营活动持续期的长短成比例的成本。这种按期间发生的成本，会随着时间的推移而消逝，其效益不应递延到下一个会计期间，而应在发生当期全部列入利润表，作为该期销售收入的一个扣减项目。期末资产负债表上在产品、产成品存货的计价，应把这一部分费用扣除在外。

4. 存货估价不同

采用完全成本法，各会计期间所发生的固定性制造费用同其他生产成本一样在完工产品和在产品之间进行分配（按某一预定分配率），完工产品在销售时，全部成本还需要在已销产品和未销产品之间进行分配。这样，已销产品、库存产成品、在产品均"吸收"了一定份额的固定性制造费用，也即各会计期末的产成品和在产品都是按全部成本计价，既包括变动成本，也包括一部分固定性制造费用。采用变动成本法，产品成本只包括变动成本，无论是在产品、库存产成品还是已销产成品，其成本只包含变动成本。因此，期末存货是按变动成本计价的，并不包括固定成本。由此可见，两种成本计算法对存货的估价不同，完全成本计算法的存货计价必然高于变动成本法的存货计价。

5. 收益计算方法及分期损益不同

在变动成本计算法下，只能按照贡献式损益确定程序计量营业损益。贡献式损益确定程序是指在损益计量过程中，首先用营业收入补偿本期实现销售产品的变动成本，从而确定边际贡献，然后运用边际贡献补偿固定成本以确定当前营业利润的过程。而在完全成本计算法下则必须按照传统式损益确定程序计量营业损益。

（五）成本分析与控制的意义

1. 企业增加盈利的根本途径

成本控制直接服务于企业的目的，无论在什么情况下，降低成本都可以增加利润，是抵抗内外压力、求得生存的主要保障。

2. 企业发展的基础

成本低了，可减价扩销，经营基础巩固了，才有力量去提高产品质量，创新产品设计，寻求新的发展。

3. 成本管理的重要手段

成本控制既要保证成本目标的实现，同时还要渗透到成本预测、决策和计划之中，现代化成本管理中的成本控制，着眼于成本形成的全过程。

4. 推动改善企业经营管理的动力

企业的生产经营活动和管理水平对产品成本水平有直接影响。实行成本控制，要求建立相应的控制标准和控制制度，加强各项管理工作，以保证成本控制的有效进行。

5. 建立健全企业经济责任制的重要条件

经济责任制是实行成本控制的重要保证，实行成本控制，首先需要成本指标层层分解落实到企业的各个部门和各个环节。要求各部门、各环节对经济指标承担经济责任，以促使职工主动考虑节约消耗、降低成本，以保证成本指标的完成，使成本控制顺利进行，收到实效。

# 第九章　企业绩效评价

企业在进行绩效评价时，往往需要依赖企业的财务数据、业务数据等来提升绩效评价质量。而企业绩效评价又会促进企业的经营发展。因此，大数据技术下企业绩效评价应当以全面预算为依据，通过标准成本制度、成本控制、责任会计等方面，对企业内部各单位实施控制考核和评价，以保证企业的各个环节和各项经营活动朝着既定的目标前进。

## 第一节　企业绩效评价概述

### 一、企业绩效的含义

绩效（performance），也称为成效、效绩、业绩等，定义为"通过对适当数据的采集、整理、分类、分析、解释和传播，来对以往行为的效力或效率进行量化，并据此做出相应决策，采取相应行动的过程"。绩效从管理学的角度看，是组织期望的结果，是组织为实现其目标而展现在不同层面上的有效输出，包括个人绩效和组织绩效两个方面。个人绩效是指针对员工的成绩和效果。可以定义为个人从事某一项活动所获得的成绩和效果。组织绩效是在特定时间由多个个人共同完成的工作行为和工作结果的总和。组织绩效实现应在个人绩效实现的基础上，但是个人绩效的实现并不一定保证组织是有绩效的。如果组织的绩效按一定的逻辑关系被层层分解到每一个工作岗位以及每一个人的时候，只要每一个人达成了组织的要求，组织的绩效就实现了。

绩效具有多因性、多维性和动态性。多因性是指员工的绩效高低受多方面因素影响，主要有四方面：技能（技能是指个人的天赋、智力、教育水平等个人特点）、激励（员工工作的积极性，员工的需要结构、感知、价值观等）、机会（承担某种工作任务的机会）、环境（工作环境，包括文化环境、客观环境等）。多维性是指需要从多个不同的方面和维度对员工的绩效进行考评分析。不仅考虑工作行为还要考虑工作结果，如在实际中不仅要考虑员工产量指标的完成情况，还有考虑其出勤、服从合作态度、与其他岗位的沟通协调等方面，综合性地得到最终评价。动态性：不同时期的绩效目标是不同的，并且这些因素处于不断变化中，因此绩效也会不断发生变化，这涉及到绩效考评的时效性问题。

效率是绩效的一个重要内容，特别是在市场经济条件下，较高的绩效必须以企业所生产的产品在市场上实现其价值为前提，否则，以高效率生产出来的产品只能积压，不能实现其最终的效益。由此可以看出绩效是业绩和效率的统称，包括活动过程的效率和活动的结果两层含义。绩效评价还囊括了企业是一个以盈利为目的的经济实体，它聚集一定的生产要素（土地、劳动力、资本和技术等），通过开展生产经营活动为社会提供产品和服务，并在提供产品和服务的活动中取得利润，从而不断发展壮大自己。企业绩效的集中体现就是在市场交换和竞争中实现产品和服务价值的效益提高，而企业为社会提供产品和服务必须投入人、财、物等，因此企业能否生存就在于其产品和服务的价格能否补偿其成本，企业能否发展壮大就在于其产品和服务的价格在补偿成本后能否有盈余。企业的生产目的就是用尽可能少的生产经营成本去创造和实现尽可能多的产品和服务价值（所得），这是企业绩效之根本所在。

## 二、大数据下企业绩效评价的含义

评价是指人们为了达到一定的目的，运用特定的指标和标准，采用特定的方法，对人和事件或事物做出价值判断的一种认识过程。简而言之，评价就是通过比较分析对特定的人和事做出主观判断的过程，是人类社会有意识、有目的的一种认识活动。对于企业而言，针对企业所取得的成绩或成果进行评价就是企业绩效评价，是指运用数理统计和运筹学原理，特定指标体系，对照统一的标准，按照一定的程序，通过定量定性对比分析，对企业一定经营期间的经营效益和经营者业绩做出客观、公正和准确的综合评判。

企业绩效评价是评价理论方法在经济领域的具体应用，是在会计和财务管理的基础上，运用计量经济学原理和现代化分析技术来剖析企业经营过程，反映企业的现状，并预测企业未来发展前景的一门科学。一个支持其作用的基础结构。相关数据必须被采集、整理、分析、解释和传播，在整个数据处理的过程中，无论缺少了哪一个步骤，都会使整个绩效评价不完善，使预定的决策和行为不能如期发生。

## 三、大数据下管理会计与绩效评价的关系

管理会计与绩效评价看似是两个毫不相关的工作，但通过深入分析研究就会发现，现代企业在进行绩效评价时，往往需要依赖企业的财务数据、业务数据等来提升绩效评价质量，而这就需要管理会计发挥有效作用了。管理会计在企业绩效评价中发挥的主要作用便是提供科学、全面的财务数据及非财务数据支持，从而让企业绩效评价有更多的判断方法和依据，提升企业绩效评价的科学性与全面性，还可以从管理会计角度刺激员工的工作积极性，为企业提升人才竞争优势奠定基础。

管理会计既可以提供战略决策信息以及帮助制定商业战略，为企业管理者提供决策信息，还可以对财务和非财务绩效进行计量，并及时的以报告的形式送达管理层，帮助管理层制定运营计划，主要包括短期、中期、长期的运营计划，这样就保证了资源的有效利用；还可以帮助实施公司治理、风险管理和内部控制程序等。在大数据时代，管理会计的分析能力和对企业绩效评价的能力就显得更加突出。具体的表现在以下几方面上：

（一）企业的最终目标是实现企业效益的最优化

管理会计在评估企业的物力、财力、人力以及潜力等情况时，会通过大数据分析采用保本分析、投资决策、弹性预算、存货控制等定量分析方法，帮助企业进行经济决策和提高经济效益。特别是当管理会计参与到企业产品的设计研发的时候，其采用的是全面的分析方法，并对市场未来的需求做出了调查，提高了预算设计的回报率。管理会计可以采用例如回归分析、趋势平均、对数分析、因果预测、指数平滑等方法，需要说明的是企业管理会计在选择方法时要灵活的选用，不能照抄照搬，要有所创新，这样才能及时的为企业研发人员提供回报、成本等方面的信息，这样就可以帮助企业管理者随时调整资源配置，使企业的经济资源得到充分利用，提高企业经济效益。

（二）帮助企业实现公司绩效

企业管理重点之一在于经营，经营的重点在于决策，预测是决策的重点，管理会计在实现公司发展战略中的重要作用，主要在于它能够预测公司未来的经济前景。企业的管理会计人员在日常的工作中要以企业的经营目标为基础，并要充分考虑经济发展的客观规律，从中选择最合适、最合理的量化模型，对企业未来的销售利润、成本等方面进行有目的的预测，为公司经营者提供科学合理的经济

规划方案，帮助经营者进行决策。

（三）管理会计与绩效评价之间相互影响

通过将管理会计应用于企业绩效评价当中，可以进一步提升企业绩效评价的全面性及科学性。这是因为管理会计中所涉及的财务指标及非财务指标将成为企业绩效评价指标制订的重要依据，而且可以充分反映出员工的真实工作状况。可以说管理会计应用于企业绩效评价当中能够推动一个企业更好地进步与发展，所以广大企业必须要高度重视管理会计在绩效评价中的应用建设，这对企业发展十分重要。

总而言之，现代企业竞争环境日益残酷，来自外部的威胁与企业内部的管理问题都将成为阻碍企业持续发展的重要因素。一个企业想要实现可持续发展，必须要具备一个强大的内部发展实力才行，而这需要建立在企业的每一项工作上，任何一项工作水准达不到要求都会影响企业实现这个终极目标。将管理会计应用于企业绩效评价当中，可以让企业更加重视这两项工作，使企业花更多的力气来建设这两项工作，从而保证管理会计与绩效评价工作质量，为企业实现持续发展奠定基础。同时，绩效评价中对管理会计的应用，可以进一步提高企业绩效评价质量，也可以让更多的员工参与到绩效评价中，感受到绩效评价的魅力，从而调动员工的工作热情，也有利于企业根据员工表现及时调整绩效评价体系，帮助企业员工变得更好，形成一个企业的人才竞争优势，保障企业稳定发展。但当前，广大企业在绩效评价中应用管理会计上存在思想认识不够、人才力量不足、绩效评价体系不完备等这些现实问题，阻碍了对企业绩效的全面认识。

# 第二节　大数据下的标杆管理

标杆管理有多种不同的翻译，例如：企业标杆、竞争基准、基准设定、标杆制度、标杆分析、标杆管理等。所谓标杆，即 Bench Marking，最早是指工匠或测量员在测量时作为参考点的标记，后来渐渐衍变为衡量的基准或参考点等意思。19 世纪 70 年代末期，美国施乐公司开始倡导标杆管理的观念后，标杆管理便成为优异典范的代名词，即现在人们常说的"标杆"。在海量数据整理和分析面前，准确的"标杆"将更有利于管理。

## 一、标杆管理的定义

对于标杆管理是不断评估一流组织的最佳实践，以此为基准与本企业进行比较、判断、分析，并把这些最佳实践纳入到公司本身的业务流程中，从而使本企业得到不断改进，使自身创造优秀业绩的良性循环过程。标杆管理的思想源于榜样的力量是无穷的和业务的可复制性两个方面。

简单地说，标杆管理就是学习最佳实践，而标杆是某个领域里的领导者和先行者，找到标杆就等于找到了业务的示范，标杆的成功也就预示着业务的未来发展方向。标杆的做法可以借鉴和复制，这会极大地缩短业务发展的周期，加快缩小与标杆的差距。学习标杆可以改善业务和管理，降低业务开拓的成本，减少业务受挫的机会，提高效率。但对标杆的跟随模仿不等于超越，标杆管理不是万能的，企业的核心竞争力和文化内核是永远无法复制的。在大数据时代，通过与优秀企业一些指标的衡量比较来提升企业竞争地位的方法就是标杆管理的内涵，强调的就是以对比作为管理的主要方式，通过持续改善来强化本身的竞争优势。标杆管理作为一个管理工具看似容易，似乎一点就透，看起来就像是一种竞争比较而已，但如果想让其在组织的发展中起到关键作用，就必须依靠系统、周密、可行的流程，按照标杆管理的方法严格执行，才能确保目标的达成和效果的持续，否则就永远只是别人家的做法，自己只是学到了一点儿皮毛，甚至感觉不过如此，造成组织的士气更加低落，这时大数据分析的作用就显得尤为明显了。

## 二、标杆管理的分类

根据不同的方法，标杆管理有多种分类方法。通过梳理相关研究对标杆管理的分类进行了总结，根据标杆的不同，将标杆管理分为以下四种类型：

### （一）内部标杆管理

以企业内部操作为基准的标杆管理。它是最简单且易操作的标杆管理方式之一。大多数的多元化经营企业和跨国公司都会有若干个分公司或事业单位分布在不同的地点或区域。这些分公司或事业部中会有许多性质相似的企业功能在运作。此时，母企业或者总公司就可以通过内部作业方式比较的方法来对分公司或事业部进行管理，这种活动就是内部标杆管理活动。通过标杆管理来实现统一化管理，甚至可以形成标准化的组织流程。被作为标杆的企业往往会被认为是"最佳作业典范"。但需要注意，只是简单的经由企业内部检视是发现不了"最佳作业典范"的。但这是标杆管理的一个起点，是企业进行有效管理的第一步。企业进行内部标杆管理的目的在于发现组织内不同单位之间涉及产品质量、获利能力或是满足顾客需求能力的不同点。另外，除了比较这些企业经营的关键成功因素外，也可以进一步去分析未来可能需要与外部企业进行比较的项目。因此，内部标杆管理可以帮助企业去定义外部标杆管理的明确范围与主题。

辨识内部绩效标杆的标准，即确立内部标杆管理的主要目标，可以做到企业内信息共享。随着数据处理能力的提升，收集和辨识企业内部管理的相关数据，如行为数据、员工工作认知等，从中找出企业内部管理的最佳职能或流程，并通过模拟仿真对其进行实践验证，然后推广到组织的其他部门，不失为企业绩效提高便捷的方法之一。

内部标杆管理的最大优点在于所需的资料和信息易于取得，并且获得的信息不必经过费心的处理便可以转换到本身的部门内，故不存在资料缺失的问题。此外内部标杆管理也不需要考虑涉及企业机密的麻烦。另外，在分化程度高的企业内，内部标杆管理还可以促进事业单位或部门间的沟通。但是内部标杆管理的缺点则是视野狭隘，不易找到最佳作业典范。并且标杆管理的对象局限在组织内部很难为组织带来创新性的突破。另外，若是内部冲突问题存在的话，易于造成偏见。因此，单独执行内部标杆管理的企业往往持有内向视野，容易产生封闭思维。在实践中内部标杆管理应该与外部标杆管理结合起来使用。

（二）竞争标杆管理

以竞争对象为基准的标杆管理。竞争标杆管理的目标是与有着相同市场的企业在产品、服务和工作流程等方面的绩效与实践进行比较，直接面对竞争者。这类标杆管理的实施较困难，原因在于除了公共领域的信息容易接触外，其他关于竞争企业的信息不易获得。

竞争性标杆管理主要将直接竞争对手的产品、服务以及最重要的工作流程与本身做比较。通常企业进行竞争性标杆管理活动的主要专注焦点在彼此间的差距，所谓："知己知彼，百战不殆'。尽管竞争对手的作业方式并不见得是行业内的最佳作业典范，但通过竞争性标杆管理活动所获得的信息很宝贵，因为竞争对手的作业方式会直接影响你的目标市场。因此竞争性标杆信息对于企业在进行策略分析及市场定位有很大的帮助。除此之外，竞争性标杆管理比起传统的竞争商情收集更能让企业有系统的去分析竞争对手与产业环境。因此，在美国的企业界中，对直接竞争者进行标杆研究是最普遍的一种标杆管理方式。对许多将标杆管理当成是一种竞争策略工具的企业而言，任何与营运有关的重要项目，只要是可以与竞争对手比较的都会去进行标杆管理。

（三）职能标杆管理

以行业领先者或某些企业的优秀职能操作为基准进行的标杆管理。这类标杆管理的合作者常常能相互分享一些技术和市场信息，标杆的基准是外部企业（但非竞争者）及其职能或业务实践。由于没有直接的竞争者，因此合作者往往较愿意提供和分享技术与市场信息。标杆伙伴是不同行业但拥有相同或相似功能、流程的企业。其理论基础是任何行业均存在一些相同或相似的功能或流程，如物流、人力资源管理、营销手段等。跨行业选择标杆伙伴，双方没有直接的利害冲突，更加容易取得对方的配合；另外可以跳出行业的框框约束，视野开阔，随时掌握最新经营方式，成为强中之强。但是投入较大，信息相关性较差，最佳实践需要较为复杂的调整转换过程，实施较为困难。

（四）流程标杆管理

以最佳工作流程为基准进行的标杆管理。站在整个工作流程和操作上寻找基准，突破企业各个部门的职能界限和行业边界，重视实际经验和具体的操作界面、流程。通过选择优秀企业或者标准化企业的工作流程，对比分析可以有效辨析企业经营管理过程中所处的环境、运作模式和需要改进的地方。随着大数据技术的深入，更可以将企业工作流程的每一个环节细化，动态的分析各部门投入量和产出量的变化，达到改进薄弱环节的目的。这类标杆管理可以跨越不同类型的组织进行。一般要求企业对整个工作流程和操作有很详细的了解。

## 三、标杆管理的作用

标杆管理近些年引起各大企业的如此重视并风靡世界，其根本原因在于能给企业带来巨大的实效。通过数据比对，标杆管理为企业提供了明确的奋斗目标，以及追求不断创新的思路。结合管理会计的相关指标，更能发现企业发展的新目标以及寻求如何实现这一目标的途径，具有较强的可操作性。在大数据时代，进行标杆管理能够让企业形成一种持续学习的企业文化，企业的业绩评价将永远是动态变化的。通过树立标杆，才能使企业有持续追求最佳、获得持续竞争力的能力，才能使企业始终立于不败之地。标杆管理更像是一种直接的、中断式的、渐进式的管理方法，使企业可以寻找整体最佳实践，也可以发掘优秀"片段"进行标杆比较，由于现实中不同的企业各有长短，所以这种"片断"标杆可以使企业的比较视角更开阔，也更容易使企业集百家之长。随着数据处理手段的不断提高，企业进行绩效评估时，能够量化指标数据与标杆企业进行对比，实现企业持续的改进，提高企业的经济绩效。通过与标杆企业经营业绩进行比对，可以有效制定企业经营战略，增进企业学习的能力，增长企业发展的潜力，从而衡量企业工作好坏、实行企业全面质量管理。

（一）标杆管理是企业评估和提高绩效的工具

标杆管理是一种辨识最佳实践并进行学习的过程。通过辨识最佳绩效及其实践途径，企业可以明确本企业所处的地位以及需要改进的地方，还有达到的途径，企业通过努力可以使绩效提高到最佳。

（二）标杆管理是企业增进学习和持续维新的工具

标杆管理为企业建立一种动态坐标，通过测量各部门的现状及目标，对标标杆企业，从而找出持续改进薄弱环节的方法，可以是借鉴也可以是提炼，最终形成增进企业学习和持续创新的文化氛围，使企业成为学习型组织，并始终保持前进的动力。

（三）标杆管理是企业实行全面质量管理的工具

标杆管理是企业全面质量管理活动的主要内容。管理会计中对企业经营的全过程进行监督和反映，标杆管理则为企业找到了对比的坐标。企业的长远发展必须要知道其他企业为什么或者是怎么样做得比自己好，这显然是标杆管理的逻辑和方法。

（四）标杆管理是制定企业战略的工具

通过标杆管理，企业可以发现和选择适合本企业的新战略，从而超越竞争者。

## 四、标杆管理的实施

在企业经营管理过程中，管理会计的主要职能会贯穿在各个方面。而随着管理数据的不断被认知，数据分析和预测等活动在标杆管理中的运用也越加频繁，能够有效提高标杆管理的效率和效果。

（一）根据管理过程制订计划

通过分析确认经济管理活动中各个流程中哪些具体内容需要进行标杆管理。随着科学技术手段的不断提高，各种主观认知、行为动作的数据不断被记录和收集，利用大数据技术可以有效分析出优秀企业的成功之路。寻找与企业处于同类型、同过程中的标杆企业、标杆活动，收集对标管理所需要的各类资料信息，如作业、成本、时间效率、财务收益等财务和非财务信息数据，为对标比较做准备。

（二）对比分析

与标杆企业的相关指标进行深入比较分析，利用数学模型和科学算法构建指标体系，进而确定当前企业绩效与标杆企业的最佳实践之间的差距，通过量化形成具体的数字图像，为企业未来的绩效改善提供参考依据。

（三）整合和制订行动方案

根据对标管理的具体内容，在明确绩效改善目标的基础上，确定企业行为的具体方案，在大数据背景下还可以进行模拟仿真分析，预测目标绩效的实施效果，从而对企业运营过程进行全程监控管理，通过对动态数据实时分析及时修正无效作业与行动。

（四）过程评估

在企业管理中对行动效果进行定性、定量分析评估，并重新校对、更新标杆。利用大数据对企业经营过程中的各项数据进行实施对比，找出与对标企业相关指标的差距与不足，从而能够更有针对性地变革。如果标杆企业或指标无法满足，则可以更进一步地更换标杆企业。

（五）持续改进阶段

标杆管理不是一次性管理，而是持续管理的过程。借助大数据的分析和处理能力，能够更加有效地实现全过程管理，认清企业在行业中、区域社会中的地位，制订科学合理的方案，实现可持续发展。

总而言之，从不同的企业组织中学习和借鉴企业管理的各个方面，有助于最大程度的开阔视野，突破创新，不断超越。利用管理会计在企业中的全过程管理实现对企业流程的细化，进而针对具体环节和业务寻找对标内容，实现标杆管理，就能有效实现企业绩效的飞跃增长。

# 第三节　业绩管理

## 一、业绩管理概述

（一）概念

业绩管理是企业通过一定的人力资源管理手段和方式对员工及组织业绩进行管理的活动。业绩管理是保证组织目标实现的关键，同时，通过业绩管理，实现员工业绩的改善和组织业绩的提升，最终实现员工和组织的共同发展。

业绩包括两个方面即员工业绩和组织业绩。二者之间的关系是你中有我，我中有你。业绩管理的过程其实就是通过对员工业绩的管理完成对组织业绩管理的过程，通过员工业绩管理实现组织的业绩目标。员工业绩和组织业绩是两种不同的表现形式，其结果是一样的。正因如此，员工业绩对组织业绩的影响之大显而易见，良好的员工业绩是良好的组织业绩的保证，反之，员工业绩差，组织业绩也不会好。

业绩管理是一个系统工程，它涉及企业管理的方方面面。它是企业战略管理的具体实践，与企业的文化息息相关。业绩管理的手段是考评，业绩管理的核心是激励，业绩管理的目标是改善。业绩管理系统包括三个系统的建立：绩效考评系统、员工激励系统和业绩发展系统。考评系统从管理程序上，可分为四个部分：业绩计划、过程控制、绩效考评、业绩改进。绩效计划：确立业绩目标，设立考评标准，为保证业绩目标的完成明确应提供和可提供的资源。过程控制：管理的重点是及时提供帮助和辅导，以确保目标的实现，同时监督并记录业绩目标的完成情况。绩效考评：通过对员工绩效完成情况进行考核，对员工现有行为表现进行评价，确认成绩，找出差距，并对绩效考评结果加以运用的过程。业绩发展的重点包括激励系统和绩效改善系统的建立。一方面，根据绩效考评结果进行绩效工资的兑现，通过薪酬设计与绩效表现挂钩，真正建立绩效导向的激励机制，促进员工个人及组织效能的提高，最终实现组织业绩的提升。另一方面，针对绩效考评结果中需要改善与提高的部分，通过绩效面谈，主管和员工对绩效结果达成一致意见，并一起制订改进计划和措施，落实实施，从而改善员工及组织效能，进而确保组织绩效提升和组织战略目标的实现。业绩管理的最终效果是组织核心竞争能力的建立和提高。

（二）业绩管理的目的

业绩管理的目的在于通过对现有绩效的考核、评价，对员工的表现进行肯定和激励，同时，通过分析找出存在的问题和差距，采取相应的措施改善和提高员工及组织效能，使企业最终获取竞争优势，不仅实现既定的战略目标，同时创造超额绩效。

1.战略目的

指明了员工的工作目标与方向，引导他们的工作行为和工作结果与企业追求最终利润最大化的目标保持一致。绩效管理把员工的个人目标与部门目标、企业目标、企业战略紧密结合在一起。

战略绩效管理的第一个核心目的是实现企业战略。绩效管理应当通过制定绩效计划将员工的工作活动与组织的目标联系起来。执行组织战略的主要方法之一是，首先界定为了实现某种战略所必需的结果、行为（在某种程度上还包括员工的个人特征是什么），然后再设计相应的绩效衡量和反馈系统，从而确保员工能够最大限度地展现出这样一些特征、从事这样一些行为以及制造出这样一些结果。为了达到这样一种战略目的，绩效管理系统本身必须是具有一定灵活性的，这是因为当企业目标和战略发生变化的时候，组织所期望的结果、行为以及员工的特征需要随之发生相应的变化。然而，实际中的绩效管理系统常常无法达到这一目的。在企业绩效评估体系中，很少公司是有意识地运用它们的绩效评价系统来向员工传达公司战略与目标。

2. 管理目的

保证员工履行自己的职责，保证公司各项经营管理事项顺利的实现，保证公司各项规章制度、工作程序能得到贯彻执行。

绩效管理的第二个核心目的是为了有效的管理。绩效管理可以保证员工履行自己的职责，保证公司各项经营管理事项顺利的实现，保证公司各项规章制度、工作程序能得到贯彻执行。企业可以通过绩效管理，鼓励员工比较好的工作行为和工作结果，限制、避免员工不好的行为出现，保证公司各项经营管理事项顺利的实现，保证公司各项规章制度、工作程序能得到贯彻执行。

3. 激励目的

对员工的绩效进行评估，为薪酬分配、奖惩、职级晋升、岗位调动提供依据。

绩效管理的第三个核心目的是激励目的。通过绩效管理，使绩效结果与员工薪酬、晋升、奖罚等有效联系起来，实现奖优罚劣，奖勤罚懒，能充分调动员工的积极性、责任心和使命感。良好的绩效管理体系能给优秀的员工提供更多和更大的成长机会、也能给优秀的员工提供更大的回报，对促成良好的个人绩效、部门绩效和企业绩效起到至关重要的作用。

4. 诊断目的

分析影响绩效的因素，找出不利的关键因素，寻找解决办法，进一步完善管理机制，提高企业的经营管理效率。

绩效管理的第四个核心目的是诊断目的。绩效管理可以说是自身健康的检验过程，通过分析影响绩效的因素，找出不利的关键因素，寻找解决办法，进一步完善管理机制，提高企业的经营管理效率。在影响绩效的因素中，有被评估者自身的因素，但是也有企业管理机制、工作环境以及企业外部因素。绩效管理的目的就是要寻找到这些因素，当企业管理机制、工作环境以及企业外部等因素影响影响员工的绩效时，如果企业通过绩效管理找到了这些因素并排除，绩效管理的诊断目的就实现了。当然绩效管理主要是为了提高绩效，因此诊断目的是绩效管理的核心目的之一。

5. 开发目的

发现员工知识、能力、态度等方面的缺陷，指导他们改进，以开发他们的潜力，使他们的能力得以提升，从而提高他们的绩效水平。

绩效管理的最后一个核心目的是实现对员工的开发。通过绩效管理，分析影响绩效的因素，并找出员工自身存在的各种不足，对员工进行进一步的开发，以使他们能够有效地完成工作。当一位员工的工作完成情况没有达到他所应当达到的水平时，绩效管理就应寻求改善他们的绩效。在绩效评价过程，所提供的反馈就是要指出员工所存在的弱点和不足。然而，从比较理想的角度来说，绩效管理系统并不仅仅是要指出员工绩效不佳的方面，还要找出导致这种绩效不佳的原因所在——比如说，存在技能缺陷、知识问题或者是某些障碍抑制了员工提高绩效等。

（三）业绩管理的原则

注重考评与激励的联动，现实结果与未来改善的结合是业绩管理的核心原则。在具体操作上表现在：

（1）客观、公平与开放原则。随着互联网、大数据技术的不断发展，各类信息都可以及时反馈到每一个员工处，通过客观、公开原则，将所有信息反馈出来，可以有效实现公平公正，进而起到激励作用。

（2）积极反馈原则。注重实时反馈，借助大数据技术量化业绩管理中的各项指标，通过互联网快速反馈到管理层，有助于实现动态绩效管理，提高工作效率和及时避免问题的负面效应。

（3）制度化原则。以制度为准绳，树立标准化意识，将工作业务流程化、操作制度化，可以使员工明确工作任务，有效提高企业工作效率。

（4）可行性和实用性原则。注重绩效评价考核体系的可行性和实用性，既保证能够科学考核和评价员工的能力水平，又能促进员工工作的积极性和方向性，减少人为主观判断造成的不公平。

（5）定性考评与定量考核相结合的原则。定性分析往往只能对事物进行好坏、是非的界定。容易受到不同考核主体在职业态度、文化认知及心理状态的差异的影响而产生不同的考核结果，因此，需要在考核体系设计中加入定量的考核内容，才能够达到理想的管理目标。

（6）模糊和精确相结合原则。针对不同业务，很难量化形成统一的标准，因此要根据具体的内容来确定。

（7）个人考评与团队考评相结合的原则。个人考评是针对个人的行为、能力、业绩进行的评价，而对于团队考核来说评价的是个人在团队中的作用，团结合作的价值。

### （四）业绩管理的影响因素

业绩管理是一项涉及面很广的综合性管理活动，它必然会受到来自企业内外部因素的影响。通过大数据分析发现，主要的外部因素有：

1. 政治方面的因素

在我国，对管理人员的考评往往包含有政治因素，强调对"德、能、勤、绩"的全面考评，"德"既包含政治因素，又包括道德质量因素。绩效评价中的政治行为的严重程度与绩效评价方式有着十分密切的关系。大多数企业的绩效评价方式是以单纯的评价个人绩效为主，评价人主要是直接上级，并将绩效评价的结果与个人利益（如奖金分配、职务晋升等）紧密挂钩。这种方式很容易导致绩效评价中政治活动的猖獗：员工个人为了获得良好的绩效评价等级，从而获得更多的利益，就会采取各种政治手段，如讨好、奉承上级，贬低同事的绩效表现等等。

2. 法律的制约

许多国家都通过法律规定在对员工进行考评时，不能因当事人的年龄、性别、种族、国籍等因素而有歧视性的行为，否则将卷入法律纠纷中。一是确立公司的经济指标以及考核指标、目标。二是建立涵盖全面、分工准确、职责分明的岗位责任制，以及具有可操作性、有效性的考核标准，并努力使它们变得比较具体、量化、易把握，使评议者有章可循，有法可依。三是树立员工的"法治"意识，减少个人随心所欲的行为。

### 3. 价值观的制约

让一个企业的价值观真正从理念转化为行为习惯并产生绩效的，正是源自对价值观的管理，而不是价值观内容本身。价值观本身并不会自动转化为生产力，是否能够产生绩效，不仅取决于价值观本身，更取决于价值观的管理。比如很多企业学华为的价值观，但大多学不会，原因就在于此。不是价值观本身有多么高大上或难以模仿，而是价值观的管理让学习者难以模仿，这才是一个企业真正的竞争优势。不同国家、不同民族、不同的社会制度都可能拥有不同的价值观，其对事物的价值判断大不相同。因此，考评的标准、考评的方法、考评结果的处理方式都必须符合当时、当地的社会价值观，否则，考评结果将会难以服众，而且会对企业日后的发展造成负面影响。

### 4. 内部环境

内部环境指企业能够加以控制的因素。企业战略目标的制订及战略的选择不但要知彼，即客观地分析企业的外部环境，而且要知己，即对企业的内部资源、能力及核心能力加以正确的估计。企业内部环境是企业经营的基础、制订战略的出发点、依据和条件，是竞争取胜的根本。

（1）企业制度的配套建设。良好的业绩管理系统需要企业内部建立起各项配套的制度，以保证系统的正常运行。如配套的晋升机制、薪酬福利制度、培训开发制度以及良好的沟通体系的构建。

（2）员工的合作。员工是考评活动的主要参与者，员工对企业业绩管理体系的理解与合作对于考评的成功与否是至关重要的。

（3）高层领导的重视程度。企业内部领导的重视和支持是业绩管理成功的关键因素。只有领导重视，才能实现从上到下的重视，业绩考核才能全面推广。

（4）业绩管理自身的因素。业绩管理不仅受到组织周围环境的制约，而且还受到业绩管理自身一些因素的制约。如何量化业绩，也是考核是否推动企业发展的重要问题，如行政事务部门，工作的内容主要是一些具体的行政工作，无法像工人加工零件数一样计算业绩。这时，如果不能具体量化出其业绩的具体标准，就无法实现绩效评价。但我们知道，行政人员的办事效率也是其业绩的一部分。因此，业绩管理还受以下三个方面的影响：

①时空的局限。对员工考评的范围越全面越好，越充分越好。但由于管理人员直接与被考评的员工接触的时间非常有限，尤其是那些流动性较大的部门和一

些大型的跨国公司，每人各自工作生活的时空总是相互错开，因此，考评活动就不可避免地受到时空因素的限制。

②指标量化的困难。随着现代科技的发展，高科技也渗透到了员工的绩效考评，采用现代统计分析和计算机技术提高考评的效率和效果，以控制主观性，增加考评的客观性、可比性。但是，事实上由于人的行为的复杂性，在确定考评的指标过程中，要将全部指标都量化是不可能的，强行量化可能会走向反面。这也在一定程度上制约了绩效考评的客观性与科学性。

③主观因素的影响。绩效考评同样也是人对人的一种活动。在考评中，纠偏和控制考评过程中的误差是员工绩效考评的职责之一。定性考评和定量考评的结合势必会产生由于主观因素引起的偏差。

## 二、业绩管理与绩效考评

绩效考评通常也称为业绩考核或"考绩"，是针对企业中每个职工所承担的工作，应用各种科学的定性和定量的方法，对职工行为的实际效果及其对企业的贡献或价值进行考核和评价。它是企业人事管理的重要内容，更是企业管理强有力的手段之一。业绩考评的目的是通过考核提高每个个体的效率，最终实现企业的目标。在企业中进行业绩考评工作，需要做大量的相关工作。首先，对业绩考评的涵义作出科学的解释，使得整个组织有一个统一的认识。根据梳理专家学者对绩效考评的研究发现，绩效考评是现代组织不可或缺的管理工具。通过绩效考评，可以有效评价每一位员工的工作效率，对改进整个企业的业绩有很大帮助；其次，绩效考评是一种周期性检验与评估员工工作表现的管理体系，是由主管领导或相关管理部门对员工所从事的工作活动做出的系统的评价。有效的绩效考评，不仅能确定每位员工对组织的贡献或不足，更可在整体上对人力资源的管理提供决定性的评估资料，从而可以改善组织的反馈机能，提高员工的工作绩效，更可激励士气，也可作为公平合理地奖励员工的依据；再者，通过对业绩的绩效考评，可以有效达成企业组织目标。通过明确的绩效导向，建立必要的激励机制，可以有效引导企业员工产生以实现目标为核心的行为表现，以保证组织目标的实现。

但需要注意的是，绩效考评又是有别于业绩管理的。业绩管理是一个完整的管理过程。绩效考评则是业绩管理的手段和方式，侧重于判断和评价，是工作结果和行为表现的检测。二者的区别表现为：

（1）业绩管理是一个完整的管理过程；绩效考评则是业绩管理的手段和方式，是业绩管理的一个阶段。通过大数据，能够更加全面的收集业务活动过程中的各个因素，可以量化行为指标和各个环节的态度指标，从而区分业绩管理和绩效管理。

（2）考评后的激励和未来业绩的改善是业绩管理的核心，考评只是对绩效结果的考核和评价出具结论。

（3）考评有始有终，业绩管理却是一个管理的闭环，只要企业经营活动存在，业绩管理就没有结束。

因此，企业要重视对业绩的绩效考评，以评促建、以评促发展。通过提高员工对绩效考评结果的奖惩落差，来激励员工提高自身的工作效率，进而提高整个企业的生产效率和效益。

## 三、业绩管理的意义

### （一）对企业的意义

业绩管理在企业的生存与发展中具有重要作用。很难想象，一个企业没有业绩管理会是什么样子，同样也很难想象，一个正在进行业绩管理的企业突然失去了业绩管理会是什么样子。

第一，业绩管理保证组织目标的实现。业绩管理是以企业目标的实现为核心的，业绩计划制定、业绩标准设定、业绩过程管理都是围绕组织目标展开的。目标管理是业绩管理的一种重要形式。目标的实现与否是衡量业绩管理成功与否的重要标准。

第二，提高管理效率。业绩管理明确了管理方向，制定了管理标准，目标责任到人。作为管理者，不是事无巨细，而是运用管理艺术，通过必要的辅导、支持、监督、检查、组织、协调等管理手段，使管理效率大大提高。

第三，建立以业绩管理为核心的人力资源管理体系。业绩管理的导入，使企业人力资源管理的各个板块都围绕业绩管理展开，相互促进，不断优化，最终，企业的业绩管理呈螺旋上升趋势，不断的创造新高。

第四，建立以能力为中心的价值创造系统。价值增值（EVA）是企业业绩管理的核心目标，是企业价值追求的趋势。发展到今天，企业的经营目标已不再仅仅停留在利润目标的实现，更重要的是，企业经营中能否使净资产增值，已逐渐成为企业经营好坏的关键指标，然而，如何实现价值增值呢？正是能力，这一企业人力资源的核心要素，成为企业价值增值的保障。企业应把人力资源管理的重点放在核心竞争能力的锻造上。其基础就是人力资源核心能力的打造。业绩衡量的标准也以能力作为重要的标准。

第五，建立良好的激励机制。激励是以业绩为依据，同时又是以激发员工创造更好的业绩为目的的。业绩管理以其公开、公平、公正的管理方式，以其极具竞争力的目标设置，以客观、量化的内容尺度，从而建立了一种健康的激励模式，形成了良好的激励机制。

第六，建立和提升企业的核心竞争力，打造持续的竞争优势。通过大数据平台实施分析企业在行业中的地位，搜集和整理同行企业的运行特征，找出自身的薄弱环节，形成企业的核心竞争力。

第七，建立绩效导向的企业文化。以绩效为出发点，使员工能够明确自身的工作定位，并不断的提高。通过绩效考核体现员工在企业发展中的作用和地位，展现其主人翁的性质，使员工的工作更加的量化、细化，从而提高企业整体效率。

无论企业处于何种发展阶段，绩效管理对于提升企业的竞争力都具有巨大的推动作用，进行绩效管理是非常必要的。绩效管理对于处于成熟期的企业而言尤其重要，没有有效的绩效管理，组织和个人的绩效得不到持续提升，组织和个人就不能适应残酷的市场竞争需求，最终将被市场淘汰。很多企业投入了较多的精力进行绩效管理的尝试，许多管理者认为公平地评价员工的贡献，为员工薪酬发放提供基础依据，激励业绩优秀的员工，督促业绩低下的员工，都是进行绩效管理的主要目的，当然上述观点并没有错误，但绩效考核就是绩效管理、绩效考核的作用就是为薪酬发放提供依据这种认识还是片面的。绩效管理不仅能促进组织和个人绩效的提升，而且还能促进管理流程和业务流程的优化，从而最终保证组织战略目标的实现。

绩效管理通过设定科学、合理的组织目标、部门目标和个人目标，为企业员工指明了努力方向。管理者通过绩效辅导沟通及时发现下属工作中存在的问题，给下属提供必要的工作指导和资源支持；下属通过工作态度以及工作方法的改进，保证绩效目标的实现。在绩效考核评价环节，对个人和部门的阶段工作进行客观、公正的评价，明确个人和部门对组织的贡献，通过多种方式激励高绩效部门和员工继续努力提升绩效，督促低绩效部门和员工找出差距改善绩效。在绩效反馈面谈过程中，通过考核者与被考核者面对面的交流沟通，帮助被考核者分析工作中的长处和不足，鼓励下属扬长避短，促进个人得到发展；对绩效水平较差的组织和个人，考核者应帮助被考核者制定详细的绩效改善计划和实施举措；在绩效反馈阶段，考核者应和被考核者就下一阶段工作提出新的绩效目标并达成共识，被考核者承诺目标的完成。在企业正常运营情况下，部门或个人新的目标应超出前一阶段目标，激励组织和个人进一步提升绩效。经过这种绩效管理循环，组织和个人的绩效就会得到全面提升。

企业管理涉及对人、事的管理，对人的管理主要是激励约束问题，对事的管理就是流程问题。所谓流程，就是一件事情或者一项业务如何运作，涉及因何而做、由谁来做、如何去做、做完了传递给谁等几个方面的问题，上述环节的不同安排都会对产出结果有很大影响，极大地影响着组织效率。在绩效管理过程中，各级管理者都应从公司整体利益以及工作效率出发，尽量提高业务处理效率，不断进行调整优化，使组织运行效率逐渐提高。在提升了组织运行效率的同时，也逐步优化了公司管理流程和业务流程。它可以提高团队凝聚力，增强员工的积极性，可以更好地为企业效力。

### （二）对员工的意义

业绩管理对员工个人同样具有重要的意义。员工个人通常以被管理者和被考评者的身份出现。考评对他们来说意味着压力和焦虑，初期，通常表现出本能的抵触。然而，在必要的沟通和充分的理解以后，人们就会客观的发现，原来考评对他们来说，同样具有重要的意义。审视个人成长的轨迹及其基本需求，个人的成长需要业绩管理。

员工在绩效管理中受绩效文化的影响，大多会表现依恋团队的力量和企业的环境氛围，同时享受绩效管理带来的好处，并设法提高个人能力以提升绩效。企业可依据绩效对员工进行评价，员工的薪酬、奖励、晋升均依据员工的绩效表现而非领导者的主观判断。所以有效的开展绩效管理，通过绩效评估考核，绩效沟通，持续改进，不断提升企业和个人。绩效管理是共同进步的桥梁。

马斯洛的需求层次理论认为，人的需要包括生理需要、安全需要、爱与归属需要、尊重需要和自我实现的需要。人的需要是有层次的，是从低到高排列的，在生理需要、安全需要等基本需要满足以后，就会产生其他较高级别的需要。

良好的绩效考核管理可以充分地调动起员工的工作积极性。究其原因在于，绩效考核通常是在一个既定的期限内，由组织内部发起，并对该组织内的所有的员工为组织所付出的劳动和贡献给与客观评价。所以，员工可以通过绩效考核管理，使自己知道组织对自己先前工作成绩和工作能力的评价，以使他们能充分认识到自己的长处和短处，而在此之后，组织同样可以充分利用起员工绩效考核的评价结果，并对员工的优点进行激励，对员工缺点进行正确的引导，以使得它们可以知道自己未来的努力方向和在之后的工作绩效表现方面有所提高。

在员工个人的成长中，它需要了解自己与他人相比的结果，期望了解自己的绩效情况，期望得到社会的承认，这就是期望社会认同的需要（尊重的需要），业绩考评是他们达到之一目的的最佳方式。

不仅如此，业绩考评还可以帮助员工了解自身的不足，组织及时的给与帮助，使其改善不足，提升自我，不断进步。通过建立员工绩效档案，使员工得到较强的绩效激励，激发员工不断超越自我，创造更好的绩效。

业绩管理是员工自我管理的重要工具。业绩管理通过员工与上级主管沟通形成清晰的绩效目标，明确了个人努力的方向，同时组织可提供的资源也一清二楚。员工为了完成绩效目标，则必须自我规划，细化目标，制定相应的行动计划。这就是自我管理的过程。绩效考核管理是企业和员工之间针对工作成绩进行沟通的机会，以此使彼此能够有机会面对面地坐下来，将员工以往的工作行为进行开诚布公的讨论。并借此机会对那些工作效率低或者绩效表现相对较差的员工规范其行为，并引导该员工可以再接下来的绩效考核中可以有所提高。绩效考核管理是对员工进行奖励和激励依据，要想使绩效考核工作进行得切实有效，那么就应该把它的奖惩制度紧密结合起来，对有成就的员工及时奖励，这样才能激励大家为组织目标做出更大的贡献。

业绩管理体现充分的授权。授权是完成绩效目标的保障。是帮助员工提升自我管理水平和成熟度的必要条件。体现了人性关怀，表明了对个人尊严的尊重。

业绩管理激发员工潜能。业绩目标的制定让员工"跳起来摘桃子"。员工要完成理想的目标，就必须充分发挥自身的能力，不断的挑战自我，超越自我。大数据技术下通过量化各类数据，使业绩管理的过程为员工提供了一个重新认识自我，开发自我的过程，通过不断激发员工潜能，使其不断成长和成熟。

业绩管理与员工的职业生涯管理息息相关。员工的职业生涯要根据员工业绩表现不断进行修正和完善，良好的生涯管理是良好业绩的保证。业绩管理的根本目的是实现员工与企业的共同发展。员工与企业的共同发展是企业文化的核心理念和不懈追求。业绩管理是员工将个人目标与企业目标相统一的过程。员工通过对组织目标的认同，充分利用企业资源，实现自身的个人价值。企业在业绩管理中，注重发挥员工的主观能动性，尊重员工的个人价值与意愿，保证了总体目标的实现。绩效考核管理还可以为企业针对员工未来的晋升和培训发展提供相关参考依据。

绩效考核管理所提供给组织的信息可以帮助管理者们对员工未来的晋升和薪资待遇做出判断提供依据。当然，管理者们同样也可以凭借绩效考核的结果去淘汰一些表现相对较差的员工。与此同时，管理者们通过采用对员工进行定期考核的方法，可以追踪员工在组织内的整个发展和成长过程，也就是说通过绩效考核的方法去了解员工已经获得的进步或者新发现的缺点和问题。企业便可根据不同员工的具体情况为员工制定出新的培训发展计划，或对原有的发展计划做出调整。

## 四、业绩管理的核心内容

以工作分析为基础，以关键业绩指标（KPI）为核心，以绩效管理、薪酬管理为主要内容的业绩管理体系。利用数据分析可以有效找出关键业绩指标的核心指标，进而实现业绩的有效管理。

### （一）构建系统的关键业绩指标体系

关键业绩指标（Key Performance Indicators）是一种可量化的、被事先认可的、用来反映组织目标实现程度的重要指标体系，是绩效管理的有效手段，也是推动公司价值创造的驱动因素，其功能主要表现在以下几个方面：

第一，随着对公司战略目标的分解，使高层领导清晰地了解对创造公司价值最关键的经营操作情况；

第二，能有效反应关键业绩驱动因素的变化程度，使管理者及时诊断经营中的问题并采取措施；

第三，区分定性、定量两大指标，有力推动公司战略的执行；

第四，对关键、重点经营行为的反应，使管理者集中精力于对业绩有最大驱动力的经营方面。

1.确定公司级的关键业绩指标

公司目标通常可以体现在财务、战略、组织、公司价值四个方面。财务目标衡量业务单元的财务业绩，如收入、净利润等；战略目标是一种长期的、目标明确的衡量指标，衡量业务可持续的获利能力，如重点客户细分、客户满意度等；组织目标致力于建立一个能够吸引、保留和激励人才的强大组织，如人才保留、技能培养、风险控制体系等；公司价值目标是公司区别于同行业者的显著特点，如工作理念、专业化和职业化操守等。放入公司考核的指标一定是能够充分体现公司战略重点并广泛适用的关键性指标、结果性指标，公司的考核指标数量应该是 16 ~ 25 个，其他指标可以分解到部门或者进行关注跟踪。在大数据技术不断发展下公司的考核指标将更加精准。

2. 确定部门级的关键业绩指标

利用大数据分解主要业绩衡量指标意味着将适当的整体目标向下分解到企业内的各业务部门。分解衡量指标不是去确定主要业绩指标的多少百分比会被分解到部门和个人，而是为了将整体目标分解到各部门，让各部门能够明确公司的总体目标。尤其是大数据技术的广泛引用，可以有效发现整体指标与部门指标之间的数量关系，进而有效分解业绩指标。使有效分解的衡量指标成为各业务部门的业绩驱动因素，从而影响到公司的主要业绩衡量指标。另外，分解的量度不一定要全方位考虑整体的战略，而是与支持企业价值链相对应的业绩驱动因素，同时能够反映出正在进行中的支持业务战略的局部活动。因此，借助历史数据，就可以更好的量度部门指标和公司业绩的内在关系，实现对绩效指标的测量与修改，对不完全符合这些原则的指标进行修改或淘汰，筛选出最合适的指标，最终确定每一个岗位的关键业绩指标。因此，从公司绩效到部门绩效再到个人绩效指标，层层分解，层层落实，具体到个人关键绩效指标的设计，需要按照不同层级逐层设计。

（1）个人绩效管理设计思略：高级管理层。

①高级管理层不存在严格意义上的个人绩效，可以采用公司的 BSC 作为高管绩效的基础。

②高级管理层考核最常用的方法是整体考核法，因为高管级别的管理层的团结和协作对企业的长远发展是至关重要的，片面考核个人绩效是没有意义的。因此也可以采用公司整体绩效作为参数整体考核高级管理层。

③高管的绩效考核和薪酬之间的关系由董事会薪酬委员会决定。

（2）个人绩效管理设计思路：部门经理层面。部门经理个人绩效与部门的表现有非常大的关联，可以直接采用部门的关键绩效指标结果作为部门经理的个人绩效参数，因为战略绩效指标体系中已经包含了平衡发展的诸多指标。

（3）个人绩效管理设计思路。基层员工基层职位的个人绩效应当根据职位说明书、部门关键指标和部门业务实际要求灵活确定。

（二）构建科学合理的绩效管理体系

"科学"是指符合人力资源管理的基本原理，"合理"是指符合企业业务及管理的实际，具有较强的可操作性、实用性。

绩效管理既重视工作结果，也重视完成工作的过程，把结果考核与行为表现的评价结合起来。构建符合企业运作特点的绩效管理体系。

1. 明确绩效考核目标与原则

考核目的应包括了解工作绩效，考核目标体系的可实施性，为知人、选人、聘人、用人、评人、育人、留人、激励人提供依据完善组织工作，为职位变迁提供依据为分配体系的落实提供依据为进行人力资源规划、财务预算和经营提供信息为组织变革和发展的决策提供依据，同时监督检查组织变革和发展的进程与成效。绩效考核要做到客观、公正、公开、公平、科学、真实、准确、民主与集中相结合责、权、利相结合定性与定量相结合考核方法要科学、可行考核周期要适当考核等级或计分要合理考核结果要反馈考核人员要合格、到位考核要规范化制度化。

2. 重视绩效管理的科学性

尽管考绩的实施主要是直线管理者的职责，但专职人力资源管理部门和企业的财务部门也负有不可推卸的责任。人力资源部门应负责设计绩效管理实施方案，设计考绩制度；督促、检查、帮助本企业各部门贯彻现有考绩制度。直线管理者负责制定员工绩效标准，执行绩效管理方案；财务部门应负责出具员工的实际完成业绩数据。由此，把运动员与裁判员的职责区分开，把裁判员与规则制定者的职责区分开。从而保证绩效管理考核体系的科学性、有效性和客观性。

3. 加强对管理者的培训

管理者是绩效管理得以顺利推动和实施的中坚力量。绩效考核是一件综合性很强的工作，企业应认真组织各级管理者参加有关绩效管理的培训，赋予他们相关的知识，技巧和能力，掌握评价标准，从而避免主观判断。针对不同级别的、管理者，培训内容应有所不同。通过培训，进一步使管理者了解到员工绩效管理系统将会起到的作用，而在这个过程的最大受益者是他们，即首先是其自身的管理水平的提高，同时将会使他们从繁忙日常的事务中解放出来，去关注更为重要的计划与发展工作。

4. 全视角绩效考核系统，及时进行绩效反馈

根据工作是多方面及其业绩是多维度的原理，人们在实际工作中开发出了全视角绩效考核系统。据最新调查，在《财富》排出的全球 500 家大公司中，超过 80% 的公司在职业开发和绩效考核过程中应用了全视角绩效考核系统。此系统如此盛行，就在于它有集中多个角度反馈信息的综合性强的特点，信息质量可靠，通过强调团队和内部、外部大环境，推动了全面质量管理从多个人而非单个人那里获取反馈信息，可以减少偏见对考核结果的影响，从员工周围的人群里获取反馈信息，可以增强员工的自我发展意识。但是该系统也存在一些问题，比如员工可能会相互串通起来集体作弊，来自不同方面的意见可能发生冲突，在综合处理来自各方面的反馈信息时比较棘手。所以必须采取其他措施来辅助绩效考核。

5. 注重上下级之间的绩效沟通

一个绩效管理的过程，就是一个绩效沟通的过程。对管理者来说，绩效沟通有助于管理者及时了解员工的工作状况，针对员工问题进行相应的辅导和支持。对员工来讲，通过沟通能及时得到自己的工作情况的反馈信息和上级主管帮助，不断地改进不足。通过绩效沟通，使管理者与员工能够真诚合作，形成绩效伙伴关系。这样管理者的工作会更轻松，员工绩效会大幅度提高，绩效管理就成了很简单的事情。而且，绩效沟通也是一个发现人才、辨别人才的过程。绩效沟通主要体现在四个方面：目标制定沟通、绩效实施沟通、绩效反馈沟通、绩效改进沟通。四个方面相互配合，层层递进，共同构成了企业的沟通系统。首先，在制订绩效计划之前，企业管理者应该认清目标，分析工作，然后制定绩效标准，并把标准告诉员工，让大家进行讨论。其次，在进行考核的过程中，上级主管应与员工双方就计划的实施随时保持联系，全程追踪计划的进展情况，并及时为员工排除所遇到的障碍，必要的时候还要修订员工的计划。这是绩效管理体系的灵魂和核心。考核结束后，上下级之间也应该对考核结果进行沟通，以便找出每个员工工作的优点和差距，并确定员工今后改进的方向和措施，然后再设定新的目标。总之，通过沟通，企业要让员工很清楚的了解到绩效考核制度的内容、制定目标的方法、衡量的标准、努力方向与奖酬的关系、工作业绩、工作中存在的问题以及日后改进的方法。当然，领导更要聆听员工对绩效管理的期望和呼声，这样绩

效管理才能达到预期的目标。

（三）薪酬变革，建立以绩效为导向的有效的激励机制

考评结果最直接的应用表现在兑现奖励上。主要包括三点。

1. 薪酬激励

考评结果与绩效工资、奖金挂钩，绩效表现决定薪酬水平。首先，金钱。金钱的激励作用在人们生活达到宽裕水平之前是十分明显的。金钱包括工资、津贴、货币性福利等。显然，如果能将金钱激励与员工的工作成绩紧密联系起来，它的激励作用将会持续相当长的一段时期。其次，认可和赞赏。认可和赞赏有时可以成为比金钱更具激励作用的奖酬资源。在管理实践中，用认可和赞赏的方式对员工进行奖励，可以采取多种灵活形式。再次，带薪休假。带薪休假对很多员工来说，都具有吸引力，特别是对那些追求丰富的业余生活的员工来说，更是情之所钟。然后，员工持股。许多公司的实践证明，一旦员工变成所有者，他们不仅会以主人翁的精神投入工作，并基本不会做出损害公司效率和利益的行为。最后，享有一定的自由。对能有效地完成工作的员工，可以减少或撤消对他们的工作检查，允许他们选择工作时间、地点和方式，或者允许他们选择自己喜欢干的工作。

2. 晋升激励

考评结果是职位晋升的依据，绩效考评与人事管理联动；规范了类别途径，建立了晋升的阶梯，就为员工的职业生涯打通了道路。这样，员工就可以目标明确地通过努力不断地得到晋升。就像一滩活水和死水的比较，水都是一样多的水，如果你让它不断地在旋转，在流动，哪怕在内部流动，这个水就是活水。同样，通过绩效考核、能力考核和不断的晋升，员工就可以被激活，就能够不断地提高自己的业绩，提升自己的能力，企业也因此而得到持续的发展的机会。

3. 发展机会激励

考评结果兑现与员工的培训、培养等紧密结合，拓展绩效激励的空间和形式，丰富激励内容。构建科学薪酬激励体系与完善的培训体系，多维度地对员工职业生涯发展进行激励。

## 五、大数据背景下的企业绩效管理

随着互联网的高度普及和信息技术的快速发展，产生了大量的数据和信息。大数据技术应运而生，并逐渐应用于社会生产和生活的各个方面。

在企业发展过程中，绩效不仅关系到企业的经济效益，而且对员工的个人利

益有较大的影响。传统的企业绩效管理模式成本高，瓶颈效应出现后改进不及时。大数据管理理念的应用可以利用海量数据进行绩效分析，有效掌握人力资源状况，弥补传统绩效管理的不足。

因此，开发和应用基于大数据技术的企业绩效管理工具已经成为越来越多的企业赢得未来发展的必然选择。

（一）大数据技术下突出企业绩效管理的优势

1. 为企业机构改革提供帮助

新的工作模式在大数据发展的背景下，数据分析师和数据科学家等一系列新职位应运而生。这些人员专门挖掘和分析生产过程中产生的大量数据、操作和管理。经过对问题的深入分析和研究，给出了合理的应用建议。终端报警机制能够及时发现异常数据并反馈，及时纠正错误数据，充分维护数据完整性。对于企业绩效管理部门来说，不需要对日常生活中的数据和信息进行人力处理和统计分析，不需要组织绩效评估，不需要投入大量人力和时间参与整个评估过程，只需要将数据分析结果应用到管理工作中，不断完善和优化绩效管理体系，不仅可以有效减少常规工作量，还可以避免一系列重复性工作，全面提高管理效果。

2. 企业管理工具更加多样

便捷有效的管理工具在按照传统方法管理企业管理方面会有更多的问题，特别是在绩效管理方面，可以改变以往信息处理模式落后的问题。例如，广泛使用的传统 360 度绩效考核工作量大、周期长、结果不客观，考核指标更新不及时，容易导致员工本位主义和追求短期利益，从而影响企业的长远发展。因此，在大数据发展的背景下，企业改变了原有的绩效管理模式，利用云处理、信息化系统等多种手段是实现对企业生产、经营环节的全面参与，实现对绩效管理的多样化、实时性的监测和评价。

3. 根据考核目的设置多样化考核方案

多元化绩效考核目的随着大数据的不断发展，多元化的绩效考核方式已经出现，从薪酬福利导向逐渐向岗位晋升导向转变，使员工 360 度职业生涯考核成为可能。这样，不仅可以收集和处理各种绩效考核数据，还可以作为企业优化人力资源配置的参考依据，准确高效地优化考核指标的设置，从而提高整体工作效率。

同时，基于大数据技术的绩效考核体系可以帮助员工及时、深入地了解自己的特点和工作优势，充分发挥自己的才能，顺利开辟晋升渠道。

（二）在大数据技术提升企业绩效管理的效果

通过数据收集能力和数据处理能力的提高，企业绩效评价过程中可以有效提高绩效目标值的科学合理化水平。长期以来，企业管理部门主要通过应用工作经验和结构化数据来制定和评估企业发展战略，但如何准确有效地定位企业发展战略目标、客观公正地评价实施结果是各类企业面临的共同问题。为了实现科学合理的绩效目标值设置和绩效管理措施的有效实施，企业可以利用大数据技术将目标任务划分为若干个小目标，然后根据每个目标的内容划分为相关部门，从而细化职责分工，避免决策失误的发生。

1. 细分绩效考核的目标责任

第一，企业管理部门可以利用大数据技术对企业风险水平、经营状况、员工素质、市场情况进行全面分析，并根据企业发展需要制定科学有效的战略规划。

由于市场发展相对动态，大数据技术可以应用于预测和分析市场中同行业的业务趋势，掌握企业战略计划的执行情况，并辅以传统的绩效管理方法，如绩效仪表盘等技术，对战略目标进行合理的优化和调整，使之更加符合企业的实际发展。

第二，人力资源部门可以利用绩效管理工具逐步分解企业发展战略，使每个部门都能承担自己的职责，融入企业发展目标，并采取有针对性的措施来实施。例如，运用云计算技术对影响战略目标的各种指标进行分析，然后转化为运营目标，最后以绩效标准的形式转化为员工绩效管理，从而实现科学合理设定企业绩效目标值的目标。

2. 加强绩效管理的后台监督

由于企业中一些员工在实际工作中的应对状态比较严峻，他们在面对领导检查时会彻底改变自己的工作状态，在没有领导检查时会回到自由散漫的状态。传统的绩效管理和监督考核机制难以对员工的实际绩效做出客观公正的评价。

然而，在大数据时代，新的绩效管理工具可以用来实时了解和监督员工的工作状态。例如，可以通过使用由移动通信工具、办公邮件、OA平台等数据生成员工工作过程的数据信息。例如利用大数据可以收集以下数据信息：一是协调软件中的操作行为。利用管理人员的登录界面来充分了解员工的登录频率，反映员工对业务的操作频率和熟练程度，同时通过掌握网站的访问量，了解了解员工的工作状态和企业对外宣传的力度；二是协同事件的响应信息。利用操作系统的数据库获得参与协同的人员数量信息，以便了解企业内部协同的效率和效果；三是其他信息。如对于操作系统的使用情况，就可以搜集点击数据。文档、策划案的修改和讨论，可以通过查找修改文档数据、数据文件共享时间等拉反映员工的工作状态和效率。

此外，管理者可以通过大数据信息库为企业员工建立个性化的数据文件。使用数据库可以有效地分析员工的行为习惯，预测员工的职业发展需求，充分了解上级和员工之间的互动与合作，进而解决企业员工自身存在的问题和面临的困难，为提高工作效率、实现企业价值最大化提供了帮助。

3. 完善企业绩效管理体系

为了建立更加全面、科学、有效的绩效管理体系，企业绩效管理工作需要根据企业的实际发展，不同的工作性质，不同的员工岗位，选择有针对性的操作、管理和考核模式，同时，企业、部门和员工个人目标的统一和协调必须得到考虑。基于大数据技术的管理工具，基于可靠的数据，可以使评估模式的选择更加科学合理，独立于人的主观反馈，可以使绩效管理所需的数据采集更加方便、准确及时，进一步帮助企业不断完善绩效管理体系。

4. 提高绩效管理反馈和应用的有效性

关于绩效管理的反馈和应用，当前企业普遍采用管理者根据绩效考核的结果和考核过程中反映的问题与员工面对面交谈的方式，通过全面了解和分析事件的原因，提出改进措施。这种模式容易导致企业员工不敢说真话，逃避责任，绩效管理部门无法真正有效地解决出现的各种问题，使企业处于被动发展的地位。

在大数据技术背景下，企业员工可以利用大数据平台实时了解自己的工作完成效果，并提出绩效考核体系的设想。另外可以大数据平台匿名收集企业员工真正的想法，挖掘员工中作中的行为数据，从而帮助管理者及时掌握绩效管理状况和员工的反馈。

# 第十章　企业组织结构设计

## 第一节　企业业务流程再造

云时代的来临，大数据也吸引了越来越多的关注，大数据，指无法在一定时间范围内用常规软件工具进行捕捉、管理和处理的数据集合，是需要新处理模式才能具有更强的决策力、洞察发现力和流程优化能力的海量、高增长率和多样化的信息资产。

随着科技和经济的发展，大数据业务应用得越来越广泛，现有的大数据业务维度复杂，关联性能差，数据清洗和迁移的效率较低。

良好的业务流程设计是保证企业灵活运行的关键。明确、高效的管理或业务流程可以给企业带来巨大收益。清晰地定义业务流程之间的界面，可以降低业务之间的耦合度，使得对局部业务流程的改变不会对全局的流程产生灾难性的后果。

企业的目的是实现自己的价值，而价值的实现取决于企业是否满足顾客的需求。企业业务流程设计应从顾客需求出发，以使顾客满意为目的。顾客的需求决定业务流程的主要内容和基本模式流程设计的起点；明确顾客需求和需求模式，从而确定业务流程的主要内容和基本模式；实现用户利益最优化。顾客的需求内容主要为产品或服务的功能特性、技术特性、服务特性，顾客需求模式包括所提供产品或服务的数量、时间等。

对整个企业的业务流程进行建模是一个相当复杂而有挑战性的工作，企业使用业务流程建模来可视化地记录、理解和改进其流程。业务流程建模是业务流程管理（BPM）的一个重要组成部分，它可以用作服务企业的工具来绘制企业流程的基准，从而规划企业的未来。但是，要获取衡量流程改进的有效性基线至关重要，这也是业务流程建模在实践中发挥作用的第一步。一般来说，建模需要处理好以下几个方面：

## 一、建立信息化流程

企业在设计信息化的业务流程前，首先必须对流程的概念有足够认识。流程是指在一定的基点之间按照一定的逻辑关系以一定方式实现的活动。这里有四个要素不可或缺，即活动、形式、逻辑关系、基点。基点，特别是关键基点也是分析流程的突破口。找准流程的关键基点，分析它们之间的信息和功能需求，以及实现需求的最经济流程，并对现有流程做适度调整、增删，以使其时间更短、资源耗用更低。具体来说，对流程相关环节的增加、消除、简化、合并、调整都有可能在实际工作中采用。至于对整个流程体系的彻底推翻和重组则需要慎重，尤其是要考虑企业管理机体的承受能力和业务运营上可能带来的巨大冲击，以及如何化解这一冲击。采取自上而下的方法，先设计总体流程，然后逐级展开。比如，在企业的经营活动过程中，每一个业务子流程都有特定的目标性和明确的任务及相对应的组织形式。在一个业务中可能有一种活动或多种活动。例如，库存发放材料活动的目的是，依据领料单上的物料品种、需求量发放原材料给生产班组，在该库存发放材料的业务流程中只有发料的活动。又如采购业务活动的目的是，依据采购单要求，按时、按量地采购原材料，及时送到检验部门进行质量检查，将检验合格原材料送到仓库保管，而在该采购业务流程中有采购、送检、入库活动。

主要的业务流程是由直接存在于企业的价值链条上的一系列活动及其之间的关系构成的。一般来说包含了采购、生产、销售等活动。辅助的业务流程是由为主要业务流程提供服务的一系列活动及其之间的关系构成的。一般来说包含了管理、后勤保障、财务等活动。

## 二、信息化流程的层次关系

业务流程之间的层次关系反应业务建模由总体到部分、由宏观到微观的逻辑关系。这样一个层次关系也符合人类的思维习惯，有利于企业业务模型的建立。一般来说，我们可以先建立主要业务流程的总体运行过程，然后对其中的每项活动进行细化，建立相对独立的子业务流程以及为其服务的辅助业务流程。对于国内的企业来讲，业务流程的管理按照其变革的程度应该分为三个层次：业务流程的建立和规范、业务流程优化、业务流程重组。

（一）业务流程的建立和规范

第一个层次是业务流程的建立和规范。在一个企业尤其是中小企业建立的初期，由于企业生存的压力，管理者普遍关注市场和销售，对流程和制度不重视，运作基本靠员工的经验和一些简单的制度，企业的成功往往取决于企业主的个人能力和一些偶然的机会，比如拥有该行业成功所需要的特定资源。处于这个层次的企业，当在解决了生存问题，开始走向规模化的时候，面临着从人治向法治的转变。这个时候解决的是一个从无到有的问题，象许多企业推行 ISO 9001 体系或其他一些基本制度的建设，都是为了解决这个问题。国内的大部分中小企业和一些市场化程度不高的行业里的企业大都属于这个层次。

处于第一个层次的企业，面临的最大的问题是无序，通常会出现组织结构不健全，机构因人设岗，权责不清和没有制度流程等问题。这些企业通常没有成型的组织机构，谁熟悉哪一块也就由谁负责该项业务，职能通常会有交叉，企业的运作基本上依赖于人的经验和惯性，经常会发生越级指挥事件，同时会表现出高度集权的特点。

从流程管理的角度，这个时期的企业急需的是建立起基本的流程和规范，如业务运作流程、作业指引、岗位说明书、人力资源管理体系等。这个时期的企业不能强求业务流程的精细，关键是明确权责，识别和描述流程，使工作例行化。

（二）业务流程优化

第二个层次是业务流程优化。由于企业规模的扩大，组织的机构会逐渐庞大，分工会越来越细，企业官僚化程度也在随着增加，这个时候面临的最大问题是低效，也就是效率的低下，通常这类企业会表现出以下特点：组织机构完整，甚至大而全，也有书面的职责说明、制度流程，但是会出现部门间合作不畅，跨部门流程工作效率低下，决策时间长，制度流程虽然有但是没有达到精细化的程度，流程执行不到位等问题。有相当一部分企业还通过了 ISO 9001 认证或有完整的制度流程体系。具备这个特点的企业一般是一些迅速膨胀后颇具规模的民营企业和一些国有企业。其业务模式相对稳定，而且通常企业发展比较快。

在这个阶段的企业需要解决的问题是如何提高企业的效率和反应速度。通常采用的方法是先对现有流程的绩效进行评估，识别缺失的关键环节和需要改善的环节，针对流程各环节可以从以下四个角度进行分析：

（1）活动：是否过于复杂，存在精简的可能性。

（2）活动实现形式：是否能用更有效率的工具来实现活动。

（3）活动的逻辑关系：各环节的先后关系可否作调整以达到改进目标。

（4）活动的承担者：是否可以通过改变活动的承担者来使流程更有效率。

然后通过对现有流程的简化、整合、增加、调整等方式来提升流程效率，还可以通过明确流程所有者（process owner）的形式来监督流程的整体表现，从而避免部门间推诿的问题。

一般在进行流程优化的时候关注的是相对低层次的流程的效率和成本等，可以采用一些方法和工具对现有的流程进行改良，同时强调流程的有效执行，一般不会涉及大的组织变革和流程变革，这个时候解决一个从有到更好的问题。

业务流程优化的特点是一些局部的变革，对企业的冲击相对较小，相对比较容易实施，缺点是只是一些改良，对一些存在结构性问题的企业往往不能解决根本性问题。

（三）业务流程重组

第三个层次是业务流程重组。这个时候往往是公司的战略转型期，需要对流程进行根本性的变革，需要全面评估业务流程，需要根据战略对流程进行重新设计和重组流程以适应公司的战略，流程重组往往伴随着 IT 系统的实施、重大的组织变革和业务模式的变革。这个阶段往往是一次重大的管理变革。

这个时候企业的流程本身并没有很多的问题，但是往往不能适应新的战略，一般伴随 IT 系统的实施或者新的战略调整，需要对企业的流程进行全面的评估和战略性思考，同时随着流程的调整需要进行一系列的配套措施。

业务流程重组因为往往伴随着业务模式的调整，是一次重大的管理变革，存在较大的实施风险，但一旦成功，往往能给企业带来业绩的重大改善。

这三个层次的流程管理适用于不同阶段的企业，当然它们之间的界限不是严格意义上的。在进行业务流程的规范时，最好能对流程进行一些优化，业务流程优化和业务流程重组之间的界限也只是程度上的区别，关键是进行流程管理时根据管理的现状采用合适的方法和步骤。

业务流程之间的层次关系一定程度上也反映了企业部门之间的层次关系。为使得所建立的业务流程能够更顺畅地运行，业务流程的改进与企业组织结构的优化是一个相互制约、相互促进的过程。业务流程贯穿了企业管理的各个层次，因此需要分层，有一种方案分为三层：第一是战略层，流程管理的最高层次，比如战略规划和新产品开发等；第二是经营层，与企业主要业务相关的，反应经营情况的流程，比如生产和销售方面的流程；第三是支持层，支持以上两种层次的实现，比如财务方面的流程，在生产和销售过程中经常要涉及财务问题，需要进入财务方面的流程。

## 三、企业合作关系

企业不同的业务流程之间以及构成总体的业务流程的各个子流程之间往往存在着形式多样的合作关系。一个业务流程可以为其他的一个或多个并行的业务流程服务，也可能以其他的业务流程的执行为前提。可能某个业务流程是必须经过的，也可能在特定条件下是不必经过的。在组织结构上，同级的多个部门往往会构成业务流程上的合作关系。管理部门包括以下三类：

1. 专门设置的业务流程管理部门

作为一个组织实体存在的，专门处理业务流程管理相关事务的部门。

2. 业务流程管理相关部门

由于业务流程与企业各项业务都有比较紧密的结合，因此一些企业业务流程管理职能被分散到多个部门，它们共同完成业务流程相关的管理功能，比如：战略规划部，负责业务流程管理性工作；信息中心，负责与 IT 相关的业务流程管理工作；具体业务部门，主要管理与本部门直接相关的业务流程。

3. 虚拟的流程管理部门

通过某种技术或管理手段，将多个部门中与业务流程管理相关的岗位集成到一起，组成的虚拟组织机构。其岗位和职责分为如下几大类：

（1）流程分析。在业务人员的配合下，对企业流程的现状进行分析，组织和协调对现有的流程进行分析、仿真和优化。

（2）流程设计。流程设计会涉及一些专业知识，一般都由各个部门中熟悉本部门业务的人员完成，或提出具体需求后由流程建模人员协助完成设计。

（3）流程协调。对跨组织的业务流程进行组织间的协调工作，包括两类：

①企业内协调：有些业务流程涉及多个部门，流程协调人员主要进行具体的沟通工作。

②企业外协调：负责与合作伙伴在流程方面的沟通，比如对客户和供应商。

（4）流程建模。将流程设计人员的设计结果转化为标准化的形式，一般是某种模型表达方式，并通过模型实现对业务流程信息的维护。

（5）流程审核。针对业务流程模型进行审核，以确定流程是否发布。

（6）流程执行监控。负责对流程执行过程进行监控，保证各项工作按流程规定的步骤进行，包括两类：

①流程监察人员：专职对流程的执行情况进行监察。

②质量管理人员：一部分质量管理人员由于需要通过流程进行质量控制和保证，因此属于流程执行监控的范畴。

（7）流程标准化。制定和审查流程相关的标准和规范，比如各种术语、符号等。

（8）流程负责人。每一个完整的流程设定一个流程负责人，由他全面组织和协调该流程的设计、分析、优化、执行和绩效分析。

（9）流程总监。主持业务流程管理的全方位工作，就流程负责各个部门之间的总体协调。

（10）流程信息管理。包括：流程发布，将通过审核的流程发布到全企业或指定部门，开始流程的正式使用；对流程各种信息的采集和整理，包括合作伙伴和竞争对手在流程方面的信息；管理相关档案。

## 四、企业信息化在业务流程上的贡献价值

企业的效能离不开对企业的业务流程进行分析，企业信息化是企业进行业务流程重组最为重要的手段，从企业的业务流程角度来对企业进行研究是有效而且必需的。无论企业实现信息化还是进行业务流程重组的目标都是一致的，提高企业各条价值链的效能是根本所在。

建立更高效的决策体系：在企业员工能充分分享信息的情况下，就能制定出更细腻的业务规则，使决策点降低，反应速度更快。

提高企业的执行效率：通过信息系统更快速地下达生产指令、物流调配指令，以及进行复杂的计划运算，从而达成提高产能、降低成本的目的。

业务流程的价值链：信息化系统支持业务流程重组的意义提升流程链的价值，完成信息化系统之后，流程链可以被延伸更广的范围，个体行为对企业流程的价值能得到更好的分析利用。

对管理核心的贡献：企业管理核心包括物流、信息流、资金流，在信息技术的帮助下这些流动才能更为顺畅。在研究中，应该深入分析企业是否在信息化过程之后，这些管理因素是否更为清晰明朗。

# 第二节　组织结构设计

一个企业从工商注册成立之后，就开始面临经营管理的问题，其中就包括如何规划企业的组织结构。而一个企业的组织结构是一个企业存在的基本框架，就像人体的骨骼结构一样，是一个组织存在的基础。因此，对一个企业的组织结构设计进行研究是非常必要的，值得企业花大力气去做好这样一个设计。组织结构设计得合理，可以形成整体力量的放大，否则，也有可能造成各方力量的相互抵消。组织结构不是一成不变的，是随着企业战略、规模、业务范围及发展方向不断进行调整的，以确保组织结构设计能适应企业不同的发展阶段。

## 一、组织结构设计的原则

组织结构的设计需要遵循古典设计原则：

（1）指挥统一。就是指一个人只能有一个直接上司。

（2）控制幅度。每个人能够管理的跨度其实是有限的。那么从理论上来讲，一般的管理跨度比较适合的是五六个人，越到基层，管理的跨度越大，越到高层，管理的跨度越要变小。

（3）分工。组织结构设计的关键是分工，分工有横向和纵向两个方向。纵向分工是企业的经营分工，这条线决定着绩效的分配，所以常常又称之为职权线。在纵向可以看到企业承担绩效的层级、管理的层级以及考核的对象。因此在这条线上，纵向分工就是确保承担绩效的人权力最大，与总经理的距离最近。横向的分工是资源线，也就是说公司所有的资源都在这条线进行专业分配，保障业务部门能够获得支持，所以横向分工是职能线。横向分工最重要的是专业化分工以及专业化水平，同时为了能够确保资源的有效使用，横向分工一定要尽可能简单，尽可能精简，能够减少就不增加。

（4）部门化。必须把做同一件事的人放在一个部门里交由一个经理来协调，这就是部门化的原则。如果没有把做协同一件事的人放在一起，资源就会被分解掉，也就会浪费掉。

组织结构的核心是分责、分权，所以我们还需要确定一件事情，就是纵向分工所形成的职位，这样，让职能部门为一线部门服务才不会成为口号。

组织结构设计的另一原则就是如何让结构适应环境的变化。其实影响组织结构改变的因素非常多，包括管理路线及作风、企业规模、员工性质、组织目标、策略、组织环境的稳定性、部门之间的差异等。于是我们常常可以看到，一个组织更换一个领导者，组织结构就会变换；员工能力的改变，组织结构也有可能调整。也许这样调整组织结构是错的，因为领导风格或者员工性质是影响组织结构的因素，但不是调整组织结构的影响因素。

影响组织结构是否调整的四个因素是：策略、规模、环境和技术。这四个因素改变的时候，组织结构就需要做出相应的调整，否则结构会禁锢企业的发展。如果这四个影响因素没有改变的话，组织结构也可以不改变。

当然在实际的企业管理中，什么时候应该聘请职业经理人？为什么无法保证战略落实到实际的执行中？为什么很多经理人无法获得合适的发展机会，而老板又认为没有办法把企业交给职业经理人？

其实，出现这些问题从组织管理的角度看，是组织结构不能适应企业发展所导致的。正如前面所言，在影响组织的关键要素中，战略、技术、环境、规模这四个影响因素改变的时候，组织需要做出相应的改变；同时我们还要知道，组织需要解决的权力和责任是否匹配的问题，拥有权力的人必须承担相应的责任。从简单的意义上讲，组织结构的设计更重要的是权力的分配，或者叫作授权和分权的设计。为什么一定要这样呢？这又与企业所处发展阶段有关。

## 二、调整组织结构

组织结构调整就是组织内部结构的改变。组织结构是指组织成员为完成工作任务、实现组织目标，在职责、职权方面的分工、协作体系。组织结构又可称为权责结构，是员工在职、责、权方面的结构体系，是实现组织目标的一种手段。组织结构的本质是员工的分工协作体系。企业处在不同发展阶段，组织结构不应静态趋同。根据企业所在行业的特点，对组织结构的设计也有其不同要求。在设置和调整组织结构时，首先要明确企业发展的总体战略目标及其发展方向和重点。例如，日本丰田汽车公司提出了"逢山必有路，有路必有丰田车"的战略目标，倡导以"降低成本取胜"，其组织结构更加侧重于生产过程的有效控制；而德国的奔驰汽车公司以提高产品的科技含量为导向，确定了"领导世界汽车新潮流"的总体发展战略，其组织结构更加强调了科技研发的重要地位和作用。

# 第三节　大数据下的组织变革

## 一、企业组织变革的背景

企业利用先进的计算机和通信技术，来辅助生产管理和决策，更重要的是它要求改变传统的不合理的管理体制结构，建立更加有效的企业组织结构和管理模式，以适应新型市场的需要。例如 ERP、CRM、SCM 等就是将现代企业管理思想与先进的信息技术相结合的产物。国家信息中心的张新红在《我国企业信息化发展现状》中明确指出，企业信息化建设不仅是技术变革，更是思想创新、管理创新、制度创新。在重大信息化工程建设之前或在建设中对现有组织机构、管理制度、运行模式进行适时、适当调整，将使信息化建设事半功倍。信息化的成功实施，首先需要企业具备科学合理的管理体制，而我国大多数企业在这方面还存在很多问题。

### （一）传统的组织结构和管理模式存在许多弊端

我国现行的企业模式是工业经济和计划经济的产物，是一种以权利为中心的严格的等级制度，企业内部劳动分工精细，专业化程度强，并且职能部门众多，在此基础上形成了一种"科层制"的"金字塔"型结构。不可否认，这种传统的等级制度在工业时代发挥了巨大作用，大大提高了企业的生产效率，但面对新的市场环境，它的弊端也越来越明显地暴露出来。

一方面，严格的等级制度使得信息在上下级之间纵向传输时常常要跨越多个层级，不仅影响了信息的时效性，也降低了其准确度。内部信息不通畅，使得企业对变幻莫测的市场就不能及时做出反应，从而降低了企业的竞争力。专业化分工的精细，职能部门的众多使得部门间信息的横向传递也受到阻碍，不能进行有效的沟通和协作。并且部门之间的相对独立也容易形成各自为政的局面，企业的员工更关心本部门的利益而不是企业整体的利益。由此，作为一个组织，企业的整体效力得不到充分发挥，还造成了资源和时间的浪费。另一方面，严格的等级制度也不利于激发员工的积极性和创新精神，从而使企业缺少生命力和活力。

企业信息化要求企业无论是在纵向还是在横向其信息传输都应畅通无阻，实现最大程度的资源共享，并且应将企业作为一个统一整体来看待，实现内部资源的高度整合，这样才能适应快速多变的市场，从而提高企业整体竞争力。因此要实现企业信息化，首当其冲是组织结构上的变革。

（二）市场环境的变化要求企业进行组织变革

传统的市场是以产品为导向的市场，随着技术的进步，劳动生产率的提高，市场的供需关系发生了重大变化，逐步形成了以客户为导向的市场。企业的竞争力不仅仅体现在产品的质优价低，还体现在能否提供个性化的商品以满足不同客户的需求。要满足顾客的多样化需求，企业就要收集大量复杂的市场信息和客户信息，并进行有效的分析研究，及时做出反应。同时，在新型市场中，客户的角色也发生了变化，不再是产品的被动接受者，而是主动参与到产品的设计、生产、配送以及售后服务的全过程中，从而也加大了企业与客户的信息传递量。

因此，新的竞争环境要求企业能够对大量复杂的市场以及客户信息做出快速准确的反应，而传统的管理体制由于存在繁多的监控制度和审批手续，而无法达到这个要求，从而使企业丧失了市场竞争优势。面对日益激烈的市场环境，也要求企业进行组织变革。

（三）组织变革是企业信息化成功的关键

目前国内很多企业将信息化错误地理解为仅仅是购买几台计算机、连上网络、安装上相应的软件，然后将原有的手工业务处理照搬到计算机上，由计算机代替人工来完成就万事大吉了。他们虽然投入了大量资金进行信息化建设，但更多的是关注设备的购买和技术的更新，而忽视了与此密切相关的管理模式、管理方法的变革。其实这只是看到了信息化的表面现象而没有深刻理解其本质，这种做法不但不会提高企业的管理水平，还会造成资源浪费，从而产生负面效应，甚至影响企业管理者对信息化的信心。要充分发挥信息技术的优越性，就必须对组织结构、管理制度进行合理的、有计划的甚至是彻底的调整，正所谓"三分技术，七分管理"，这比单纯地购买硬件、安装软件要复杂得多也困难得多，但又是不能回避的问题，否则再好的信息系统也发挥不出作用。所以企业要想真正实现信息化首先要进行组织变革。

无论是企业内部的自身要求还是迫于外部市场环境的压力都要求企业改变原有的组织结构和管理模式，以适应信息时代的竞争和发展要求。

## 二、信息技术促进了企业的组织变革

企业信息化要求企业在组织结构和管理模式上进行变革，信息技术的应用不但使得变革成为可能，并且加速了这种变革。企业在引入信息技术之前必须先重组现有的组织构架，理顺业务处理流程，改变传统的管理模式，这是保证信息技术发挥其效用的根本。反过来，在企业中创造性地利用信息技术，可以提高信息处理速度和准确性，辅助管理决策，从而减少企业的中间管理人员和职工数，减少组织层次，变集权式管理为分权式管理，使管理体制更为合理。信息经济学家乌家培教授在《未来管理的五大趋势》一文中提出，信息革命将继续引发管理及管理科学的变革，使管理在功能、组织、方法和理念上产生根本性变化，呈现新的发展。

（一）信息技术对组织结构的影响

信息技术改变了传统的信息收集、加工、处理方式，运用计算机强大的计算能力不仅增加了信息的处理量，也加快了信息的处理速度，并提高了其准确度。信息的传输能力极大地加强，通过电子邮件、BBS（电子公告牌）、视频会议等通信技术可以在同一时间将信息在整个组织范围中扩散，而免去了中间层的上传下达，减少了信息流通的中间环节，这样就弱化了中间管理层的效用，推动了企业的机构精简。传统的等级制度对待信息是一种保护和控制的政策，个人看成是信息的主人，其权利的大小与所拥有的信息量成正比，所以大家都极不情愿放弃自己手中对信息的控制权。然而信息不像其他资源，它的价值就在于能够与人的能力相结合而产生有用的知识，所以使用它的人越多其产生的效用也就越大。企业信息化就是基于这个思想，利用信息技术建立高度共享的信息系统从而打破了信息的等级界线，发挥出资讯的最大价值。信息技术强大的信息处理能力和传输能力，使得各层管理部门的内部交易成本也大大下降，从而扩大了管理的幅度。这样一个更加扁平化的组织结构就在信息技术的支持下逐步建立了。

（二）信息技术促进管理模式的变革

传统的企业管理是一种集权式管理模式，企业的领导者扮演着指挥官的角色，企业中大大小小的决策都由他一个人说了算，并且都必须经过他的审批才能执行。这一是由于代理问题的存在，为了控制代理成本，企业不敢将权利过于分散化，二是由于过于分散的权利组织形式也不利于企业集中各方面的信息进行统一决策，而这一切都是以增加交易成本为代价的。由于这种层层审批和监控制度既浪费了人力又影响了组织的运行效率，所以企业的总成本还是不能进一步降低。并且由于企业的领导者不可能是各方面的专家，所制定的决策难免带有主观性和片面性，所以这种集权化的管理模式也不利于企业制定最优决策。运用信息技术可以在一定程度上缓解以上矛盾。信息系统利用其强大的信息传输能力可以将代理人的信息及时传递给委托人，并且由于系统的开放性也增加了信息的透明度，这样就可以有效地减少监督控制和绩效考核的成本，并且提高了其工作质量。同时由于其强大的信息获取能力可以在更广范围内获取更多的信息，并且可以将这些信息高度集成，从而有利于企业管理者制定整体最优的决策。这样，组织的权利就不必过于集中，领导者也可以由指挥官的角色逐步转变成教练员的角色。

## 三、企业组织方式的变革

随着时代的发展，原有的企业管理制度已经不能适应新的市场环境的变化，也不符合资讯时代的要求，那如何对它进行有效的改造呢？1993 年美国学者哈默（Hammer）和杰姆培（Champy）提出了企业流程再造（BPR），是指对企业业务流程进行根本的再思考和彻底的再设计，从而获得在成本、质量、服务和速度等方面的巨大提高。企业流程再造实际上是站在信息化的角度上对企业组织进行变革。

（一）精简机构

现有的管理体制造成机构庞大，人员众多，从而导致人浮于事，效率低下。随着互联网信息技术的不断发展，企业的办事效率已有了很大的提升空间。因此企业首先应精简机构，裁剪多余的机构例如各类协调委员会，合并类似的、相互重叠的机构。

（二）组织结构扁平化

传统的"金字塔"型组织结构是一种高长形的组织结构，它的特点是管理层次众多，而每个层次人员少，管理幅度窄。新型的组织结构应该是一种扁平化的，既尽量缩减管理层次而增大管理幅度，在一定的企业规模下，以有限的管理层次和尽可能大的管理幅度来进行组织管理。

（三）转换企业管理者的角色

传统的"金字塔"型组织结构伴随的是权利的过度集中，企业中无论大事小事都要经领导审批才能执行，使得企业行动缓慢。随着组织结构的扁平化，企业领导应适当放权，从指挥官的角色转变到教练员的角色，充分发挥企业员工的创造性和积极性。

（四）建立动态的网络化组织

一个成功的企业不仅应关注自身的内部管理，还应与外部市场、客户、供应商等建立有效的连接，以构成一个网络化的组织，并且能够根据市场环境的变化及时进行自我调整，形成动态化的网络格局，这样才能加快市场反应速度，提高客户满意度，最终增强企业的竞争力。

# 第十一章  大数据下管理会计的未来和方向

## 第一节  大数据与管理会计的融合发展

### 一、把握科技前沿，助推大数据发展

（一）研究制定新时期大数据产业发展的顶层规划

"十四五"时期，大数据产业对经济社会高质量发展的赋能作用更加突显，打造大数据产业核心优势、支撑构建以数据为关键要素的新发展模式已成为各方共识。要从全国统筹发展角度，对新时期大数据产业发展进行前瞻部署，明确数据资源管理、数据技术产品协同攻关、数据融合应用、大数据企业主体培育、区域集聚发展、产业生态建设等重点任务和实施路径，创新发展手段，落实任务责任主体和关键举措，充分引导产业供给能力提升，释放产业价值，赋能经济社会发展。

2020 年，随着网络全面普及、大数据技术无处不在、要素广泛连接，数据日益成为经济社会全要素生产率提升的新动力源，数据资源掌握的多寡成为衡量各个主体软实力和竞争力水平的重要标志。同年 4 月，中共中央、国务院发布《关于构建更加完善的要素市场化配置体制机制的意见》，明确提出"加快培育数据要素市场"，进一步强化了数据作为生产要素的重要性。在政策引领下，企业、高校等多类主体围绕数据资源定价、交易等加强研究和探索力度。

展望 2025 年，随着数据要素可参与分配的政策红利效应释放，政府、企业、社会组织将纷纷参与数据要素市场建设，积极探索数据资产有效运营和价值转化的可行途径。电信、金融等数据治理模式较成熟的行业加速数据运营和服务创新；交通、旅游、医疗、制造业等拥有丰富数据资源的行业深入探索基于大数据的业

务变革;政府、民生等领域更加重视大数据平台建设,推动大数据应用成果融入决策、服务于民。大数据要素市场机制建设将成为地方改革重点,为数据在各行业、各业态、各模式中的融通应用和价值释放铺平道路。

(二)强化大数据核心技术创新突破

当今世界,新一轮科技革命和产业变革正在孕育兴起,信息产业格局面临巨大变革。大数据推动下,信息技术正处于新旧轨道切换的过程中,分布式系统架构、多元异构数据管理技术等新技术、新模式快速发展,产业格局正处在创新变革的关键时期,我国面临加快发展重大机遇。

在软硬件方面,国内骨干软硬件企业陆续推出自主研发的大数据基础平台产品,一批信息服务企业面向特定领域研发数据分析工具,提供创新型数据服务。在平台建设方面,互联网龙头企业服务器单集群规模达到上万台,具备建设和运维超大规模大数据平台的技术实力。在智能分析方面,部分企业积极布局深度学习人工智能前沿技术,在语音识别、图像理解、文本挖掘等方面抢占技术制高点。在开源技术方面,我国对国际大数据开源软件社区的贡献不断增大。

2020年,受新冠肺炎疫情倒逼,大数据技术、产品和解决方案被广泛应用于联防联控、产业监测、资源调配、行程跟踪等新兴领域。百度、众云利用大数据平台优势打造"疫情地图",实现疫情数据实时更新,以及潜在疫情动态监测。电商平台发挥"大数据+供应链"优势,通过智能调度进行供应链柔性配置,最大程度满足疫区医疗防护物质需求。随着各行业领域大数据应用主体持续增加、应用需求大量激发,国外先进、通用的技术路线越来越无法适应庞大、多元、复杂的融合诉求,与业务特点相匹配的个性化、定制化大数据解决方案日益受到青睐。

展望2026年,以大数据为代表的新一代信息技术主导权竞争日益激烈,我国拥有技术能力的企业在大量创造数据应用新场景和新服务的同时,将更加注重基础平台、数据存储、数据分析等产业链关键环节的自主研发,并有望在混合计算、基于AI的边缘计算、大规模数据处理等领域实现率先突破,在数据库、大数据平台等领域逐步推进自主能力建设。

围绕数据科学理论体系、大数据计算系统与分析、大数据应用模型等领域进行前瞻布局,加强大数据基础研究。发挥企业创新主体作用,整合产学研用资源优势联合攻关,研发大数据采集、传输、存储、管理、处理、分析、应用、可视化和安全等关键技术。突破大规模异构数据融合、集群资源调度、分布式文件系统等大数据基础技术，面向多任务的通用计算框架技术，以及流计算、图计算等计算引擎技术。支持深度学习、类脑计算、认知计算、区块链、虚拟现实等前沿技术创新，提升数据分析处理和知识发现能力。结合行业应用，研发大数据分析、理解、预测及决策支持与知识服务等智能数据应用技术。突破面向大数据的新型计算、存储、传感、通信等芯片及融合架构、内存计算、亿级并发、EB级存储、绿色计算等技术，推动软硬件协同发展。

推动大数据技术"固根基、扬优势、补短板、强弱项"。一是优势领域做大做强，提升现有大数据应用分析等技术优势，实现从被动跟随到技术引领的转变。二是前沿领域加强技术融合，进一步加强前瞻布局，推动数字孪生、人机协同、边缘计算、区块链等与大数据技术有效融合，抢抓新兴技术发展先导权。三是补齐关键技术短板，构建产学研协同的创新生态布局，加强大数据计算框架、分布式数据库、图计算引擎等底层技术攻关。

（三）进一步加强工业大数据应用发展指导

一是分行业梳理工业大数据应用路径、方法模式和发展重点，编制工业大数据应用指南，引导企业的工业大数据应用方向。二是加快研究制定科学有效的工业大数据应用水平评估标准，对全国各地及工业企业大数据应用现状、应用水平进行监测、分析和评估，引导地方、企业依据评估标准和结果，循序渐进提升应用水平。三是加快推进工业企业DCMM贯标，推动构建以企业为主体的工业数据分类分级管理体系，促进工业数据应用价值有效释放。加强工业大数据基础设施建设规划与布局，推动大数据在产品全生命周期和全产业链的应用，推进工业大数据与自动控制和感知硬件、工业核心软件、工业互联网、工业云和智能服务平台融合发展，形成数据驱动的工业发展新模式，支撑中国制造2025战略，探索建立工业大数据中心。

加快工业大数据基础设施建设。加快建设面向智能制造单元、智能工厂及物联网应用的低延时、高可靠、广覆盖的工业互联网，提升工业网络基础设施服务能力。加快工业传感器、射频识别（RFID）、光通信器件等数据采集设备的部署和应用，促进工业物联网标准体系建设，推动工业控制系统的升级改造，汇聚传感、控制、管理、运营等多源数据，提升产品、装备、企业的网络化、数字化和智能化水平。

推进工业大数据全流程应用。支持建设工业大数据平台，推动大数据在重点工业领域各环节应用，提升信息化和工业化深度融合发展水平，助推工业转型升级。加强研发设计大数据应用能力，利用大数据精准感知用户需求，促进基于数据和知识的创新设计，提升研发效率。加快生产制造大数据应用，通过大数据监控优化流水线作业，强化故障预测与健康管理，优化产品质量，降低能源消耗。提升经营管理大数据应用水平，提高人力、财务、生产制造、采购等关键经营环节业务集成水平，提升管理效率和决策水平，实现经营活动的智能化。推动客户服务大数据深度应用，促进大数据在售前、售中、售后服务中的创新应用。促进数据资源整合，打通各个环节数据链条，形成全流程的数据闭环。

培育数据驱动的制造业新模式。深化制造业与互联网融合发展，坚持创新驱动，加快工业大数据与物联网、云计算、信息物理系统等新兴技术在制造业领域的深度集成与应用，构建制造业企业大数据"双创"平台，培育新技术、新业态和新模式。利用大数据，推动"专精特新"中小企业参与产业链，与中国制造2025、军民融合项目对接，促进协同设计和协同制造。大力发展基于大数据的个性化定制，推动发展顾客对工厂（C2M）等制造模式，提升制造过程智能化和柔性化程度。利用大数据加快发展制造即服务模式，促进生产型制造向服务型制造转变。

（四）破解数据流通机制壁垒

数据流通壁垒林立，使得数据要素市场分布碎片化。受数据中心物理链接不充分、数据流通机制不健全、数据流通意愿不强烈等客观因素的影响，我国各行各业数据壁垒问题普遍，数据要素大多处于小范围共享、局部开放、少量被开发应用的境况，使得数据要素市场难以有效形成。数据流通受限，使得大量的数据"深藏闺中"，潜藏价值无法释放。无论是政府还是企业，离数据无障碍流通都有一段较远的路要走。

一是进一步加强国家数据共享交换平台、全国一体化在线政务服务平台和国家电子政务云数据中心等综合性政务数据交换体系建设，引入联邦学习、隐私计算、数据标签等技术，促进政务数据的跨域共享开放。二是探索数据中介、数据代理、数据加工等多样化数据流通服务模式，支撑数据资源汇聚、数据资产管理、数据价值流转、数据产品交易等更多平台服务能力建设，优化数据流通服务生态。三是推进数据的权属、流通、交易、保护等方面的标准和规则制定，建立数据流通交易负面清单，营造可信数据交换空间，保障数据流通的合规性和安全性。

建立多主体数据治理格局，打造数据要素市场生态体系。从构成上来看，数据要素市场体系分为一级市场和二级市场。其中，一级市场为数据开放共享，二级市场为数据交易。从涉及主体来看，数据要素市场涉及政府、个人和企业多个主体。阻碍数据要素市场发展的最大问题是数据壁垒林立，不同主体间数据无法顺畅流通。破解数据壁垒问题，需要建立多方参与的数据治理体系，理清不同主体权责边界，构筑数据在不同主体间有序流通的桥梁，让更多主体参与数据要素市场建设，才能更好地推动数据要素市场发展。

完善数据治理基础性制度，确保数据要素市场规范运行。制度规则是数据要素市场运行的有效依据。当前，数据确权、数据价值评估等不确定因素，一定程度上阻碍了数据要素市场的发展，需要进一步强化数据治理制度建设，以突破数据要素市场培育发展的关键瓶颈。以数据产权为例，由于数据归属不明，使得不同数据的流动范围难以明确，收益分配主体难以确定，数据相关主体的合理权益难以确保，进而阻碍了数据要素市场的规模化发展。此外，数据要素市场准入、数据资产评估、数据交易定价、数据跨境流动、数据安全管理等规则体系也亟待探索建立。

强化数据治理技术自主攻关，筑牢数据要素市场安全底座。只有关键核心技术自主可控，才能夯实数据要素市场安全运行的基础。当前，数据治理工作除了数据汇聚可自动化完成外，其余大量工作都需要人力完成，数据治理技术工具供给较少，实施成本高，重复性工作量大。庞大的数据要素市场空间，需要面向数据资产自动化感知采集、数据自动分级分类、智能化数据质量探查及提升等方面，进一步加强数据治理技术自主研发，支持发展自动化、智能化的数据治理技术，在为数据要素市场发展贡献一批得力技术工具的同时，夯实数据要素市场发展的安全基础。

## 二、重视大数据技术在会计领域的发展

（一）大数据技术要实现创新突围

大数据技术、产品和解决方案被广泛应用于联防联控、产业监测、资源调配、行程跟踪等新兴领域。百度、众云利用大数据平台优势打造"疫情地图"，实现疫情数据实时更新，以及潜在疫情动态监测。电商平台发挥"大数据＋供应链"优势，通过智能调度进行供应链柔性配置，最大程度满足疫区医疗防护物质需求。随着各行业领域大数据应用主体持续增加、应用需求大量激发，国外先进、通用

的技术路线越来越无法适应庞大、多元、复杂的融合诉求，与业务特点相匹配的个性化、定制化大数据解决方案日益受到青睐。以大数据为代表的新一代信息技术主导权竞争日益激烈，我国拥有技术能力的企业在大量创造数据应用新场景和新服务的同时，将更加注重基础平台、数据存储、数据分析等产业链关键环节的自主研发，并有望在混合计算、基于 AI 的边缘计算、大规模数据处理等领域实现率先突破，在数据库、大数据平台等领域逐步推进自主能力建设。

大数据时代对技术创新提出了极高的要求，也为多元化创新提供了可能性。但是从我国目前大数据产业的总体现状来看，主流的大数据核心技术，比如大数据底层技术、分布式存储和计算、高性能数据库等，还是由国外企业主导，拥有大数据核心技术的本土公司还非常少。中国非常需要一批真正耐得住寂寞、扛得住压力、抵得住诱惑的企业潜心研究大数据核心技术，同时也需要国家在政策上给予有针对性的扶持。要充分发挥大数据的作用，企业的信息化建设需进行整合。其整合目标是更加方便、快捷地提供企业内部进行各项经营和投资决策的大数据。企业的财务信息系统、供应链信息系统及其他业务信息系统要进行整合，使得业务数据、客户数据和财务数据能够综合利用，从而为企业进行有效的决策提供相关的管理数据及信息，真正将科学技术转化为企业价值。大数据平台的应用使得管理会计工具的使用成为可能。如用作业成本法来核算成本，利用物联网能够收集到基于作业层面的数据，从而使得有些传统的间接费用变为直接成本。即使间接费用也容易找到分配的因子，从而更好地实现过程控制及成本控制。平衡计分卡需要企业多方面评价绩效，不仅包括财务指标，而且还有客户满意度和市场占有率、学习与成长等多种非财务指标。

（二）从实践探索到理念变革，工业大数据应用创新走向纵深

在政策和市场的共同作用下，工业企业日益注重大数据在制造全过程、全产业链、产品全生命周期的应用创新。在政策层面，工信部先后发布《工业数据分类分级指南（试行）》《关于推动工业互联网加快发展的通知》《关于工业大数据发展的指导意见》，利用多种手段引导各方协同发掘工业数据应用价值。在企业实践层面，如中策橡胶借助阿里云的 ET 工业大脑，对橡胶密封数据分析优化，实现密炼时长减少 10%、密炼温度降低 10℃；富士康基于 BEACON 工业互联网平台实时采集精密刀具状态数据，实现刀具自诊断自优化，使刀具寿命延长15%，坏刀预测准确率达 93%，产品优良率提升超过 90%。大数据在工业领域的

应用将从产品级、设备级向产业链级深入拓展，通过工业知识、业务、流程的数据化、算法化、模型化，为整个制造体系装上"智脑"系统，形成动态感知、敏捷分析、全局优化、智能决策的强大能力。这一过程，也是工业企业数据管理意识树立、数据管理能力加快构建的过程，企业将更加重视数据战略与未来发展战略的统筹规划，设立专职数据管理机构，围绕数据治理、数据架构、数据标准、数据质量、数据安全、数据应用、数据生存周期等循序建设，筑牢工业数据创新应用根基。中国大数据产业已经进入良性发展轨道。在应用方面，国内大数据应用向纵深发展，政府、金融、能源、交通等行业已经开始大规模使用大数据技术。

我国是全球第一制造大国，工业大数据资源极为丰富。近年来，随着新一代信息技术与工业融合不断深化，特别是工业互联网创新发展，工业大数据应用迈出了从理念研究走向落地实施的关键步伐，在需求分析、流程优化、预测运维、能源管理等环节，数据驱动的工业新模式新业态不断涌现。在产业方面，分工越来越专业。有的企业做底层的基础核心软件，有的企业做大数据工具，有的企业做大数据行业应用，企业定位日渐清晰，技术能力不断增强。

要坚持全盘布局、系统推进。发展工业大数据是一项复杂的系统工程，既要构建工业大数据采集、汇聚、流通、分析、应用的价值闭环，推动创新发展，也要提升数据治理和安全防护能力，保障发展安全；既要重视在需求侧促进大数据与实际业务深度融合，也要在供给侧推动大数据技术和产业创新发展；既需要在宏观层面加强体系化布局，建立全面系统的工业大数据生态，也需要在微观层面务实着力，提升企业的数据管理能力。

早前在企业级市场，大数据核心软件主要以国外软件为主。基于信息安全的考虑，中国需要自主可控的基础软件。另外，中国企业或者组织数据量非常巨大，应用的复杂度比国外要高一个数量级，也需要用全新的产品来满足自身市场的需求。

（三）从单一技术主体成长到多主体融入，大数据应用趋势加强

大数据领域企业整体呈现多元差异化发展态势。阿里、百度等龙头企业持续深化大数据布局和应用创新，如阿里云分布式数据库 Polar DB 首次进入 Gartner 全球数据库领导者象限，市场份额位居全球云数据库第三位以及中国市场第一位；百度地图时空大数据为成都等地的国土空间规划提供了重要支撑。浪潮、中科曙光、美林数据等基础技术型企业向医疗、电力、能源等领域进一步下沉专业化服务，浪潮集团"基于健康医疗大数据的医养健康创新应用"、中科曙光"面

向智慧电力的大数据智能分析平台"、美林数据"基于知识图谱技术的能源企业数据资产管理应用"均入选工信部2020年大数据产业发展试点示范项目。字节跳动、滴滴出行等行业融合型企业加快大数据技术能力建设,深耕传媒、交通等传统领域新型数字业务,加速行业数字化变革。大数据独角兽企业增长势头强劲,在海量数据供给、活跃创新生态和巨大市场需求的多重推动下,以龙头企业为引领、专业化服务企业和融合性应用企业联动、独角兽企业兴起的大数据行业竞争格局将进一步明晰,大数据企业创新创业势能将持续增强。

大数据时代,中小企业创新创业须对各种信息进行定量采集、分析挖掘、描述,通过量化的信息互通,使物与物、物与人、人与人之间形成统一的链接,形成协同整合效应,以充分发挥企业资源的最大优势。不仅如此,中小企业还可以通过分析海量结构性和非结构性数据,实现创业与个性化需求对接,更好开拓产品市场。

在寻找创业机遇方面,一方面,大数据技术本身的开发、应用和服务等相关领域,如硬件方面的物联网、服务器、存储、传输和智能移动设备等的生产及软件方面的数据挖掘、数据分析、数据咨询等相关产业的兴起,都能够创造出一些新的市场机会;另一方面,大数据的广泛普及使得创业者并不需要成为一个统计学家、工程师或者数据分析师也可以轻松获取数据,将众多的公共数据或个人数据源聚合和整合,通过分析和洞察,开发出可行的产品,在金融、电信、健康与零售等诸多领域创造出更多的创业机会。

(四)从统筹发展到特色聚焦,大数据与区域经济协同发展向"深"而行

2020年以8个国家大数据综合试验区为引领,京津冀、长三角、珠三角和中西部地区为支撑的大数据区域集聚发展示范效应进一步突显。《中国大数据发展水平评估(2020)》显示,8个国家大数据综合试验区在全国大数据发展总指数中总体占比达39%,除内蒙古外,区内各省(市)均位列综合排名前20,在政策机制、数据资源体系建设、主体培育、产业集聚等方面积累了丰富的实践经验。大数据结合国家重大区域战略、数字经济创新发展、服务贸易扩大试点等政策叠加效应,京津冀、长三角、珠三角、中西部等地区大数据与区域经济协同发展、融合发展日益深化,将持续引领全国大数据发展。未来,6个数字经济创新发展试验区、28个服务贸易扩大试点省市(区域)将围绕数据要素价值释放,在新

基建、数字政府、新型智慧城市、大数据与实体经济融合、数字货币、数字贸易、区域一体化等方面推动特色发展。

实际上不同的数据拥有方可以从不同的角度来阐释区域产业协同的情况，因为区域产业协同体现在各个方面。大数据可以起到指引的作用。如果一家企业去某地开设了分支机构，这可能是个偶然情况。但是要是很多个同一行业的企业都在那一个地方设立了分支机构，那一定是那个地方有特殊的资源禀赋，那就可以通过大数据找到那个地方的特殊资源以及特征。当再有类似的企业想进行投资的时候，可以引导它找到最合适的选择。

（五）从资源观到资产观，数据要素价值创造成为新蓝图

2020年，随着网络全面普及、计算无处不在、要素广泛连接，数据日益成为经济社会全要素生产率提升的新动力源，数据资源掌握的多寡成为衡量各个主体软实力和竞争力水平的重要标志。4月，中共中央、国务院发布《关于构建更加完善的要素市场化配置体制机制的意见》，明确提出"加快培育数据要素市场"，进一步强化了数据作为生产要素的重要性。在政策引领下，企业、高校等多类主体围绕数据资源定价、交易等加强研究和探索力度。随着数据要素可参与分配的政策红利效应释放，政府、企业、社会组织将纷纷参与数据要素市场建设，积极探索数据资产有效运营和价值转化的可行途径。电信、金融等数据治理模式较成熟的行业加速数据运营和服务创新；交通、旅游、医疗、制造业等拥有丰富数据资源的行业深入探索基于大数据的业务变革；政府、民生等领域更加重视大数据平台建设，推动大数据应用成果融入决策、服务于民。数据要素市场机制建设将成为地方改革重点，为数据在各行业、各业态、各模式中的融通应用和价值释放铺平道路。

首先，促进数据要素参与价值创造是贯彻落实党中央系列重要指示精神的重要举措。党的十九届四中全会《决定》指出，"健全劳动、资本、土地、知识、技术、管理、数据等生产要素由市场评价贡献、按贡献决定报酬的机制"。这是党中央首次提出将数据作为生产要素参与收益分配，标志着我国正式进入数字经济"红利"大规模释放的时代。

其次，促进数据要素参与价值创造和分配是推动新旧动能转换的重要支撑。目前，实体经济之所以利润薄、效率低，很大程度上是由于制造业传统生产要素（劳动力、资金、土地、能源原材料、物流等）供应增长受限导致了成本居高不

下，同时，整体营商环境等外部交易成本较高也导致了传统动能减弱。通过加大数据作为关键生产要素参与价值创造和分配的力度，聚焦工业互联网数据标识解析、数据资源管理、数据可信交易、数据安全防护等技术能力提升，可有效促进跨行业、跨地域、跨时空的数据资源汇聚，从而加速工业企业研发设计、生产制造、经营管理、市场营销和售后服务等全流程的智能化转型，进一步推动先进制造业和现代服务业深度融合，实现一二三产业融合、大中小企业的开放融通发展，培育形成新的经济增长点，推动新旧动能接续转换。

# 第二节　管理会计的发展趋势

## 一、管理会计思维变革

基于大数据的管理会计思维面临变革，具体表现为：从注重结果分析到注重过程控制和未来规划，从单类型结构化数据支撑到多种类型数据支撑，从各部门相对独立到业务、财务一体化。管理会计的基本职能是解析过去、控制现在与筹划未来。解析过去即事后评价与结果分析，是对财务会计所提供的资料做进一步加工、解构和延伸，更好地满足企业对现在和未来进行控制管理的需要。但结果分析具有滞后性，不便及时调整策略和管控风险，甚至因为这种滞后给企业造成经济损失。因此，大数据时代要求管理会计更加注重事前预测和事中控制，利用实时动态数据及时了解企业经营管理需求，并做出快速反应。

大数据时代，企业面临的市场环境更复杂，管理会计需要更加完整的决策依据，单一的结构化数据支撑已经不能满足需要。管理会计各项职能的发挥要求多种类型数据支持，尤其是非结构化数据对企业经营管理的作用日益显现。管理会计不仅要准确掌握成本、销量、价格、研发等内部信息，也要及时了解行业、市场、竞争对手、供应链等外部信息。这都要依靠非结构化数据的挖掘、加工和分析。

传统的管理会计主要以财务后端数据为依据进行成本管理等活动，且大多以标准成本为核心。但大数据时代和互联网经济下，服务多样化和产品个性化使标准成本完全失效。要精确计算产品成本，就必须按照业务发生逻辑，通过与业务部门建立实时数据对接实现业财融合，提供准确的管理信息。业财融合能够使数据和信息在企业各部门间无障碍流动，促进了企业管理模式的变革，有利于提高经济效益。

管理会计要创新，就必须充分研究和探讨管理会计理论、管理会计方法和管理会计人员的创新思维培养，提高整个行业从业人员的素质，增强管理会计核心价值的提炼，将管理会计的改革之路推向深入。

## 二、管理会计预测更加精准

1. 预测目标市场，合理配置资源

企业在进入一个新的区域或产品市场前，会通过市场调研分析其可行性。调研工作耗时长、成本高，且调研方法和结果的准确性得不到保证。大数据能够在调研过程中省时省力，以海量数据作为基础的分析结果更加准确。例如想要进入一个地区的房地产市场，可联合移动通信运营商通过检测当地某一时点同时在网人数，获取实际人口规模，再结合该地区当年新房供应量、房价均价、购房者年薪结构等数据，进行市场预判。

2. 预测目标产品，瞄准客户需求

如何生产出满足客户需要的产品，提高市场占有率是每个企业都会关注的问题。目前从微博、微信等社交网站，百度、谷歌等搜索网站，淘宝、京东等购物网站的浏览数据就能轻松判断产品的流行趋势。更有甚者通过支付宝、微信支付等电子货币的消费规模和结构挖掘客户需求。

3. 评价客户信用，预测坏账风险

应收账款能否及时收现关系到企业的收益质量和资金周转。如果能在借贷关系发生前，充分了解客户情况，评价客户信用，就能准确预测坏账风险，制定合理的信用政策。大数据除了借助传统的财务指标如流动比率评价客户信用之外，如果客户开展在线经营，还能了解客户商品数量变化情况、网络交易平台认证与注册信息、浏览痕迹、贷款对象与客户的交互行为数据等。这些信息帮助企业对客户进行有效的信用评级，提高了应收账款管理水平和风险控制能力。

4. 预测企业外部环境变化，制造消费需求

大数据一方面帮助企业预测市场、产品和客户，另一方面其尖端技术在天气、环境、医疗等领域的应用更加成熟。企业可以通过大数据观测宏观环境的变化，尤其是一些社会热点的发生，并在社会事件发生时向终端消费者选购商品提供建议，从而由挖掘需求向创造消费转变。

传统管理会计所提供的信息更多的是财务信息，而数字化经济时代由于竞争加剧，仅仅依靠基于财务信息加工而成的管理会计信息进行预决策是不够的，必

须结合大量非财务信息。例如市场占有率作为非财务信息，它的变化反映了企业竞争地位的变化，在一定程度上代表了未来的现金流入量，从其变化中可以看出企业竞争地位的相对变化，起着财务信息不可替代的作用。

在工业时代，企业所面临的经济环境是一个相对稳态结构，产品生产表现为大批量、标准化，市场需求变化周期较长、个性化特征较少，竞争主要体现在市场占有率高低方面。与此相适应，传统管理会计把注意力集中在企业内部，并主要针对生产经营进行预测分析，通过控制产品生产成本来完成管理会计的目标。进入数字化时代后，由于信息传播、处理和反馈的速度极大地加快，经济环境变化和经济竞争日益激烈，取而代之的是以快速响应顾客需求为导向的实时预测，即时为顾客提供产品或服务，以敏捷制造实现顾客的"零等待"，其目的就是为顾客创造满意，创造价值（降低顾客的成本，提高顾客的收益），使顾客获得更大的效用，由此衍生企业价值的增长。

由此可见，在数字化经济下，企业的预测更多的是收集关于客户的信息。顾客信息分析包括：顾客群体和构成、顾客购买实力、支付习惯、对竞争的行为参数（产品质量、价格、销售服务、其他因素）的敏感性、需求变化的趋势、对其他产品的互补性、顾客的地理分布等。

## 三、管理会计向精细化、综合性转型

大数据时代管理会计向精细化、综合性转型主要是指成本控制的应用及参与企业战略管理的转型。运用数据处理对企业成本进行控制，按照"成本对象消耗作业，作业消耗资源"的思想，成本计算对象具有多个层次，更加关注产品形成过程。把直接成本和间接成本计入产品消耗的成本，使得出的完全成本更接近产品的实际成本。通过大数据增加成本分析的层次，不仅是一种成本计算方法，更是一种更加精细化的管理方法。大数据和智能仪器为作业消耗资源数据的有效采集提供了便利，同时能够为某些间接费用的分配找到准确的分配因子。基于作业的精细化管理打破了传统成本法的固有模式，为企业成本控制、预算编制以及定价策略提供了新思路。

大数据使管理会计在企业中的地位得以上升到战略管理和实施层面。企业通过管理会计的数据仓库获取企业内部和外部环境数据进行深入分析，并制定企业战略，又通过数据反馈不断监控战略实施过程，及时发现问题并进行修正和调整，以保证战略顺利实施，企业目标得以实现。管理会计将通过大数据关注生产经营的每一个过程和细节，拥有企业最全面的经营管理资料。

管理会计充分利用自身所掌握的企业财务活动状况，对企业的生产和经营活动进行相应的管理，向企业的决策层提供准确的财务信息，为其决策的科学性提供决策依据，同时对企业的生产和经营活动进行预测和规划，从而确保企业降低财务风险，提高经济效益。精细化管理与传统管理相区别，采用信息化以及专业化的管理手段开展管理活动，从而确保特定的服务对象得到无限度的满足，改变了传统管理理念的粗放的管理方式，更加注重管理活动中的细节以及微观的层面，从而保证了管理活动的高效率和低成本，从而提高企业的经济效益，确保企业在激烈的市场竞争中得到生存和发展。

精细化管理要求企业在管理活动中更加关注细节，将管理活动具体落实到企业生产和经营过程中的每一个环节。精细化管理在企业财务领域的体现就是管理会计，管理会计精细化管理要求其在账务核算的时候保持较高的精度，注重每个环节，管理会计在核算的过程中要将每笔账进行仔细的核算，从而确保自身的职能得到最大程度的发挥。大数据下的管理会计精细化主要是会计在核算的过程中将账务尽可能地进行分解、细化，通过详细的账务可以对企业的生产和经营状况有一个很好的了解。管理会计的精细化是企业管理精细化的必然要求，与其相呼应。

## 四、会计信息使用环境的改善

管理会计信息系统的开发是一项十分复杂的软件工程，应该有周密的计划、科学的方法和严格的标准。随着互联网、移动 5G、物联网等信息网络的不断发展，要求安全、可靠的通信网络保证会计信息安全迅速地传递。首先，构建云会计信息系统，推动企业全方位实现管理控制。越来越多的企业认识到管理会计的重要性，企业的成本控制、经营决策、战略定位等都要依靠会计信息来决断。会计信息被要求实时、全方位地传输到企业决策者面前，这就需要基于信息技术下的会计信息系统开发，时下流行的财务共享中心、云会计都是未来的发展方向。其次，计算机硬件、相关软件的安全及性能必须得到有力保障，要以防止硬件故障、软件故障、黑客入侵等因素对会计信息的破坏为前提。避免由于外部环境因素导致的系统运行错误。再次，借助大数据技术将企业生产经营的每个环节数据都进行实时监控和测评，以便从不同角度、不同层面整合提炼财务指标和非财务指标数据，以满足企业不同层次的考核需求，使企业的财务控制贯穿整个流程，从而更好地实现企业的发展。

## 五、加快完善会计规章制度

密切结合我国加快经济结构调整和转变经济发展方式的实际，充分考虑我国会计工作发展需要，加快制定和完善相关会计规章制度中有关会计信息安全的建设。抓紧完善《会计法》《会计基础工作规范》《会计档案管理办法》《总会计师条例》等会计规章以及其他会计规范性文件中对管理会计活动的保障措施；逐步完善适应经济社会发展需要和与国际惯例协调的会计准则和会计制度体系、内部控制规范体系以及管理会计信息化标准体系，并推进全面、平稳、有效实施。

加强宣传教育，营造依法管理会计的法治环境。通过报刊网络等平台及时发布会计法律法规和规章制度、组织开展学习培训、将会计法律法规知识纳入会计人员继续教育、印发宣传读本等有效形式，弘扬会计法治精神，增强会计人员学法、知法、守法的观念和意识，积极引导广大会计人员通过合法渠道反映利益诉求和维护自身权益；通过开展会计法律法规知识竞赛、有奖征文、表彰先进等多种活动，广泛宣传依法管理会计、依法开展会计工作的重要性，增强会计人员的法律素质和诚信意识，营造良好的会计法治环境。

强化执法检查，保证会计法律法规的实施效果。法律的生命在于执行，再完备的法律如果得不到执行，等于一纸空文，甚至比没有法律影响还要坏，其结果不仅会损害法律的尊严，也将损害人民群众的利益，损害政府的权威。因此，必须做到有法必依、执法必严、违法必究。会计法律法规和规章制度是开展各项会计工作的根本保证，各级会计管理部门要依法履行好《会计法》赋予的职责和义务，建立健全会计法律法规监督检查制度，不断探索推进会计法律法规实施的新举措和新方式，加强会计法律法规贯彻执行情况的监督检查，确保会计法律法规的贯彻落实。对违反会计法律法规的行为要严肃处理，加强对违法单位的后续管理和必要教育，针对执法检查中发现的问题，督促有关单位健全制度，加强管理，堵塞漏洞，确保整改工作落实到位。要健全会计执法机构，加强会计执法队伍建设，配备政治素质好、业务水平过硬的会计执法人员，加强执法人员继续教育和业务培训，提高会计执法人员的综合素质。

# 第三节　管理会计人才的培养

管理会计人才是具备管理知识和财务知识的高级人才，对提高企业经济效益和加速经济转型、产业结构调整具有非常重要的意义。中国企业所面对的经济环境已经发生了很大变化。全球性竞争日益激烈，这不可避免地令市场环境趋向产品同质化、技术公开化和渠道透明化。在这种情况下，企业必须依靠提升内部管理的精益化程度来谋求生存和发展。目前中国的经济发展正步入非常重要的关键时期，在经济转型不断深入的过程中，面对以管理会计为代表的高级财务人员严重缺乏的实际情况，国家各级相关部门对以管理会计为代表的高级财务人员的培养做出了积极的努力。由此，作为企业精益化管理的核心内容，管理会计在中国呈现出巨大的发展空间。而市场对管理会计人才的需求，也呈现持续性的快速增长。传统会计学专业出来的学生只关注日常生产方面，虽然也涉及管理会计的内容，但仅局限于执行性管理会计阶段，并不是实现完全的管理会计的功能。大数据技术的发展赋予了管理会计新的使命和内涵，其定义已经提升到战略管理会计阶段，因此管理会计专业技术人才需要与其他领域融合，如与信息经济学、行为科学等学科进行融合与延伸，能够运用专业知识水平对企业的运营决策做出判断，进而给予决策层精准的意见和建议。

## 一、提高企业对管理型会计人才的重视程度

会计人才是国家人才体系的重要组成部分，会计人才对维护市场经济秩序和会计建设事业的发展起着关键作用。管理会计人才在提高企业管理水平、加速企业发展过程中有着巨大的作用。在加强财务人才能力培养的同时，必须加大对管理会计人才的培养。不仅企业要重视管理会计人才，我国各大高校也要重视管理会计的课程，使会计专业学生认识到管理会计人才的重要性和经济发展对其的大量需求，加大对会计人才的培养。

在大数据时代下，企业需要处理单位内部海量的数据信息，也需要财务人员对会计数据进行高效的处理核算分析，传统财务会计不能够及时地对数据信息进行高效的处理。然而，管理会计在这方面就有相当强的优势，提高数据信息的处理效率。在大数据时代下，企业要提高对数据运算的速度，利用管理会计这一方式来开展企业内部的数据分类，进而使企业内部的财务工作和业务工作更加依赖管理会计模式，确保企业可以对企业经营所需要的各类数据实现精确的分析研究。在当前的数据时代下，高效的数据会切实地发挥出企业内部管理会计的有效职能，在企业开展重要事项的运作期间，要求投资人员作出正确的决策。

首先，企业管理层要充分认识到管理会计人才对企业风险防范与控制、成本

与资金控制、绩效管理的积极作用，在企业中建立内部管理会计体系。设立专人专岗，为管理会计人才提供施展才能的平台。将管理会计人才作为企业战略发展的重要人才来进行储备和培养。其次，建立完善的管理会计人员培养和考核机制。结合企业制定详细的管理会计岗位职责，通过招聘、内部考核选拔等方式录用合格的管理会计人员，对已经任用的管理会计人员进行定期培训制度，不断提高其管理会计的知识水平和能力素质。建立定期绩效考核机制，量化管理会计工作业绩，实行奖惩机制以激励管理会计人员的能力提升。再次，提高企业员工的参与度。管理层鼓励企业员工参与到日常业务决策的过程中，使员工能够主动了解企业的战略定位、市场策略、运营方式等，吸引更多的员工加入到企业管理当中，提高员工参与企业管理的积极性，从而使企业的经营决策更加科学和具体。

## 二、提高学习管理会计的主动性

对于企业规划来说，管理会计是重要组成部分。有了管理会计，企业领导者可以及时获取相关财务数据内容，为企业战略制定提供保障，促进企业长远发展。为此，企业的高层领导者需要强化自身的管理意识，尤其是要提高管理会计意识。作为一个高层领导者，如果不具备管理会计意识，就不会对企业的未来发展进行预测，在日常决策过程中无法合理调配资源，不能够为企业的良性运行提供有力的决策。企业可以通过领导培训活动，促使领导者认识管理会计的重要性。当其自身的管理会计意识有所提高后，就会带动会计在企业中的发展地位。与此同时，还应该创建企业内部管理会计部门，由专业人员负责日常工作，真正意义上实现财务会计与管理会计职能分离的目标。财务部主要负责会计与资本管理，而管理会计部门主要就是负责计划以及财务绩效评估等，致力于直接为企业的领导者决策提供良好服务。

大数据技术下对会计人员的能力提出了更高的要求，会计人员只有增强自我学习意识，主动适应新形势要求，才能在这场会计改革之中谋得一席之地。具体如下：

（1）积极自主学习。通过会计继续教育、会计职称培训、管理会计师培训等学习方式，掌握管理会计知识，提高职业素养。

（2）立足于实际工作。在工作中积极运用管理会计的理论知识解决实际问题，提高实务能力。

（3）积极总结经验。通过对企业经营过程中的各项成果，分析和判断企业经营过程中存在的问题，通过信息技术模拟推演，验证不同经营策略对企业业绩的影响。

　　企业也应该注重对会计人员的培养，财务工作者能够提高自身的综合素质，从而为企业的各项决策分析提供真实可靠的依据。另外，财务人员的人际交往能力往往也起着关键的作用，因此，财务人员的交际能力培养也是企业培养的重点工作之一。大数据这一背景是对市场经济不断变化的动态分析。如果不能结合市场经济发展的趋势，就不可以预测企业发展的方向，企业就会被市场逐渐淘汰。企业会计向管理会计的转型，需要在企业的财务工作中强调会计的前瞻性，主要通过以下几个方面来实现。学习与时俱进的企业精神，主要是企业管理者要起好带头作用。

## 三、高等院校建立专门的管理会计人才培养机制

　　企业可以和高校一同签订人才培养协议，根据学生具体状况量身定制培养方案，致力于培养大批量符合企业用人标准的专业型人才。定期开展校企合作活动，加强学校与企业之间的协同发展，实现两者的"双赢"局面。企业可以为高校学生提供实践学习机会和实习就业平台，让高校学生有机会进入企业，从内部入手，参与到企业的实际业务中，依据实际项目提高自身水准。同时，企业还可以在现有的财务部门中，调用一批优秀人才走进高校，为高校学生传授相关的理论知识，为高校学生讲解基础知识以及未来的就业能力要求，令学生可以及时吸收学习新知识，最终为企业做好服务。另外，企业还应该积极创建会计学习平台，对内部会计人才做好培训工作，积极对其进行继续教育，以定期的培训活动提高财务人员的工作能力。采用各种各样的学习模式，通过专家讲座和网络培训等流行方式调动财会人员的兴趣，促使管理会计工作者的理念与知识可以及时更新，最终顺利完成每一项财务任务。企业要为内部财务人员的工作提供保障，不仅要保障其融入全新的学习环境中，还要适当为其展开赛事活动，创建知识分享的平台，通过竞技比赛和论文发表等挑选优秀人才，对其进行重点培养，并且给予充足的奖励，以此调动起工作热情，无形中带动管理会计人才水平的提高。

　　（1）制定独立的管理会计培养方案。将管理会计与财务会计的培养地位放于平等地位，在人才培养方案中突出管理会计的地位，会使教师和学生对管理会计的重视程度提高，这在很大程度上会提高学生对管理会计能力的掌握，为企业、社会输送高质量的管理会计人力资源。积极寻求管理会计人才培养的其他模式，

谋求多种途径、多种方式的培养机制。加强与国际管理会计组织和机构的交流合作，引进先进理念与培养、考核方案。

（2）加强校企合作。在对学生进行理论授课的同时，安排学生进行实地实习，实现产教研学的培养模式，使学生真正参与到管理会计的实务工作中，提高学生在理论与实践中对管理技能和知识的双向提高。

（3）管理会计传统教学模式受到挑战，需要改变思维，进行教学改革，优化管理会计人才培养模式。高职院校应根据产业发展、市场需求，优化会计专业特色，建立管理会计人才培养体系。提高学生管理会计技能，提高学生综合素质，深入推进"互联网+"教育，推动现代化信息技术应用，重塑教育教学形态。加大案例教学力度，培养学生分析问题、解决问题的能力。专业教师不断加强慕课开发和应用型课程改革的力度，推广优质教学资源的共建共享。积极采用财务云共享中心的创新及实践，使会计实践教学实现了模拟仿真、积极开创线上线下实践教学融合教学模式。

## 四、科学构建管理会计人才体系

将管理会计的知识体系纳入会计人员继续教育范围，严格监管各省市区会计专业人员继续教育学习时对管理会计知识体系的掌握情况，筛选管理会计名师、管理会计领军人才，逐步建立全国范围内管理会计人才框架。

对会计专业技术资格考试及其他会计类从业资格考试进行改革，加入管理会计考查内容，将成本管理、预算管理、战略决策等管理会计知识纳入不同水平的考察范围内，提高会计人员的职业水准。

管理会计是会计发展的大势所趋，加快管理会计人才队伍建设是响应这一趋势的必然选择，通过管理会计人才队伍的建设，不仅可以弥补高端管理会计人才的数量缺口，也为我国经济高质量发展提供了重要的人才支撑，同时还顺应了国际会计人才的发展趋势。

任何企业都应该以"人"为本，而管理会计的人员培养和提高尤其重要，在培养管理会计人员的创新思维方面主要是遵循以下三个方面：首先，视野的创新。管理会计人员应当学会从客观环境中解读企业发展变化，学会从战略角度围绕企业、客户和对手建立起"战略三角"。其次，手段的变革。管理会计人员应该充分掌握价值链分析法或者综合比较法，学会将企业资产从固定资产向无形资产的核算方向发展。最后，观念的变革。管理会计人员应该学会建立以人为本的管理理念，学会和财务管理人员、其他岗位管理人员共同搭建 公司的管理系统，加强团队建设，激发员工的创新精神。

企业需要进一步培养管理会计人才的综合素养，加强理论知识教育的同时，稳定提升业务操作水准，并且对其岗位胜任水平进行细致了解，以此为依据创建科学评价体系。以人才评价体系来辅助人才能力框架，争取将管理会计理念落实到管理会计人才培养的每一个环节中，令管理会计人才的工作方式能有所转型。其实企业完全可以多加借鉴西方国家的优秀经验，基于我国基本国情，打造适合企业自身发展的管理会计人才培养体系。大多企业的财务人才普遍为财务会计背景出身，从现有的财务会计人才中择优选为重点培养对象，将其培养为管理会计人才，可以说是一条捷径。对企业现有会计工作人员进行二次教育，甚至是多次教育，致力于通过多次培训增强会计人才的意识，使越来越多的会计人才掌握充足的管理会计知识。

随着企业对管理会计岗位需求量的不断增大，促使我国会计人才普遍掌握管理会计方面的知识，通过反复实践与专业性理论学习，日益具备适应管理会计工作的能力。企业可以借助考试这一方式，令财务人员进行学习。例如，很多财会人员都会参与注册会计师统一考试，该注册会计师考试为业内人才提供了巨大的帮助，从根本上提升了我国财会人员的专业素养。

实际上，为了可以进一步提高我国管理会计人才的业务能力和知识水准，相关部门可以通过改革会计专业技术资格考试的方式，优化管理会计内容，使越来越多的人注重管理会计知识，愿意投入足够多的时间和精力去学习管理会计知识。

# 参考文献

[1] 王婉谕，赵越，王羚霖，等 . 长期投资决策在企业管理中的问题分析 [J]. 白城师范学院学报，2019,33(2):98-100.

[2] 滕宁宇，冯润莜，赵智钰，等 . 回归分析法在销售预测中的应用 [J]. 中国乡镇企业会计，2019(12):107-109.

[3] 何雪锋，薛霞 . "大智移云" 下管理会计驾驶舱的构建与应用 [J]. 财会月刊，2019，24：87-90.

[4] 刘颖民 . 基于大数据的管理会计工具应用探析——以宇通集团为例 [J]. 财会通讯，2019, 10：30-32.

[5] 刘秀文 . 现代企业财务预算管理方法的创新研究 [J]. 当代会计，2019,23:72-73.

[6] 刘盛蓉 . 大数据时代背景下我国企业向管理会计转型的策略研究 [J]. 齐鲁珠坛，2019, 6:18-21.

[7] 邵春燕 . 探究战略规划对企业预算管理的重要性 [J]. 现代商业，2019, 34:142-143.

[8] 刘佳鑫 . 企业长期投资决策与探析 [J]. 全国流通经济，2019, 31:84-85.

[9] 郎咸智 . 全面预算管理的有效执行探究 [J]. 商讯，2019, 31:161-162.

[10] 王丽丽 . "互联网 +" 背景下管理会计人才培养路径探析 [J]. 当代会计，2019, 18:3-4.

[11] 陈新强 . 对企业加强管理会计的探讨 [J]. 纳税，2019, 13(26):127.

[12] 王丽华 . 探究企业管理会计存在的问题及对策 [J]. 营销界，2019, 35:204-205.

[13] 李佳蔚 . 大数据时代企业管理会计的发展前景 [J]. 黑龙江科学，2019, 10(13):126-127.

[14] 王成 . 基于管理会计在企业中应用的探讨 [J]. 中国市场，2019, 19:132,

138.

[15] 陈泽雄, 周丽美. 大数据背景下管理会计应用问题研究 [J]. 科技经济市场, 2019, 6:35–37.

[16] 马颖. 大数据发展对企业管理会计带来的影响 [J]. 现代营销（经营版）, 2019, 7:194–195.

[17] 刘民正. 财务管理在企业战略决策中的地位与作用分析 [J]. 商讯 ,2019, 16:75–76.

[18] 刘阿千. 大数据背景下的管理会计信息应用研究 [J]. 中国管理信息化, 2019, 22(11):53–54.

[19] 于喜来. 大数据环境下财务会计向管理会计的转型发展 [J]. 环渤海经济瞭望, 2019, 5:103.

[20] 李曼. 短期经营决策在企业中的应用 [J]. 山西农经 ,2019, 8:55.

[21] 刘鲜. 大数据时代企业管理会计面临的挑战与解决对策 [J]. 中国商论, 2019, 7:30–31.

[22] 周子渝. 大数据时代下管理会计信息化 [J]. 湖南税务高等专科学校学报, 2019, 32(2):67–71.

[23] 代美侠. 大数据时代财务会计与管理会计的融合和发展 [J]. 绿色财会, 2019, 4:50–52.

[24] 许忠建. 成本方法的种类及核算、分析应用探讨 [J]. 现代经济信息, 2019, 3:157–159, 162.

[25] 侯文星. 如何加强企业会计成本管理 [J]. 纳税 , 2019, 13(2):95–96.

[26] 张德艳. 企业战略决策中 SWOT 模型的不足与改进分析 [J]. 企业科技与发展, 2019, 1:138–139.

[27] 邱芬芬. 关于财务分析服务企业经营决策的探讨 [J]. 纳税, 2018, 12 (36):43–44.

[28] 冯吉军. 企业会计成本核算的问题及其解决对策 [J]. 中外企业家, 2018, 29:69–70.

[29] 陈方. 企业会计成本核算与控制探析 [J]. 知识经济, 2018, 16:98, 100.

[30] 齐娥. 我国企业会计成本核算问题研究 [J]. 中小企业管理与科技（下旬刊）, 2018, 7:57–58.

[31] 魏琳 . 基于企业会计成本控制的思考 [J]. 产业与科技论坛，2018，17(13):283–284.

[32] 徐苑琳 . 企业环境成本的核算方法与应用研究 [J]. 价格理论与实践，2018, 6:70–73.

[33] 李晓红 . 关于企业会计成本的核算与控制路径 [J]. 纳税，2018, 18:71.

[34] 符靖 . 大数据时代下企业组织结构设计与管理变革 [J]. 品牌研究，2018，3:160–161.

[35] 徐思廷 . 企业会计成本的核算与控制研究 [J]. 山西农经，2018, 11:88–89.

[36] 李慧 . 企业会计成本控制问题研究 [J]. 现代经济信息，2018, 11:201–202.

[37] 朱旦旦 . 企业会计成本核算与管控研究 [J]. 财经界，2018, 36:120.

[38] 冯雯 . 企业会计成本的核算与控制探讨 [J]. 现代经济信息，2018, 23:226.

[39] 蔡雪辉 . 大智移云时代高校财务工作的挑战与创新 [J]. 会计之友 .2018，24 : 39.

[40] 梁毕明，吴卓琪中国管理会计改革发展四十年 : 回顾与展望 [J]. 财会月刊，2018, 21 : 78–79.

[41] 王林波 . 新形势下财务会计转型和创新 [J]. 商业会计，2018, 19 : 88–89.

[42] 陈乙江 . 大数据视角下管理会计与财务会计融合的路径研究 [J]. 商业会计，2018, 15 : 2–8.

[43] 陈志 . "互联网 +" 视域下大数据对管理会计的影响研究 [J]. 会计之友，2018, 15 : 120–123.

[44] 廖敏霞 . 大数据技术对管理会计的影响及应对 [J]. 企业经济，2018, 1 : 157–159.

[45] 于键 . 企业成本管理的要点难点分析 [J]. 中国市场 ,2017, 28:172–173.

[46] 佟成生，李扣庆，钱毓益，等 .《管理会计基本指引》在企业中的应用研究——基于管理会计要素的调查证据 [J]. 财政研究 .2017, 5:20–25.

[47] 沙秀娟，王满，钟芳，等 . 价值链视角下的管理会计工具重要性研究——基于中国企业的问卷调查与分析 [J]. 会计研究，2017, 4:32–38.

[48] 汤谷良，张守文 . 企业财务管理概念边界的再思考——兼论财务管理与管理会计内容的分离与融合 [J]. 财务研究，2017, 2:12–18.

[49] 张明超 . 企业短期经营决策的研究 [J]. 知识经济，2016, 22:85–86.

[50] 林婷 . 大数据对企业战略决策的影响分析 [J]. 城市建设理论研究 ( 电子版 ),2016, 21:140–141.

[51] 陈娟 . 大数据对企业管理决策影响分析 [J]. 现代经济信息 ,2016，1:114.

[52] 谢晨蕾 . 企业长期投资中问题的思考 [J]. 财经界，2015, 24:68.

[53] 韩琦 . 大数据时代基于云会计的中小企业短期经营决策分析 [J]. 商，2015, 31:154.

[54] 李德伟 . 大数据时代及其影响 [J]. 全球化，2014, 9:71–82, 131–132.

[55] 张明超 . 企业短期经营决策的研究 [J]. 知识经济，2016, 22:85–86.

[56] 林婷 . 大数据对企业战略决策的影响分析 [J]. 城市建设理论研究（电子版），2016, 21:140–141.

[57] 陈娟 . 大数据对企业管理决策影响分析 [J]. 现代经济信息，2016, 1:114.

[58] 谢晨蕾 . 企业长期投资中问题的思考 [J]. 财经界，2015, 24:68.

[59] 韩琦 . 大数据时代基于云会计的中小企业短期经营决策分析 [J]. 商，2015, 31:154.

[60] 刘敬芝，焦文娟 . 管理会计与企业价值创造——兼论管理会计的应用与发展 [J]. 河北经贸大学学报，2015, 6：101.

[61] 李德伟 . 大数据时代及其影响 [J]. 全球化，2014, 9:71–82, 131–132.

[62] ADHARIANI D.The influence of the ASEAN economic community on the future of the management accounting profession[J]. Meditari Accountancy Research,2020( 2 ):25.

[63] ALBERTO F,Alberto Mazzoleni,Alain Devalle,Jerome Couturier.Big data analytics capabilities and knowledge management: impact on firm performance[J].Management Decision,2019，8:38–40.

[64] ANGAPPA G, NACHIAPPAN S. Sustainable operations modeling and data analytics[J] Computers and Operations Research,2018, 89.

[65] ALIREZA S. Mahani, Mansour T.A. Sharabiani SIMD parallel MCMC sampling with applications for big–data Bayesian analytics[J] Computational Statistics and Data Analysis,2015, 88.

[66] ALNOOR B, LESLIE W. Digitisation, 'Big Data' and the transformation of accounting information[J]. Accounting and Business Research,2014,44(4):98.

[67] BALSTAD M T , Berg T. A long–term bibliometric analysis of journals influencing management accounting and control research[J]. Journal of Management Control: Zeitschrift f ü r Planung und Unternehmenssteuerung,2020, 30:62–65.

[68] BINH B, CHARL de V. Business strategies and management accounting in response to climate change risk exposure and regulatory uncertainty[J].The British Accounting Review,2017, 1:177–180.

[69] WANG C H, CHENG H Y , DENG Y T. Using Bayesian belief network and time–series model to conduct prescriptive and predictive analytics for computer industries[J] Computers & Industrial Engineering,2018,115:23–25.

[70] ENDENICH C , TRAPP R , GREENWOOD M , et al. Ethical Implications of Management Accounting and Control: A Systematic Review of the Contributions from the Journal of Business Ethics[J]. Journal of Business Ethics,2020, 163(2):309–328.

[71] GARASYIM P , BONDARENKO O , KARPENKO Y , et al. Strategic management accounting of business processes of the service sector enterprises[J]. Academy of Accounting and Financial Studies Journal,2020, 24:28.

[72] LI H, GUPTA A, ZHANG J, et al. Who will use augmented reality? An integrated approach based on text analytics and field survey[J]. European Journal of Operational Research,2020, 281:3.

[73] INDRASARI A . Total Quality Management (TQM), management accounting system, islamic leadership style, organizational commitment, and managerial performance[J]. GATR Journals,2020(7):101.

[74] KNAUER T , NIKIFOROW N , WAGENER S . Determinants of information system quality and data quality in management accounting[J]. Journal of Management Control,2020,3:127–129.

[75] MAHMOUDIAN F , LU J , YU D , et al. Inter– and intra–organizational stakeholder arrangements in carbon management accounting[J]. The British Accounting Review,2020,53(1):100.

[76] MARIINA E , TJAHJADI B . Strategic management accounting and university

performance: a critical review[J]. Academy of Strategic Management Journal,2020, 19:216.

[77] MASSICOTTE S , HENRI J F . The use of management accounting information by boards of directors to oversee strategy implementation[J]. The British Accounting Review,2020,53(3):100.

[78] MATSUOKA K . Exploring the interface between management accounting and marketing: a literature review of customer accounting[J]. Journal of management control,2020.

[79] MUSTAFA S A . The study on environmental management accounting: ISO 14000 in determining the preventive environmental costs[J]. International Journal of Science and Business,2020,4:312.

[80] PALL R,OGAN Y. Business intelligence & analytics in management accounting research: Status and future focus[J]. International Journal of Accounting Information Systems,2018,29:71.

[81] ROGER L B,CHRISTIAN H,STEFAN S,et al.Diffusion of environmental management accounting for cleaner production: Evidence from some case studies[J].Journal of Cleaner Production,2019,1:5，7.

[82] STEEN N. Reflections on the applicability of business analytics for management accounting and future perspectives for the accountant[J]. Journal of Accounting & Organizational Change,2018,14(2):14−16.

[83] SOROOSH N, YU E. Business−driven data analytics: A conceptual modeling framework[J]Data & Knowledge Engineering,2018,117.

[84] SURYANARAYANAN K,SAJI K. Mathew Business analytics and business value: A comparative case study[J]. Information & Management,2018,55(5):168.

[85] THUY D O,FRANK T.The role of business analytics in the controllers and management accountants' competence profiles[J]. Journal of Accounting & Organizational Change,2019,15(2):33.

[86] WALL F , LEITNER S . Agent−based computational economics in management accounting research: opportunities and difficulties[J]. Journal of Management Accounting Research,2020,7:37−40.

[87] ZABIHOLLAH R, WANG J. Relevance of big data to forensic accounting practice and education[J]. Managerial Auditing Journal,2019,34(3):72–75.

[88] WU Y, WANG X . Application of Blockchain Technology in the Integration of Management Accounting and Financial Accounting[M].Springer, Cham,2020.

[89] 苏文兵，张帆 . 管理会计学 [M]. 南京大学出版社，2020.

[90]FINNEGAN T R. Accounting for Engineers and Scientists[M].Taylor and Francis,2020.

[91] LIN Z. J, Yang D C, WANG L. Accounting and Auditing in China[M].Taylor and Francis，2020.

[92] CAROLA N T. Value–Based Management in Mittelstand[M].Springer Gabler, Wiesbaden,2020.

[93] ANDREAS T,MICHEL C. Management Accounting in Supply Chains[M]. Springer Gabler, Wiesbaden，2020.

[94] KATSUHIKO K,YOSHIYUKI N. Sustainability Management And Business Strategy In Asia[M].World Scientific Publishing Company,2019.

[95] GARY O. Managerial Accountant's Compass[M].Taylor and Francis,2019.

[96] SIMON T.Supply Chain Management Accounting[M].Springer Gabler, Wiesbaden,2019.

[97] XIE B. Westliche Management–Accounting–Instrumente in China[M].Springer Gabler, Wiesbaden,2019.

[98] MASSIMILIANO B,PAOLO P. Customer Accounting[M].Springer, Cham,2019.

[99] VASSILI J L. Strategic Management Accounting, Volume III[M].Palgrave Macmillan, Cham,2019.

[100] JANE A. Accounting for Management: Planning and Control[M].Tritech Digital Media,2018.

[101] JULIAN S. Students Guide To Cost And Management Accounting[M].Tritech Digital Media,2018.

[102] ERIC F. Concepts of Management Accounting[M].Tritech Digital Media,2018.

[103] 范伟杰,王新芳,邹勇燕,等 . 管理会计 [M]. 成都 : 四川大学出版社 ,2018.

[104] DAVID M,RALF T. Game Theory in Management Accounting[M].Springer,

Cham，2018.

[105] HANNE N. A Philosophy of Management Accounting[M].Taylor and Francis，2017.

[106] NRREKLIT H. A Philosophy of Management Accounting:A Pragmatic Constructivist Approach[M].Taylor and Francis，2017.

[107] APOSTOLIDES N. Management Accounting for Beginners[M].Taylor and Francis，2016.

[108] 张悦玫，刘艳萍 . 会计学 [M]. 北京：人民邮电出版社，2015.

[109] 冯巧根 . 全面预算管理 [M]. 北京：中国人民大学出版社，2015.

[110] 戴璐，孙茂竹 . 跨学科视角下的管理会计 [M]. 北京：中国人民大学出版社，2014.

[111] 赫特 . 会计信息系统：基本概念和当前问题 [M]. 大连：东北财经大学出版社，2008.

[112] 里德，财务总监——作为企业整合者 [M]. 上海：上海财经大学出版社，2005.

[113] 王锴 . 会计信息系统——管理的视角 [M]. 北京：清华大学出版社，2006.

[114] 白仲林 . 会计信息系统研究 [M]. 北京：经济科学出版社，2002.

[115] 葛家澍，余绪缨 . 会计学 [M]. 成都：四川人民出版社，1992.